萬曆嵊縣志

紹興大典

史部

中華書局

圖書在版編目（CIP）數據

（萬曆）嵊縣志 /（明）萬民紀，林岳偉修；（明）周汝登纂．— 北京：中華書局，2024.6. —（紹興大典）. — ISBN 978-7-101-16905-8

Ⅰ．K295.54

中國國家版本館 CIP 數據核字第 2024TY2825 號

書　　名	（萬曆）嵊縣志
叢 書 名	紹興大典・史部
修　　者	〔明〕萬民紀　林岳偉
纂　　者	〔明〕周汝登
項目策劃	許旭虹
責任編輯	梁五童
裝幀設計	許麗娟
責任印製	管　斌
出版發行	中華書局
	（北京市豐臺區太平橋西里38號 100073）
	http: // www. zhbc. com. cn
	E-mail: zhbc@zhbc. com. cn
印　　刷	天津藝嘉印刷科技有限公司
版　　次	2024年6月第1版
	2024年6月第1次印刷
規　　格	開本787×1092毫米　1/16
	印張44　插頁1
國際書號	ISBN 978-7-101-16905-8
定　　價	590.00元

學術顧問

（按姓氏筆畫排序）

安平秋　李　岩　吴　格

袁行霈　張志清　葛劍雄

樓宇烈

編纂工作指導委員會

主　　任　盛閲春（二〇二二年九月至二〇二三年一月在任）
　　　　　温　暖　施惠芳　肖啓明　熊遠明

第一副主任　丁如興

副 主 任　陳偉軍　汪俊昌　馮建榮

成　　員（按姓氏筆畫排序）
　　　　　王静静　朱全紅　沈志江　金水法　俞正英
　　　　　胡華良　茹福軍　徐　軍　陳　豪　黄旭榮
　　　　　裘建勇　樓　芳　魯霞光　魏建東

編纂委員會

主　　編　馮建榮

副 主 編　黄錫雲　尹　濤　王静静　李聖華　陳紅彦

委　　員（按姓氏筆畫排序）

王静静　尹　濤　那　艷　李聖華　俞國林

陳紅彦　陳　誼　許旭虹　馮建榮　葉　卿

黄錫雲　黄顯功　楊水土

史部主編　黄錫雲　許旭虹

序

紹興是國務院公布的首批中國歷史文化名城，是中華文明的多點起源地之一和越文化的發祥、壯大之地。從嵊州小黄山遺址迄今，已有一萬多年的文化史；從大禹治水迄今，已有四千多年的文明史；從越國築句踐小城和山陰大城迄今，已有兩千五百多年的建城史。建炎四年（一一三〇），宋高宗駐蹕越州，取義「紹奕世之宏庥，興百年之丕緒」，次年改元紹興，賜名紹興府，領會稽、山陰、蕭山、諸暨、餘姚、上虞、嵊、新昌等八縣。元改紹興路，明初復爲紹興府，清沿之。

紹興坐陸面海，嶽峙川流，風光綺麗，物産富饒，民風淳樸，士如過江之鯽，彬彬稱盛。春秋末越國有「八大夫」佐助越王卧薪嘗膽，力行「五政」，崛起東南，威續戰國，四分天下有其一，成就越文化的第一次輝煌。秦漢一統後，越文化從尚武漸變崇文。晋室東渡，北方士族大批南遷，王、謝諸大家紛紛遷居於此，一時人物之盛，雲蒸霞蔚，學術與文學之盛冠於江左，給越文化注入了新的活力。唐時的越州是詩人行旅歌詠之地，形成一條江南唐詩之路。至宋代，尤其是宋室南遷後，越中理學繁榮，文學昌盛，領一時之先。明代陽明心學崛起，這一時期的越文化，宣導致良知、知行合一，重於事功，伴隨而來的是越中詩文、書畫、戲曲的興盛。明清易代，有劉宗周等履忠蹈義，慷慨赴死，亦有黄宗羲率其門人，讀書窮經，關注世用，成其梨洲一派。至清中葉，會稽章學誠等人紹承梨洲之學而開浙東史學之新局。晚清至現代，越中知識分子心懷天下，秉持先賢「膽劍精神」，再次站在歷史變革的潮頭，蔡元培、魯迅等人「開拓越學」，使紹興成爲新文化運動和新民主主義革命的重要陣地。越文化兼容並包，與時偕變，勇於創新，隨着中國社會歷史的變遷，無論其内涵和特質發生何種變化，均以其獨特、强盛的生命力，推動了中華文明的發展。

文獻典籍承載着廣博厚重的精神財富、生生不息的歷史文脉。紹興典籍之富，甲於東南，號爲文獻之邦。從兩漢到魏晋再至近現代，紹興人留下了浩如煙海、綿延不斷的文獻典籍。陳橋驛先生在《紹興地方文獻考録·前言》中説：「紹興是我國歷史上地方文獻最豐富的地方之一。」有我國地方志的開山之作《越絶書》，有唯物主義的哲學巨著《論衡》，有書法藝術和文學價值均登峰造極的《蘭亭集序》，有詩爲「中興之冠」的陸游《劍南詩稿》，有輯録陽明心學精義的儒學著作《傳習録》等，這些文獻，不僅對紹興一地具有重要價值，對浙江乃至全國來説，也有深遠意義。

紹興藏書文化源遠流長。歷史上的藏書家多達百位，知名藏書樓不下三十座，其中以澹生堂最爲著名，藏書十萬餘卷。近現代，紹興又首開國内公共圖書館之先河。光緒二十六年（一九〇〇），紹興鄉紳徐樹蘭獨力捐銀三萬餘兩，圖書七萬餘卷，創辦國内首個公共圖書館——古越藏書樓。越中多名士，自也與藏書聚書風氣有關。

習近平總書記强調，「我們要加强考古工作和歷史研究，讓收藏在博物館裏的文物、陳列在廣闊大地上的遺産、書寫在古籍裏的文字都活起來，豐富全社會歷史文化滋養」。黨的十八大以來，黨中央站在實現中華民族偉大復興的高度，對傳承和弘揚中華優秀傳統文化作出一系列重大决策部署。中共中央辦公廳、國務院辦公廳二〇一七年一月印發了《關於實施中華優秀傳統文化傳承發展工程的意見》，二〇二二年四月又印發了《關於推進新時代古籍工作的意見》。

盛世修典，是中華民族的優秀傳統，是國家昌盛的重要象徵。近年來，紹興地方文獻典籍的利用呈現出多層次、多方位探索的局面，從文史界到全社會都在醖釀進一步保護、整理、開發、利用紹興歷史文獻的措施，形成了廣泛共識。中共紹興市委、市政府深入學習貫徹習近平總書記重要指示精神，積極響應國家重大戰略部署，以提振紹興人文氣運的文化自覺和存續一方文脉的歷史擔當，作出了編纂出版《紹興大典》的重大決定，計劃用十年時間，系統、全面、客觀梳理紹興文化傳承脉絡，收集、整理、編纂、出版紹興地方歷史文獻。二〇二二年十月，中共紹興市委辦公室、紹興市人民政府辦公室印發《關於〈紹興大典〉編纂出版工作實施方案的通知》。自此，《紹興大典》編纂出版各項工作開始有序推進。

百餘年前，魯迅先生提出「開拓越學，俾其曼衍，至於無疆」的願景，今天，我們繼先賢之志，實施紹興歷史上前無古人的文化工程，希冀通過《紹興大典》的編纂出版，從浩瀚的紹興典籍中尋找歷史印記，從豐富的紹興文化中挖掘鮮活資源，從悠遠的紹興歷史中把握發展脉絡，古爲今用，繼往開來，爲新時代「文化紹興」建設注入强大動力。我們將懷敬畏之心，以古人「三不朽」的立德修身要求，爲紹興這座中國歷史文化名城和「東亞文化之都」立傳畫像，爲全世界紹興人築就恒久的精神家園。

是爲序。

溫暖

二〇二三年十月

前言

越國故地，是中華文明的重要起源地，中華優秀傳統文化的重要貢獻地，中華文獻典籍的重要誕生地。紹興，是越國古都，國務院公布的第一批歷史文化名城。編纂出版《紹興大典》，是綿延中華文獻之大計，弘揚中華文化之良策，傳承中華文明之壯舉。

一

紹興有源遠流長的文明，是中華文明的縮影。

中國有百萬年的人類史，一萬年的文化史，五千多年的文明史。中華文明，是中華民族長期實踐的積累，集體智慧的結晶，不斷發展的產物。各個民族，各個地方，都爲中華文明作出了自己獨具特色的貢獻。紹興人同樣爲中華文明的起源與發展，作出了自己傑出的貢獻。

現代考古發掘表明，早在約十六萬年前，於越先民便已經在今天的紹興大地上繁衍生息。二〇一七年初，在嵊州崇仁安江村蘭山廟附近，出土了於越先民約十六萬年前使用過的打製石器〔一〕。這是曹娥江流域首次發現的舊石器遺存，爲探究這一地區中更新世晚期至晚更新世早期的人類活動、

〔一〕陸瑩等撰《浙江蘭山廟舊石器遺址網紋紅土釋光測年》，《地理學報》英文版，二〇二〇年第九期，第一四三六至一四五〇頁。

華南地區與現代人起源的關係、小黃山遺址的源頭等提供了重要綫索。

距今約一萬至八千年的嵊州小黃山遺址〔一〕，於二〇〇六年與上山遺址一起，被命名爲上山文化。該遺址中的四個重大發現，引人矚目：一是水稻實物的穀粒印痕遺存，以及儲藏坑、鐮形器、石磨棒、石磨盤等稻米儲存空間與收割、加工工具的遺存；二是種類與器型衆多的夾砂、夾炭、夾灰紅衣陶與黑陶等遺存；三是我國迄今發現的最早的立柱建築遺存，以及石杵立柱遺存；四是我國新石器時代遺址中迄今發現的最早的石雕人首。

蕭山跨湖橋遺址出土的山茶種實，表明於越先民在八千多年前已開始對茶樹及茶的利用與探索〔二〕。距今約六千年前的餘姚田螺山遺址發現的山茶屬茶樹根遺存，有規則地分布在聚落房屋附近，特别是其中出土了一把與現今茶壺頗爲相似的陶壺，表明那時的於越先民已經在有意識地種茶用茶了〔三〕。

對美好生活的嚮往無止境，創新便無止境。於越先民在一萬年前燒製出世界上最早的彩陶的基礎上〔四〕，經過數千年的探索實踐，終於在夏商之際，燒製出了人類歷史上最早的原始瓷〔五〕；繼而又在東漢時，燒製出了人類歷史上最早的成熟瓷。現代考古發掘表明，漢時越地的窑址，僅曹娥江兩岸的上虞，就多達六十一處〔六〕。

中國是目前發現早期稻作遺址最多的國家，是世界上最早發現和利用茶樹的國家，更是瓷器的故

〔一〕浙江省文物考古研究所編《上山文化：發現與記述》，文物出版社二〇一六年版，第七一頁。

〔二〕浙江省文物考古研究所、蕭山博物館編《跨湖橋》，文物出版社二〇〇四年版，彩版四五。

〔三〕北京大學中國考古學研究中心、浙江省文物考古研究所編《田螺山遺址自然遺存綜合研究》，文物出版社二〇一一年版，第一一七頁。

〔四〕孫瀚龍、趙曄著《浙江史前陶器》，浙江人民出版社二〇二二年版，第三頁。

〔五〕鄭建華、謝西營、張馨月著《浙江古代青瓷》，浙江人民出版社二〇二二年版，上册，第四頁。

〔六〕宋建明主編《早期越窑——上虞歷史文化的豐碑》，中國書店二〇一四年版，第二四頁。

鄉。《（嘉泰）會稽志》卷十七記載「會稽之産稻之美者，凡五十六種」，稻作文明的進步又直接促成了紹興釀酒業的發展。同卷又單列「日鑄茶」一條，釋曰「日鑄嶺在會稽縣東南五十五里，嶺下有僧寺名資壽，其陽坡名油車，朝暮常有日，産茶絶奇，故謂之日鑄」。可見紹興歷史上物質文明之發達，真可謂「天下無儔」。

二

紹興有博大精深的文化，是中華文化的縮影。

文化是一條源遠流長的河，流過昨天，流到今天，還要流向明天。悠悠萬事若曇花一現，唯有文化與日月同輝。

大量的歷史文獻與遺址古迹表明，四千多年前，大禹與紹興結下了不解之緣。大禹治平天下之水，漸九川，定九州，至於諸夏乂安，《史記·夏本紀》載：「禹會諸侯江南，計功而崩，因葬焉，命曰會稽。會稽者，會計也。」裴駰注引《皇覽》曰：「禹冢在山陰縣會稽山上。會稽山本名苗山，在縣南，去縣七里。」《（嘉泰）會稽志》卷六「大禹陵」：「禹巡守江南，上苗山，會稽諸侯，死而葬焉。……劉向書云：禹葬會稽，不改其列，謂不改林木百物之列也。苗山自禹葬後，更名會稽。是山之東，有隴隱若劍脊，西嚮而下，下有窆石，或云此正葬處。」另外，大禹在以會稽山爲中心的越地，還有一系列重大事迹的記載，包括娶妻塗山、得書宛委、畢功了溪、誅殺防風、禪祭會稽、築治邑室等。

以至越王句踐，「其先禹之苗裔，而夏后帝少康之庶子也，封於會稽，以奉守禹之祀」（《史記·越王句踐世家》）。句踐的功績，集中體現在他一系列的改革舉措以及由此而致的强國大業上。

他創造了「法天象地」這一中國古代都城選址與布局的成功範例，奠定了近一個半世紀越國號稱天下强國的基礎，造就了紹興發展史上的第一個高峰，更實現了東周以來中國東部沿海地區暨長江下游地區的首次一體化，讓人們在數百年的分裂戰亂當中，依稀看到了一統天下的希望，爲後來秦始皇統一中國，建立真正大一統的中央政權，進行了區域性的準備。因此，司馬遷稱：「苗裔句踐，苦身焦思，終滅强吴，北觀兵中國，以尊周室，號稱霸王。句踐可不謂賢哉！蓋有禹之遺烈焉。」

千百年來，紹興涌現出了諸多譽滿海内、雄稱天下的思想家，他們的著述世不絶傳、遺澤至今，他們的思想卓犖英發、光彩奪目。哲學領域，聚諸子之精髓，啓後世之思想。政治領域，以家國之情懷，革社會之弊病。經濟領域，重生民之生業，謀民生之大計。教育領域，育天下之英才，啓時代之新風。史學領域，創史志之新例，傳千年之文脉。

紹興是中國古典詩歌藝術的寶庫。四言詩《候人歌》被稱爲「南音之始」。於越《彈歌》是我國文學史上僅存的二言詩。《越人歌》是越地的第一首情歌、中國的第一首譯詩。山水詩的鼻祖，是上虞人謝靈運。唐代，這裏涌現出了賀知章等三十多位著名詩人。宋元時，這裏出了別開詩歌藝術天地的陸游、王冕、楊維楨。

紹興是中國傳統書法藝術的故鄉。鳥蟲書與《會稽刻石》中的小篆，影響深遠。中國的文字成爲藝術品之習尚，文字由書寫轉向書法，是從越人的鳥蟲書開始的。而自王羲之《蘭亭序》之後，紹興更是成爲中國書法藝術的聖地。翰墨碑刻，代有名家精品。

紹興是中國古代繪畫藝術的重鎮。世界上最早彩陶的燒製，展現了越人的審美情趣。「文身斷髪」與「鳥蟲書」，實現了藝術與生活最原始的結合。戴逵與戴顒父子、僧仲仁、王冕、徐渭、陳洪綬、趙之謙、任熊、任伯年等在中國繪畫史上有開宗立派的地位。

一九一二年一月，魯迅爲紹興《越鐸日報》創刊號所作發刊詞中寫道：「於越故稱無敵於天下，海岳精液，善生俊異，後先絡繹，展其殊才；其民復存大禹卓苦勤勞之風，同句踐堅確慷慨之志，力作治生，綽然足以自理。」可見，紹興自古便是中華文化的重要發源地與傳承地，紹興人更是世代流淌着「卓苦勤勞」「堅確慷慨」的精神血脉。

三

紹興有琳琅滿目的文獻，是中華文獻的縮影。

自有文字以來，文獻典籍便成了人類文明與人類文化的基本載體。紹興地方文獻同樣爲中華文明與中華文化的傳承發展，作出了傑出的貢獻。

中華文明之所以成爲世界上唯一没有中斷、綿延至今、益發輝煌的文明，在於因文字的綿延不絕而致的文獻的源遠流長、浩如煙海。中華文化之所以成爲中華民族有别於世界上其他任何民族的顯著特徵並流傳到今天，靠的是中華兒女一代又一代的言傳身教、口口相傳，更靠的是文獻典籍一代又一代的忠實書寫、守望相傳。

無數的甲骨、簡牘、古籍、拓片等中華文獻，無不昭示着中華文明的光輝燦爛、欣欣向榮，無不昭示着中華文化的廣博淵綜、蒸蒸日上。它們既是中華文明與中華文化的基本載體，又是中華文明與中華文化的重要組成部分，是十分重要的物質文化遺産。

紹興地方文獻作爲中華文獻重要的組成部分，積澱極其豐厚，特色十分明顯。

（一）文獻體系完備

紹興的文獻典籍根基深厚，載體體系完備，大體經歷了四個階段的歷史演變。

一是以刻符、紋樣、器型爲主的史前時代。代表性的，有作爲上山文化的小黄山遺址中出土的彩陶上的刻符、印紋、圖案等。

二是以金石文字爲主的銘刻時代。代表性的，有越國時期玉器與青銅劍上的鳥蟲書等銘文、秦《會稽刻石》、漢「大吉」摩崖、漢魏六朝時的會稽磚甓銘文與會稽青銅鏡銘文等。

三是以雕版印刷爲主的版刻時代。代表性的，有中唐時期越州刊刻的元稹、白居易的詩集。唐長慶四年（八二四），浙東觀察使兼越州刺史元稹，在爲時任杭州刺史的好友白居易《白氏長慶集》所作的序言中寫道：「揚、越間多作書模勒樂天及予雜詩，賣於市肆之中也。」這是有關中國刊印書籍的最早記載之一，説明越地開創了「模勒」這一雕版印刷的風氣之先。宋時，兩浙路茶鹽司等機關和紹興府、紹興府學等，競相刻書，版刻業快速繁榮，紹興成爲兩浙乃至全國的重要刻書地，所刻之書多稱「越本」「越州本」。明代，紹興刊刻呈現出了官書刻印多、鄉賢先哲著作和地方文獻多、私家刻印特色叢書多的特點。清代至民國，紹興整理、刊刻古籍叢書成風，趙之謙、平步青、徐友蘭、章壽康、羅振玉等，均有大量輯刊，蔡元培早年應聘於徐家校書達四年之久。

四是以機器印刷爲主的近代出版時期。這一時期呈現出傳統技術與西方新技術並存、傳統出版物與維新圖强讀物並存的特點。代表性的出版機構，在紹興的有徐友蘭於一八六二年創辦的墨潤堂等。另外，吴隱於一九〇四年參與創辦了西泠印社；紹興人沈知方於一九一二年參與創辦了中華書局，還於一九一七年創辦了世界書局。代表性的期刊，有羅振玉於一八九七年在上海創辦的《農學報》，杜亞泉於一九〇一年在上海創辦的《普通學報》，羅振玉於一九〇一年在上海發起、王國維主筆的《教育世界》，杜亞泉等於一九〇二年在上海編輯的《中外算報》，秋瑾於一九〇七年在上海創辦的《中國女報》等。代表性的報紙，有蔡元培於一九〇三年在上海創辦的《俄事警聞》等。

紹興文獻典籍的這四個演進階段，既相互承接，又各具特色，充分彰顯了走在歷史前列、引領時代潮流的特徵，總體上呈現出了載體越來越多元、内涵越來越豐富、傳播越來越廣泛、對社會生活的影響越來越深遠的歷史趨勢。

（二）藏書聲聞華夏

紹興歷史上刻書多，便爲藏書提供了前提條件，因而藏書也多。大禹曾「登宛委山，發金簡之書，案金簡玉字，得通水之理」（《吴越春秋》卷六），還「巡狩大越，見耆老，納詩書」（《越絶書》卷八），這是紹興有關采集收藏圖書的最早記載。句踐曾修築「石室」藏書，「晝書不倦，晦誦竟旦」（《越絶書》卷十二）。

造紙術與印刷術的發明和推廣，使得書籍可以成批刷印，爲藏書提供了極大便利。王充得益於藏書資料，寫出了不朽的《論衡》。南朝梁時，山陰人孔休源「聚書盈七千卷，手自校治」（《梁書·孔休源傳》），成爲紹興歷史上第一位有明文記載的藏書家。唐代時，越州出現了集刻書、藏書、讀書於一體的書院。五代十國時，南唐會稽人徐鍇精於校勘，雅好藏書，「江南藏書之盛，爲天下冠，鍇力居多」（《南唐書·徐鍇傳》）。

宋代雕版印刷術日趨成熟，爲書籍的化身千百與大規模印製創造了有利條件，也爲藏書提供了更多來源。特别是宋室南渡、越州升爲紹興府後，更是出現了以陸氏、石氏、李氏、諸葛氏等爲代表的藏書世家。陸游曾作《書巢記》，稱「吾室之内，或棲於櫝，或陳於前，或枕藉於床，俯仰四顧，無非書者」。《（嘉泰）會稽志》中專設《藏書》一目，説明了當時藏書之風的盛行。元時，楊維楨「積書數萬卷」（《鐵笛道人自傳》）。

明代藏書業大發展，出現了鈕石溪的世學樓等著名藏書樓。其中影響最大的藏書家族，當數山陰祁氏；影響最大的藏書樓，當數祁承㸁創辦的澹生堂，至其子彪佳時，藏書達三萬多卷。

清代是紹興藏書業的鼎盛時期，有史可稽者凡二十六家，諸如章學誠、李慈銘、陶濬宣等。上虞王望霖建天香樓，藏書萬餘卷，尤以藏書家之墨迹與鈎摹鐫石聞名。徐樹蘭創辦的古越藏書樓，以存古開新爲宗旨，以資人觀覽爲初心，成爲中國近代第一家公共圖書館。

民國時，代表性的紹興藏書家與藏書樓有：羅振玉的大雲書庫、徐維則的初學草堂、蔡元培創辦的養新書藏、王子餘開設的萬卷書樓、魯迅先生讀過書的三味書屋等。

根據二〇一六年完成的古籍普查結果，紹興全市十家公藏單位，共藏有一九一二年以前産生的中國傳統裝幀書籍與民國時期的傳統裝幀書籍三萬九千七百七十七種、二十二萬六千一百二十五册，分别占了浙江省三十三萬七千四百零五種的百分之十一點七九、二百五十萬六千六百三十三册的百分之九點零二。這些館藏的文獻典籍，有不少屬於名人名著，其中包括在别處難得見到的珍稀文獻。這是紹興這個地靈人傑的文獻名邦確實不同凡響的重要見證。

一部紹興的藏書史，其實也是一部紹興人的讀書、用書、著書史。歷史上的紹興，刻書、藏書、讀書、用書、著書，良性循環，互相促進，成爲中國文化史上一道亮麗的風景。

（三）著述豐富多彩

紹興自古以來，論道立説、卓然成家者代見輩出，創意立言、名動天下者繼踵接武，歷朝皆有傳世之作，各代俱見槃槃之著。這些文獻，不僅對紹興一地有重要價值，而且也是浙江文化乃至中國古代文化的重要組成部分。

一是著述之風，遍及各界。越人的創作著述，文學之士自不待言，爲政、從軍、業賈者亦多喜筆耕，屢有不刊之著。甚至於鄉野市井之口頭創作、謡歌俚曲，亦代代敷演，蔚爲大觀，其中更是多有内藴厚重、哲理深刻、色彩斑斕之精品，遠非下里巴人，足稱陽春白雪。

二是著述整理，尤爲重視。越人的著述，包括對越中文獻乃至我國古代文獻的整理。宋孔延之的《會稽掇英總集》，清杜春生的《越中金石記》，近代魯迅的《會稽郡故書雜集》等，都是收輯整理地方文獻的重要成果。陳橋驛所著《紹興地方文獻考録》，是另一種形式的著述整理，其中考録一九四九年前紹興地方文獻一千二百餘種。清代康熙年間，紹興府山陰縣吴楚材、吴調侯叔侄選編的《古文觀止》，自問世以來，一直是古文啓蒙的必備書，也深受古文愛好者的推崇。

三是著述領域，相涉廣泛。越人的著述，涉及諸多領域。其中古代以經、史與諸子百家研核之作爲多，且基本上涵蓋了經、史、子、集的各個分類，近現代以文藝創作爲多，當代則以科學研究論著爲多。這也體現了越中賢傑經世致用、與時俱進的家國情懷。

四

盛世修典，承古啓新，以「紹興」之名，行紹興之實。

紹興這個名字，源自宋高宗的升越州爲府，並冠以年號，時在紹興元年（一一三一）的十月廿六日。這是對這座城市傳統的畫龍點睛。紹興這兩個字合在一起，藴含的正是承繼前業而壯大之、開創未來而昌興之的意思。數往而知來，今天的紹興人正賦予這座城市、這個名字以新的意藴，那就是繼承中華優秀傳統文化，建設中華民族現代文明，爲實現中華民族偉大復興，作出自己新的更大的貢獻。

編纂出版《紹興大典》，正是紹興地方黨委、政府文化自信、文化自覺的體現，是集思廣益、精心實施的德政，是承前啓後、繼往開來的偉業。

（一）科學的決策

《紹興大典》的編纂出版，堪稱黨委、政府科學決策的典範。二〇二〇年十二月十一日，中共紹興市委八届九次全體（擴大）會議審議通過了關於紹興市「十四五」規劃和二〇三五年遠景目標的建議，其中首次提出要啓動《紹興大典》的編纂出版工作。

二〇二一年二月五日，紹興市第八届人民代表大會第六次會議批准了市政府根據市委建議編製的紹興市「十四五」規劃和二〇三五年遠景目標綱要，其中又專門寫到要啓動《紹興大典》的編纂出版工作。二月八日，紹興市人民政府正式印發了這個重要文件。

二〇二二年二月二十八日的中共紹興市第九次代表大會市委工作報告與三月三十日的紹興市九届人大一次會議政府工作報告，均對編纂出版《紹興大典》提出了要求。

二〇二二年九月十五日，紹興市人民政府第十一次常務會議專題聽取了《〈紹興大典〉編纂出版工作實施方案》起草情况的匯報，决定根據討論意見對實施意見進行修改完善後，提交市委常委會議審議。九月十六日，中共紹興市委九届二十次常委會議專題聽取《〈紹興大典〉編纂出版工作實施方案》起草情况的匯報，並進行了討論，決定批准這個方案。十月十日，中共紹興市委辦公室、紹興市人民政府辦公室正式印發了《〈紹興大典〉編纂出版工作實施方案》。

(二)嚴謹的體例

在中共紹興市委、紹興市人民政府研究批准的實施方案中，《紹興大典》編纂出版的各項相關事宜，均得以明確。

一是主要目標。系統、全面、客觀梳理紹興文化傳承脉絡，收集、整理、編纂、研究、出版紹興地方文獻，使《紹興大典》成爲全國鄉邦文獻整理編纂出版的典範和紹興文化史上的豐碑，爲努力打造「文獻保護名邦」「文史研究重鎮」「文化轉化高地」三張紹興文化的金名片作出貢獻。

二是收録範圍。《紹興大典》收録的時間範圍爲：起自先秦時期，迄至一九四九年九月三十日，部分文獻酌情下延。地域範圍爲：今紹興市所轄之區、縣(市)，兼及歷史上紹興府所轄之蕭山、餘姚。内容範圍爲：紹興人的著述，域外人士有關紹興的著述，歷史上紹興刻印的古籍善本和紹興收藏的珍稀古籍善本。

三是編纂方法。對所録文獻典籍，按經、史、子、集和叢五部分類方法編纂出版。

根據實施方案明確的時間安排與階段劃分，在具體編纂工作中，采用先易後難、先急後緩，邊編纂出版、邊深入摸底的方法。即先編纂出版情況明瞭、現實急需的典籍，與此同時，對面上的典籍情況進行深入的摸底調查。這樣的方法，既可以用最快的速度出書，以滿足保護之需、利用之需，又可以爲一些難題的破解争取時間；既可以充分發揮我國實力最强的專業古籍出版社中華書局的編輯出版優勢，又可以充分借助與紹興相關的典籍一半以上收藏於我國古代典籍收藏最爲宏富的國家圖書館的優勢。這是最大限度地避免時間與經費上的重複浪費的方法，也是地方文獻編纂出版工作方法上的創新。

另外，還將適時延伸出版《紹興大典·要籍點校叢刊》《紹興大典·文獻研究叢書》《紹興大典·善本影真叢覽》等。

（三）非凡的意義

正如紹興的文獻典籍在中華文獻典籍史上具有重要的影響那樣，編纂出版《紹興大典》的意義，同樣也是非同尋常的。

一是編纂出版《紹興大典》，對於文獻典籍的更好保護——活下來，具有非同尋常的意義。歷史上的文獻典籍，是中華文明歷經滄桑留下的最寶貴的東西。然而，這些瑰寶或因天災人禍，或因自然老化，或因使用過度，或因其他緣故，有不少已經處於岌岌可危甚至奄奄一息的境況。編纂出版《紹興大典》，可以爲系統修復、深度整理這些珍貴的古籍争取時間；可以最大限度呈現底本的原貌，緩解藏用的矛盾，更好地方便閲讀與研究。這是文獻典籍眼下的當務之急，最好的續命之舉。

二是編纂出版《紹興大典》，對於文獻典籍的更好利用——活起來，具有非同尋常的意義。歷史上的文獻典籍，流傳到今天，實屬不易，殊爲難得。它們雖然大多保存完好，其中不少還是善本，但分散藏於公私，積久塵封，世人難見；也有的已成孤本，或至今未曾刊印，僅有稿本、抄本，秘不示人，無法查閲。

編纂出版《紹興大典》，將穿越千年的文獻、深度密鎖的秘藏、散落全球的珍寶匯聚起來，化身萬千，走向社會，走近讀者，走進生活，既可防它們失傳之虞，又可使它們嘉惠學林，也可使它們古爲今用，文旅融合，還可使它們延年益壽，推陳出新。這是於文獻典籍利用一本萬利、一舉多得的好事。

三是編纂出版《紹興大典》，對於文獻典籍的更好傳承——活下去，具有非同尋常的意義。歷史上的文獻典籍，能保存至今，是先賢們不惜代價，有的是不惜用生命爲代價換來的。對這些傳承至今的古籍本身，我們應當倍加珍惜。

編纂出版《紹興大典》，正是爲了述録先人的開拓，啓迪來者的奮鬥，使這些珍貴古籍世代相傳，使藴藏在這些珍貴古籍身上的中華優秀傳統文化世代相傳。這是中華文化創造性轉化、創新性發展的通途所在。

編纂出版《紹興大典》，是紹興文化發展史上的曠古偉業。編成後的《紹興大典》，將成爲全國範圍内的同類城市中，第一部收録最爲系統、内容最爲豐贍、品質最爲上乘的地方文獻集成。

紹興這個地方，古往今來，都在不懈超越。超乎尋常，追求卓越。超越自我，超越歷史。《紹興大典》的編纂出版，無疑會是紹興文化發展史上的又一次超越。

道阻且長，行則將至；行而不輟，成功可期。「後之視今，亦猶今之視昔」；「後之覽者，亦將有感於斯文」（《蘭亭集序》）。讓我們一起努力吧！

馮建榮

二〇二三年六月十日，星期六，成稿於寓所

二〇二三年中秋、國慶假期，校改於寓所

編纂説明

紹興古稱會稽，歷史悠久。

大禹治水，畢功了溪，計功今紹興城南之茅山（苗山），崩後葬此，此山始稱會稽，此地因名會稽，距今四千多年。

大禹第六代孫夏后少康封庶子無餘於會稽，以奉禹祀，號曰「於越」，此爲吾越得國之始。《竹書紀年》載，成王二十四年，於越來賓。是亦此地史載之始。

距今兩千五百多年，越王句踐遷都築城於會稽山之北（今紹興老城區），是爲紹興建城之始，於今城不移址，海内罕有。

秦始皇滅六國，御海内，立郡縣，成定制。是地屬會稽郡，郡治爲吴縣，所轄大率吴越故地。東漢順帝永建四年（一二九），析浙江之北諸縣置吴郡，是爲吴越分治之始。會稽名仍其舊，郡治遷山陰。由隋至唐，會稽改稱越州，時有反復，至中唐後，「越州」遂爲定稱而至於宋。所轄時有增減，至五代後梁開平二年（九〇八），吴越析剡東十三鄉置新昌縣，自此，越州長期穩定轄領會稽、山陰、蕭山、諸暨、餘姚、上虞、嵊縣、新昌八邑。

建炎四年（一一三〇），宋高宗趙構駐蹕越州，取「紹奕世之宏庥，興百年之丕緒」之意，下詔從建炎五年正月改元紹興。紹興元年（一一三一）十月己丑升越州爲紹興府，斯地乃名紹興，沿用至今。歷史的悠久，造就了紹興文化的發達。數千年來文化的發展、沉澱，又給紹興留下了燦爛的文化載體——鄉邦文獻。保存至今的紹興歷史文獻，有方志著作、家族史料、雜史輿圖、文人筆記、先賢文集、醫卜星相、碑刻墓誌、摩崖遺存、地名方言、檔案文書等不下三千種，可以説，凡有所録，應有盡有。這些文獻從不同角度記載了紹興的山川地理、風土人情、經濟發展、人物傳記、著述藝文等各個方面，成爲人們瞭解歷史、傳承文明、教育後人、建設社會的重要參考資料，其中許多著作不僅對紹興本地有重要價值，也是江浙文化乃至中華古代文化的重要組成部分。

紹興歷代文人對地方文獻的探尋、收集、整理、刊印等都非常重視，並作出過不朽的貢獻，陳橋驛先生就是代表性人物。正是在他的大力呼籲下，時任紹興縣政府主要領導作出了編纂出版《紹興叢書》的決策，爲今日《紹興大典》的編纂出版積累了經驗，奠定了基礎。

時至今日，爲貫徹落實習近平總書記系列重要講話精神，奮力打造新時代文化文明高地，重輝「文獻名邦」，中共紹興市委、市政府毅然作出編纂出版《紹興大典》的決策部署。延請全國著名學者樓宇烈、袁行霈、安平秋、葛劍雄、吴格、李岩、熊遠明、張志清諸先生參酌把關，與收藏紹興典籍最豐富的國家圖書館等各大圖書館以及專業古籍出版社中華書局展開深度合作，成立專門班子，精心規劃組織，扎實付諸實施。《紹興大典》是地方文獻的集大成之作，出版形式以紙質書籍爲主，同步開發建設數據庫。其基本内容，包括以下三方面：

一、《紹興大典》影印精裝本文獻大全。這方面内容囊括一九四九年前的紹興歷史文獻，收録的原則是「全而優」，也就是文獻求全收録；同一文獻比對版本優劣，收優斥劣。同時特别注重珍稀性、孤罕性、史料性。

《紹興大典》影印精裝本收録範圍：

時間範圍：起自先秦時期，迄至一九四九年九月三十日，部分文獻可酌情下延。

地域範圍：今紹興市所轄之區、縣（市），兼及歷史上紹興府所轄之蕭山、餘姚。

内容範圍：紹興人（本籍與寄籍紹興的人士、寄籍外地的紹籍人士）撰寫的著作，非紹興籍人士撰寫的與紹興相關的著作，歷史上紹興刻印的古籍珍本和紹興收藏的古籍珍本。

《紹興大典》影印精裝本編纂體例，以經、史、子、集、叢五部分類的方法，對收録範圍内的文獻，進行開放式收録，分類編輯，影印出版。五部之下，不分子目。

經部：主要收録經學（含小學）原創著作；經校勘校訂，校注校釋，疏、證、箋、解、章句等的經學名著；爲紹籍經學家所著經學著作而撰的著作，等等。

史部：主要收録紹興地方歷史書籍，重點是府縣志、家史、雜史等三個方面的歷史著作。

子部：主要收録專業類書，比如農學類、書畫類、醫卜星相類、儒釋道宗教類、陰陽五行類、傳奇類、小説類，等等。

集部：主要收録詩賦文詞曲總集、别集、專集，詩律詞譜，詩話詞話，南北曲韻，文論文評，等等。

叢部：主要收録不入以上四部的歷史文獻遺珍、歷史文物和歷史遺址圖録彙總、戲劇曲藝脚本、報章雜志、音像資料等。不收傳統叢部之文叢、彙編之類。

《紹興大典》影印精裝本在收録、整理、編纂出版上述文獻的基礎上，同時進行書目提要的撰寫，並細編索引，以起到提要鉤沉、方便實用的作用。

二、《紹興大典》點校研究及珍本彙編。主要是《紹興大典》影印精裝本的延伸項目，形成三個成果，即《紹興大典·要籍點校叢刊》《紹興大典·文獻研究叢書》《紹興大典·善本影真叢覽》三叢。

選取影印出版文獻中的要籍，組織專家分專題開展點校等工作，排印出版《紹興大典·要籍點校叢刊》；及時向社會公布推出出版文獻書目，開展《紹興大典》收録文獻研究，分階段出版研究成果《紹興大典·文獻研究叢書》；選取品相完好、特色明顯、内容有益的優秀文獻，原版原様綫裝影印出版《紹興大典·善本影真叢覽》。

三、《紹興大典》文獻數據庫。以《紹興大典》影印精裝本和《紹興大典·要籍點校叢刊》《紹興大典·文獻研究叢書》《紹興大典·善本影真叢覽》三叢爲基幹構建。同時收録大典編纂過程中所涉其他相關資料，未用之版本，書佚目存之書目等，動態推進。

《紹興大典》編纂完成後，應該是一部體系完善、分類合理、全優兼顧、提要鮮明、檢索方便的大型文獻集成，必將成爲地方文獻編纂的新範例，同時助力紹興打造完成「歷史文獻保護名邦」「地方文史研究重鎮」「區域文化轉化高地」三張文化金名片。

《紹興大典》在中共紹興市委、市政府領導下組成編纂工作指導委員會，組織實施並保障大典工程的順利推進，同時組成由紹興市爲主導、國家圖書館和中華書局爲主要骨幹力量、各地專家學者和圖書館人員爲輔助力量的編纂委員會，負責具體的編纂工作。

《紹興大典》編纂委員會

二〇二三年五月

史部編纂説明

紹興自古重視歷史記載，在現存數千種紹興歷史文獻中，史部著作占有極爲重要的位置。因其内容豐富、體裁多樣、官民兼撰的特點，成爲《紹興大典》五大部類之一，而别類專纂，彙簡成編。

按《紹興大典·編纂説明》規定：「以經、史、子、集、叢五部分類的方法，對收録範圍内的文獻，進行開放式收録，分類編輯，影印出版。五部之下，不分子目。」「史部：主要收録紹興地方歷史書籍，重點是府縣志、家史、雜史等三個方面的歷史著作。」

紹興素爲方志之鄉，纂修方志的歷史較爲悠久。據陳橋驛《紹興地方文獻考録》（浙江人民出版社，一九八三年版）統計，僅紹興地區方志類文獻就「多達一百四十餘種，目前尚存近一半」。在最近三十多年中，紹興又發現了不少歷史文獻，堪稱卷帙浩繁。

據《紹興大典》編纂委員會多方調查掌握的信息，府縣之中，既有最早的府志——南宋二志《（嘉泰）會稽志》和《（寶慶）會稽續志》，也有最早的縣志——宋嘉定《剡録》；既有耳熟能詳的《（萬曆）紹興府志》，也有海内孤本《（嘉靖）山陰縣志》；更有寥若晨星的《永樂大典》本《紹興府志》，等等。存世的紹興府縣志，明代纂修並存世的萬曆爲最多，清代纂修並存世的康熙爲最多。

家史資料是地方志的重要補充，紹興地區家史資料豐富，《紹興家譜總目提要》共收録紹興相關家譜資料三千六百七十九條，涉及一百七十七個姓氏。據二〇〇六年《紹興叢書》編委會對上海圖書館藏紹興文獻的調查，上海圖書館館藏的紹興家史譜牒資料有三百多種，據紹興圖書館最近提供的信息，其館藏譜牒資料有二百五十多種，一千三百七十八册。紹興人文薈萃，歷來重視繼承弘揚耕讀傳統，家族中尤以登科進仕者爲榮，每見累世科甲、甲第連雲之家族，如諸暨花亭五桂堂黄氏、山陰狀元坊張氏，等等。家族中每有中式，必進祠堂，祭祖宗，禮神祇，乃至重纂家乘。因此纂修家譜之風頗盛，聯宗聯譜，聲氣相通，呼應相求，以期相將相扶，百世其昌，因此留下了浩如煙海、簡册連編的家史譜牒資料。家史資料入典，將遵循「姓氏求全，譜目求全，譜牒求優」的原則遴選。

雜史部分是紹興歷史文獻中内容最豐富、形式最多樣、撰者最衆多、價值極珍貴的部分。記載的内容無比豐富，撰寫的體裁多種多樣，留存的形式面目各異。其中私修地方史著作，以東漢袁康、吴平所輯的《越絶書》及稍後趙曄的《吴越春秋》最具代表性，是紹興現存最早較爲系統完整的史著。

雜史部分的歷史文獻，有非官修的專業志、地方小志，如《三江所志》《倉帝廟志》《螭陽志》等；有以韻文形式撰寫的如《山居賦》《會稽三賦》等；有碑刻史料如《會稽刻石》《龍瑞宫刻石》等；有詩文游記如《沃洲雜詠》等；有珍貴的檔案史料如《明浙江紹興府諸暨縣魚鱗册》等；有名人日記如《祁忠敏公日記》《越縵堂日記》等；有綜合性的歷史著作如海内外孤本《越中雜識》等；也有鉤沉稽古的如《虞志稽遺》等。既有《救荒全書》《欽定浙江賦役全書》這樣專業的經濟史料，也有《越中八景圖》這樣的圖繪史料等。舉凡經濟、人物、教育、方言風物、名人日記等，應有盡有，不勝枚舉。尤以地理爲著，諸如山川風物、名勝古迹、水利關津、衛所武備、天文医卜等，莫不悉備。

這些歷史文獻，有的是官刻，有的是坊刻，有的是家刻。有特別珍貴的稿本、鈔本、寫本，也有珍稀孤罕首次面世的史料。由於《紹興大典》的編纂出版，這些文獻得以呈現在世人面前，俾世人充分深入地瞭解紹興豐富多彩的歷史文化。受編纂者學識見聞以及客觀條件之限制，難免有疏漏錯訛之處，祈望方家教正。

《紹興大典》編纂委員會
二〇二三年五月

萬曆嵊縣志 十三卷

〔明〕萬民紀、林岳偉修，〔明〕周汝登纂

明萬曆十六年（一五八八）刻本

影印説明

《（萬曆）嵊縣志》十三卷，明萬民紀、林岳偉修，明周汝登纂。明萬曆十六年（一五八八）刻本。半葉九行行二十字，小字雙行同，白口，單魚尾，左右雙邊，有圖。原書版框尺寸高19.2釐米，寬12.9釐米。書前有林岳偉、周汝登序，書末有歷代舊志序文。

萬民紀，南城人，萬曆十二年（一五八四）任嵊縣知縣。林岳偉，晉江人，萬曆十六年任知縣。周汝登（一五四七—一六二九），字繼元，號海門，嵊縣人，萬曆五年（一五七七）進士，授工部屯田主政，後擢南京工部主事，歷兵、吏二部郎官，至南京尚寶司卿。傳世著作有《周海門先生文録》《東越證學録》《王門宗旨》《聖學宗傳》《四書宗旨》《佛法正輪》等。

據《中國地方志聯合目録》，此志僅國家圖書館收藏，原書卷七第二十九葉後有闕葉，舊志序第六葉後有闕葉；闕葉内容可參看《（康熙）嵊縣志》。

嵊縣志叙

夫國有史郡邑有志其所由來尚矣縣厥攸繫豈淺尠哉蓋所以乘載已往而亦所以作鏡將來是故脩之攟之皆不可已也不佞歷在溫陵距紹屬二千里許甫奉命製于紹之嵊皇皇心戰以未習聞風情為慮若御者未歷程途則登車猶若未見郤窾則奏刀躊躇然爾迨歲

奉化吳沐刊

志叙

月之任適前令萬公得郡太尊蕭公
邑工部主政周公督脩嵊志業就郡
駕王公叙贊命梓成冊將行周公舉
示偉不佞不佞捧頌徹編亟忻、然匪
徒欽其論公旨遠詞章古雅明達且也觀
邑域山川圖考廢置彰地脈也觀歲時崇
尚詳辨淑慝昭風習也覽則壤賦役條舉
繁劳洞民情也至歷紀宦師序列選舉賢

者傳之不傳者註之見具瞻有在也尋民間士女孝義烈節異蹟方伎鑿鑿畢載莫非維風正俗極今復古先德禮絀榮利至意也洋洋剡書乎恐可已也備得圖記之詳則不佞向所慮未習聞者今可用以自繹傳識前喆之蹟則不佞雖不能至亦謹用以自鏡而知所嚮往矣然昔聖人于宰武城者首以得人問稱君子人者謂自多

負取令不佞從事茲土幸炙周公得所纂
志已涉程途矣見郤窾矣猶期斯志播遠
先邇而邑有志士咸取覽觀林然猶興則
不佞將多得賢士君子若簷臺者相磨礪
相規勉庶幾登車奏刀有所持扶無有厭
覆阻折是懼矣剡縣茲風行草偃士唱民
從物情嫗媮風習敦龐地脈協靈賢杰彙
緜弁日著且有豔載青史矣奚啻續傳籐

蔑已哉此固不佞與而邑士所宜共勗以
毋負周公志嵊之盛心噫嘻嵊邑有志輿
嵊賴之若之何其不亟播而傳之也
萬曆戊子歲菊月穀旦温陵甫觀父林岳
偉撰

紀志事

剡有志自宋嘉定間高公似孫始嘉定後百七十年
元至正間許公汝霖有志至正後又百九十年迨我
國朝有錢氏志弗行行亘公雷志今去亘公時又八
十七年所矣先是嘉靖中繕部喻公聚余從叔別駕
公曭議修志業經始弗竟廢後邑令譚公禮學諭王
公天和復議修志具草將付梓以授惠昌令胡公采
校閱久之又弗就廢乃卒無議志者歲丙戌郡守宛
陵蕭公良幹修郡志而太史山陰張公元忭太常餘

姚孫公儆爲筆例太史詢八邑掌故獨嵊志闕賾無徵曰邑不志曷爲郡志貤太守右文舉四百年賾典寧當兹太守世而其所隸邑猶有以乏文獻稱者是在邦伯乃以語南城萬公民紀萬公謀之博士内江楊公繼朝具與趙公楝連江陳公賓乃告郡公修之報可而余小子汝登方病臥以筆札來謂余謝不文請之固太史復贊我余重違兩公指更自念志不文未足深患患不公文不可強公可持夫所患者足持以允而所不可強者則亦所未足深患者明年受札既竣

年某月甫半萬公考績不暇問逡巡易歲是爲戊子
萬公謝職去別駕冀州王公大康來睎纂王公任事
無爾我請畢於時余同門友亳州李公國士由名給
事僉憲浙司分鎮台越往來剡上吊王謝風流稽戶
籍耗贏問志謂宜亟就余益殫力以圖從弟夢科宋
君應光實相左右而侍御董君子行方予告家居及
州貳邢君德健鄉舉士張君向辰李君春榮時從請
正又間與文學尹君紹元汝陽王君嘉士李君德榮
凡士麟姪玄齡山人錢君思棠叅訂之五月藁具付

剞劂邑貳吳君鷁鳴經紀甫就八月令君晉江林公岳偉至更中閣始布行焉嗟乎嵊上下數千年志錄僅三覯而近且數十年謀議莫決其艱曠如是是令太史咨嗟今一旦肇議投艱小子卒獲潰於成以布則惟諸名公主決裁畫而余小子幸際其逢典筆札以竊爲已效稱幸藉矣顧所論次多謬畧無以厭衆志則無如所不可強而勉所可持獨一念耿耿在卷姑以藉手謝諸名公對往哲而俟來許且以其艱曠若彼或庶幾已之愈云爾志凡十三卷周汝登識

嵊縣誌目録

卷之一
建置考
縣沿革　城池　公署　職司
卷之二
區域考
分野　疆境　隅都　坊巷
市鎮　橋渡　災祥
卷之三

山水考

形勝　山溪岩洞砩塘等附　井渠

卷之四

風物考

風俗　歲時　景蹟　物產

卷之五

版籍考

戶口　田土　則例　賦役

卷之六

學校考
廟學　書院　學田　典籍
卷之七
祠祀考
壇壝　祠廟　墓塚附　寺觀附
卷之八
官師表
卷之九
選舉表

卷之十
名宦傳
縣官　學官　留績
卷之十一
鄉賢傳
列傳　孝義　列女
卷之十二
雜傳
寓賢　僊釋　方伎

卷之十三

補遺

嵊縣誌圖

鄉都圖
山川圖
城邑圖
縣治圖
儒學圖

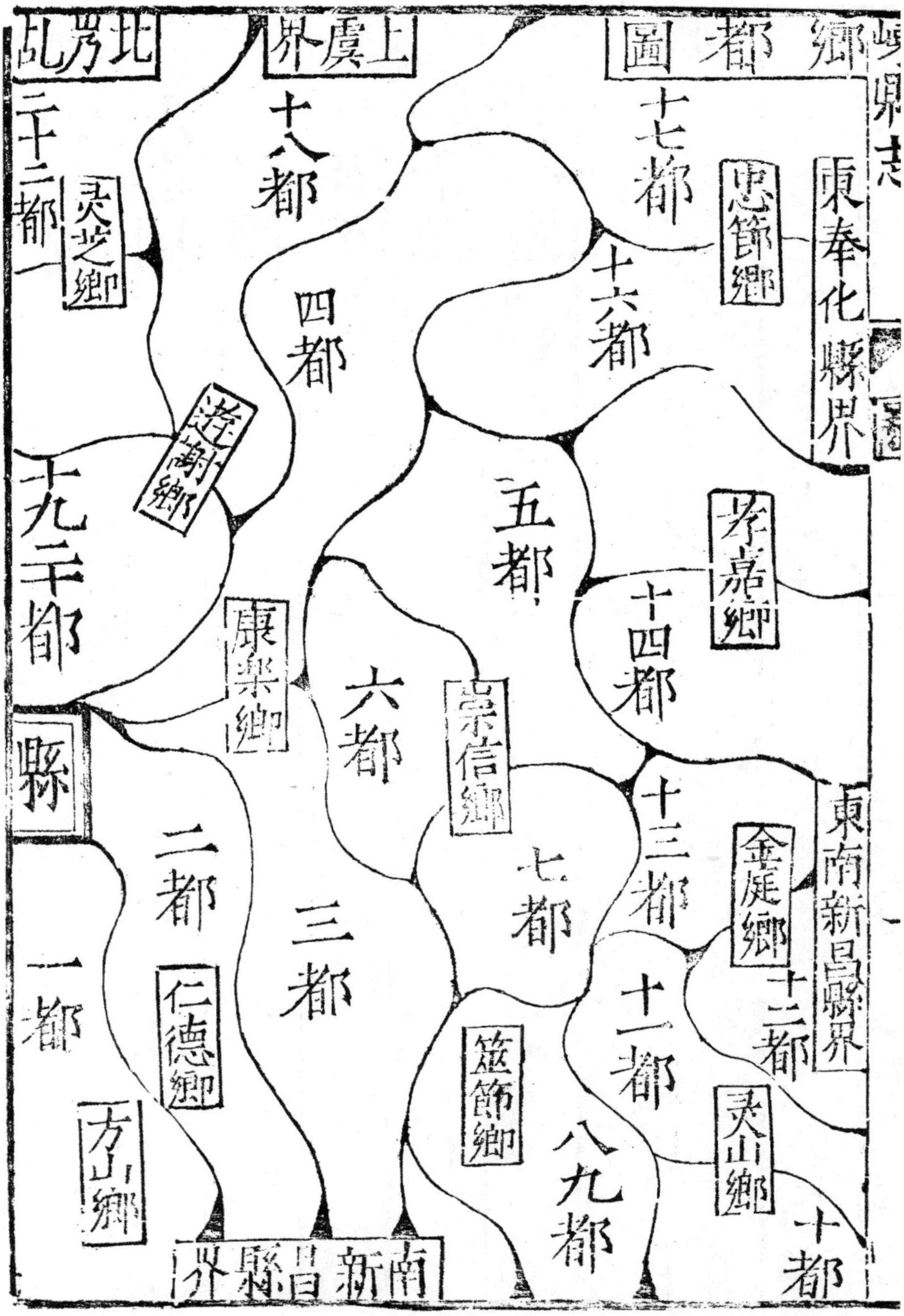
鄉都圖
上虞界
東奉化縣界
東南新昌縣界
南新昌縣界
十八都
十七都
忠節鄉
十六都
四都
二十二都
遊謝鄉
十九二十都
五都
孝嘉鄉
十四都
康樂鄉
六都
崇信鄉
縣
十三都
金庭鄉
二都
三都
七都
一都
仁德鄉
十二都
十一都
八九都
十都

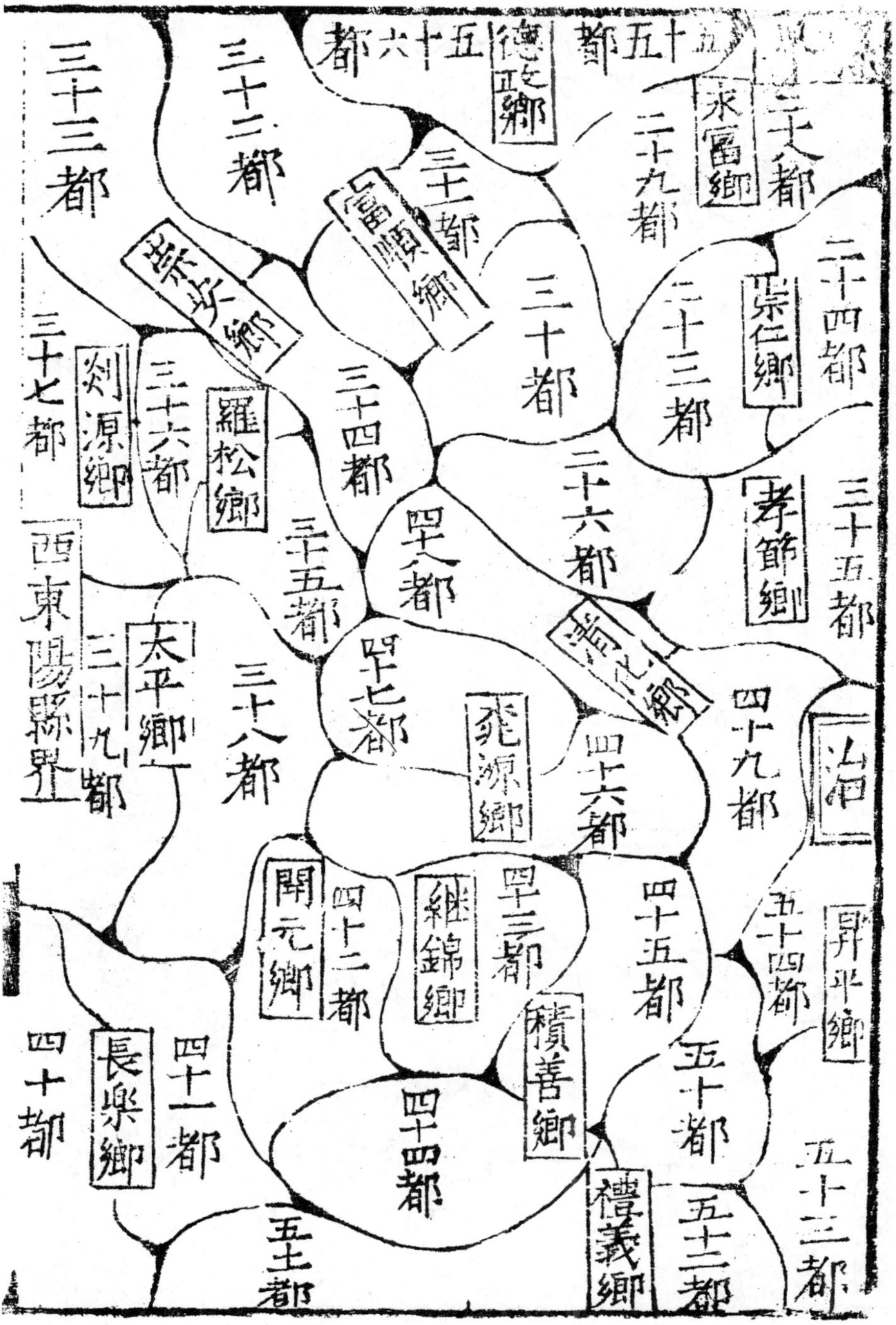
五十六都
德政鄉
五十五都
三十三都
三十二都
三十一都
富順鄉
崇安鄉
永富鄉
二十七都
二十九都
二十四都
三十都
崇仁鄉
二十三都
三十七都
剡源鄉
三十六都
羅松鄉
三十四都
二十六都
孝節鄉
三十五都
西東陽縣界
三十五都
四十八都
太平鄉
三十九都
三十八都
四十七都
四十六都
四十九都
治
開元鄉
四十二都
繼錦鄉
四十三都
四十五都
五十四都
昇平鄉
長樂鄉
四十一都
四十都
積善鄉
五十都
四十四都
禮義鄉
五十二都
五十三都
五十一都

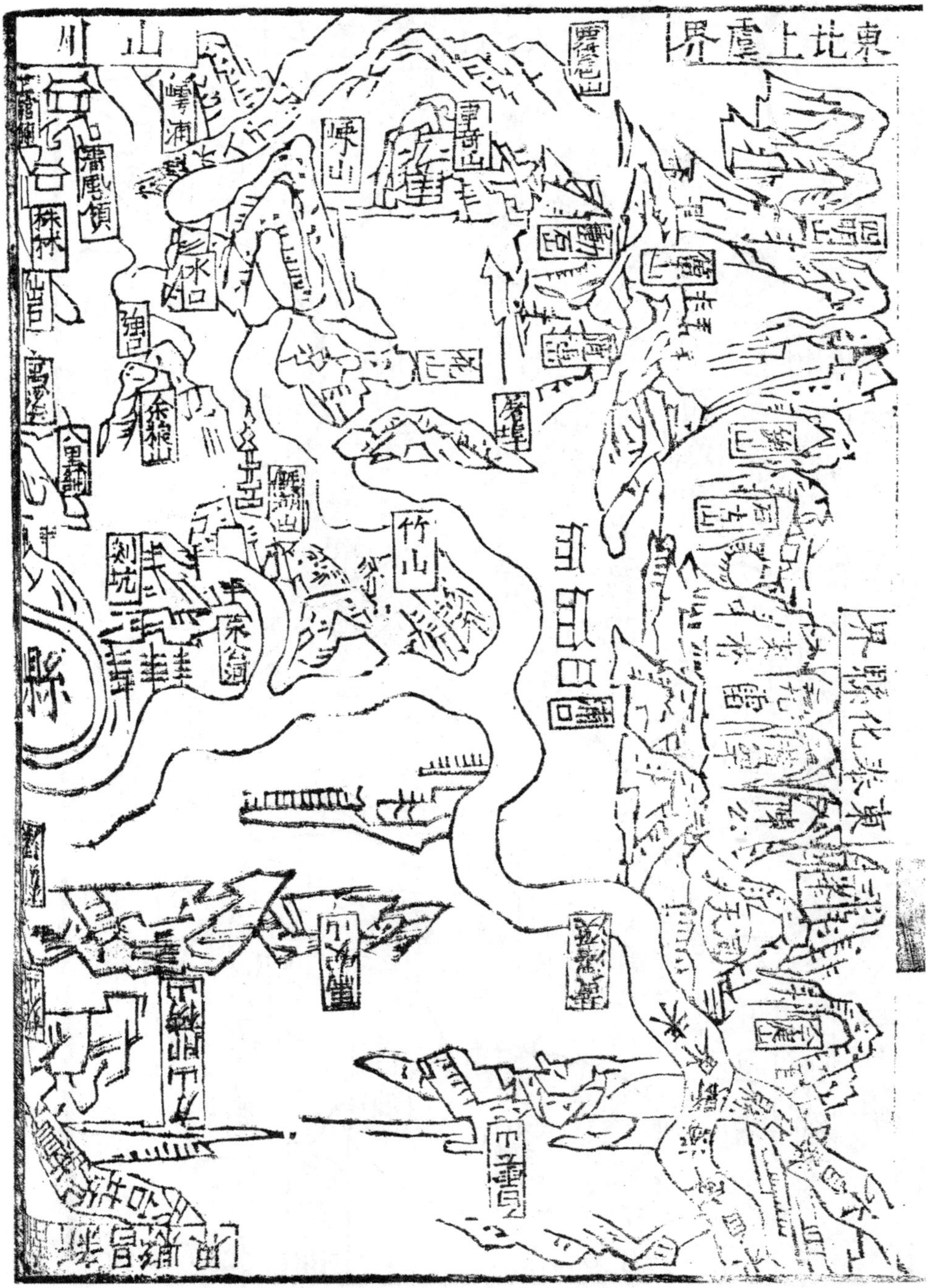
東北上虞界
山川
峽山
竹山
剡坑
株林
縣

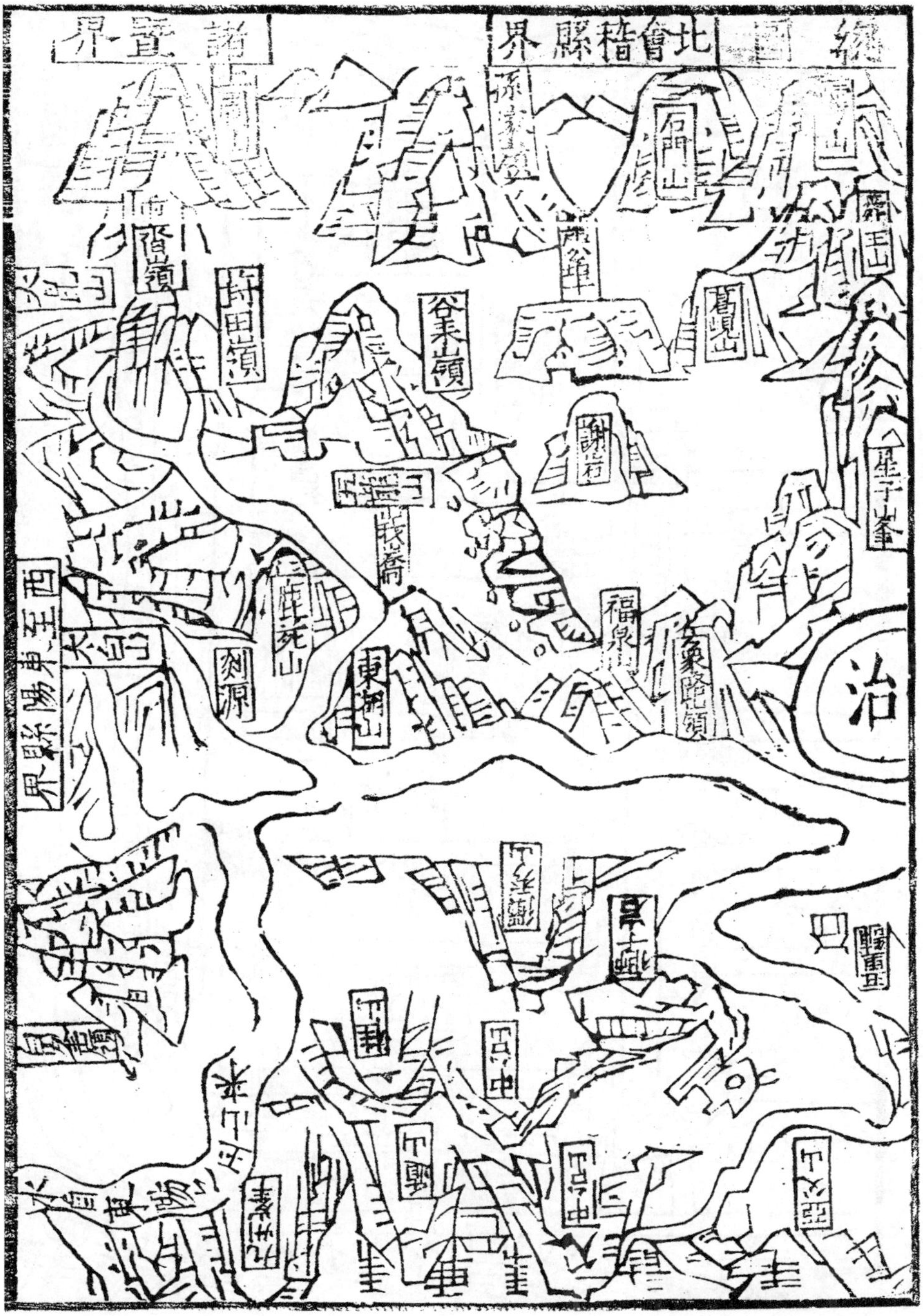

北會稽縣界
諸暨界
孫家嶺
石門山
許田嶺
谷來山嶺
葛覗山
星子峯
福泉
鹿死山
剡源
東湖山
西至東陽縣界
治

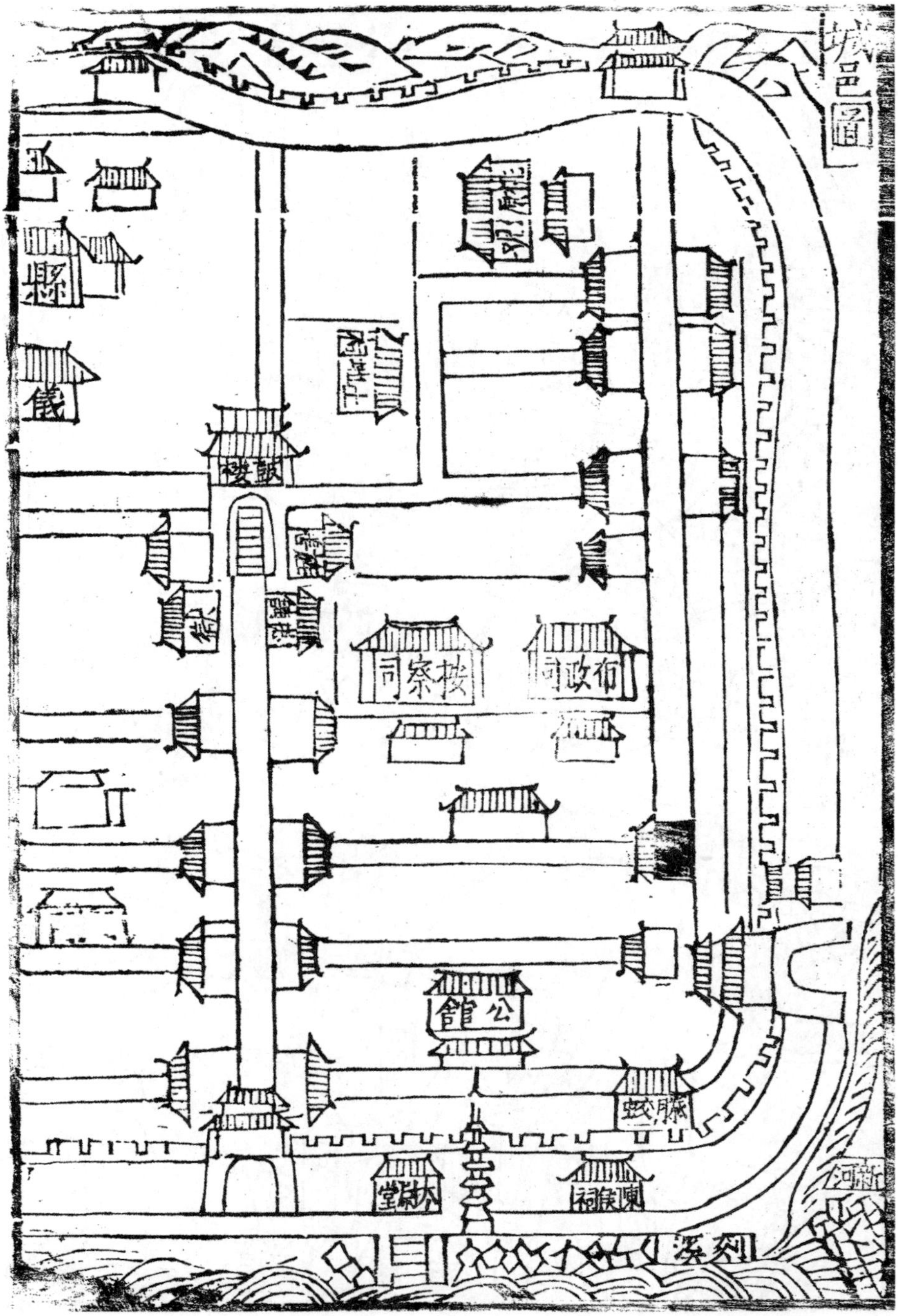
城邑圖
縣
鼓樓
按察司
布政司
公館
陳侯祠
列溪

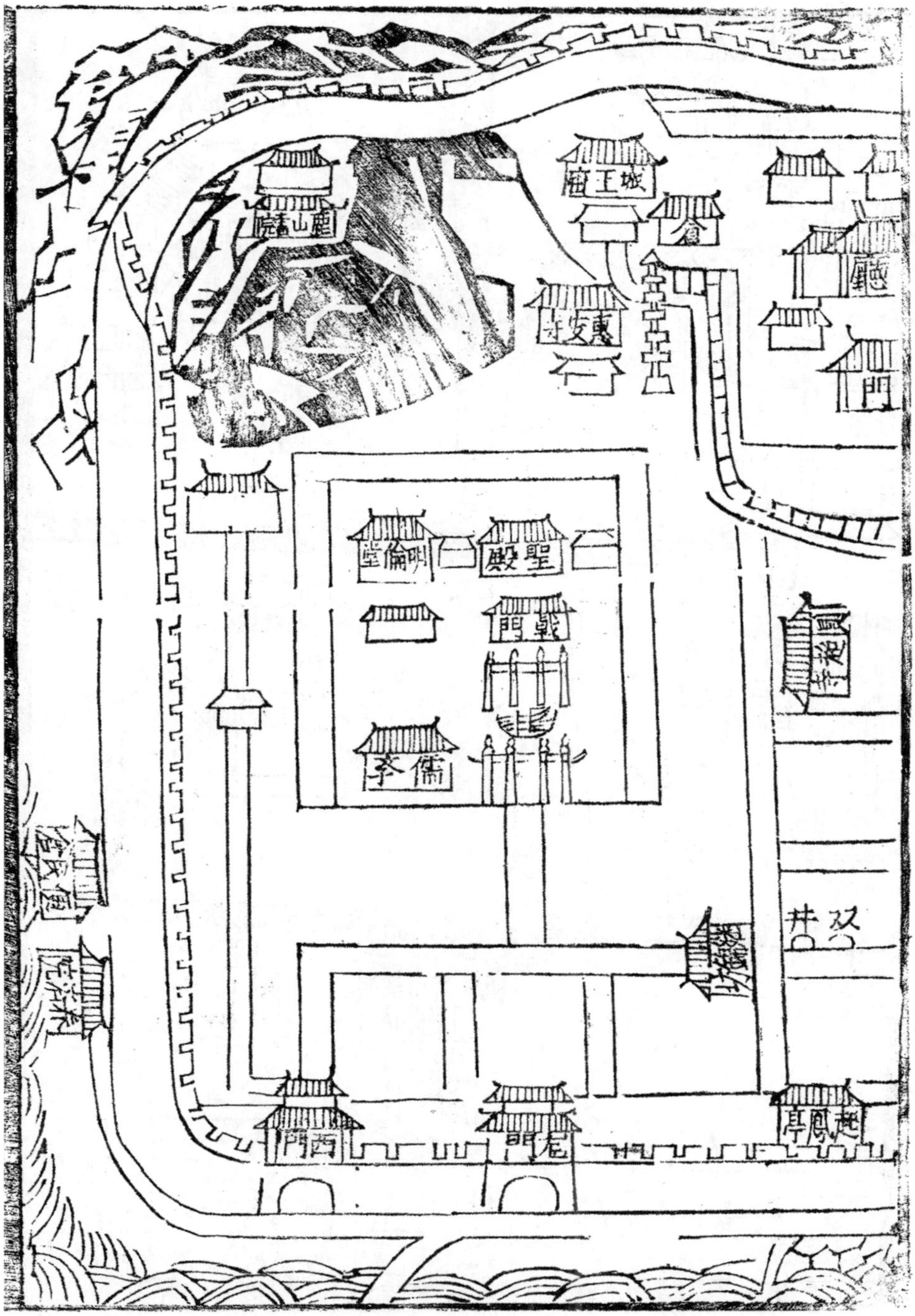
鹿山書院
城王廟
倉
惠安寺
廳
門
明倫堂
聖殿
戟門
儒學
井
西門
起鳳亭

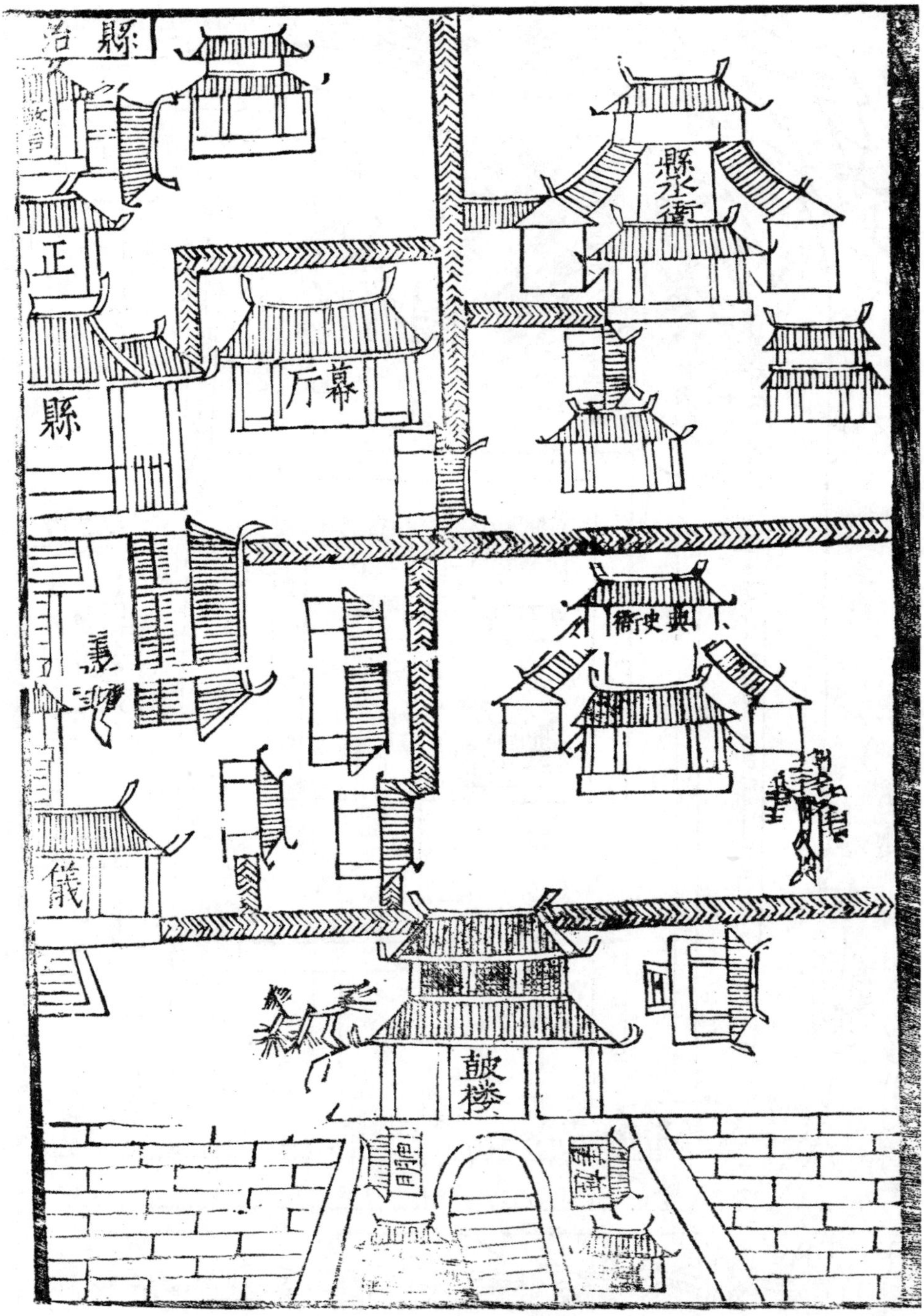
縣治
正
縣
儀
縣丞衙
幕厅
典史衙
鼓樓

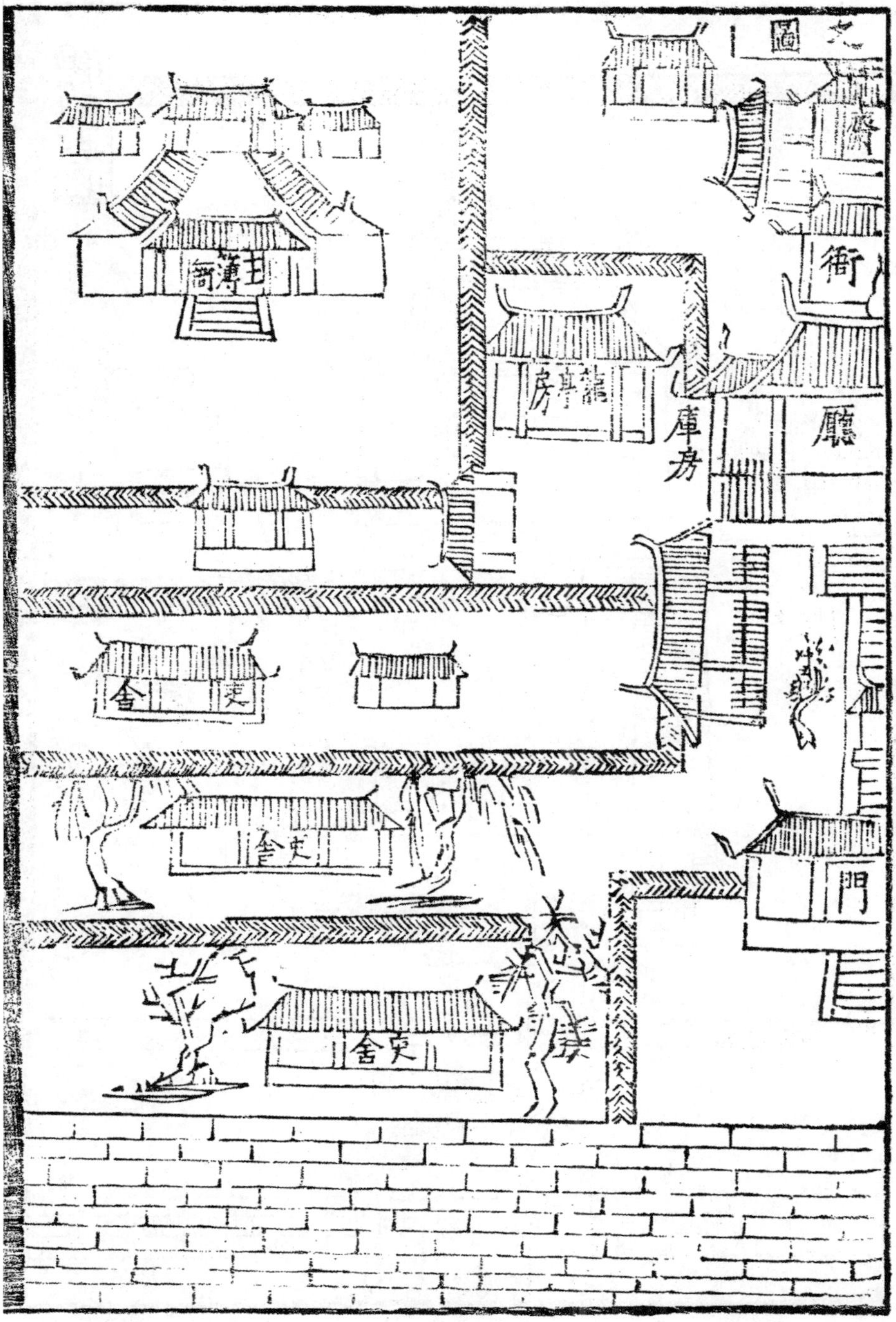
主簿衙
龍亭房
庫房
衙
廳
門
吏舍
吏舍
吏舍

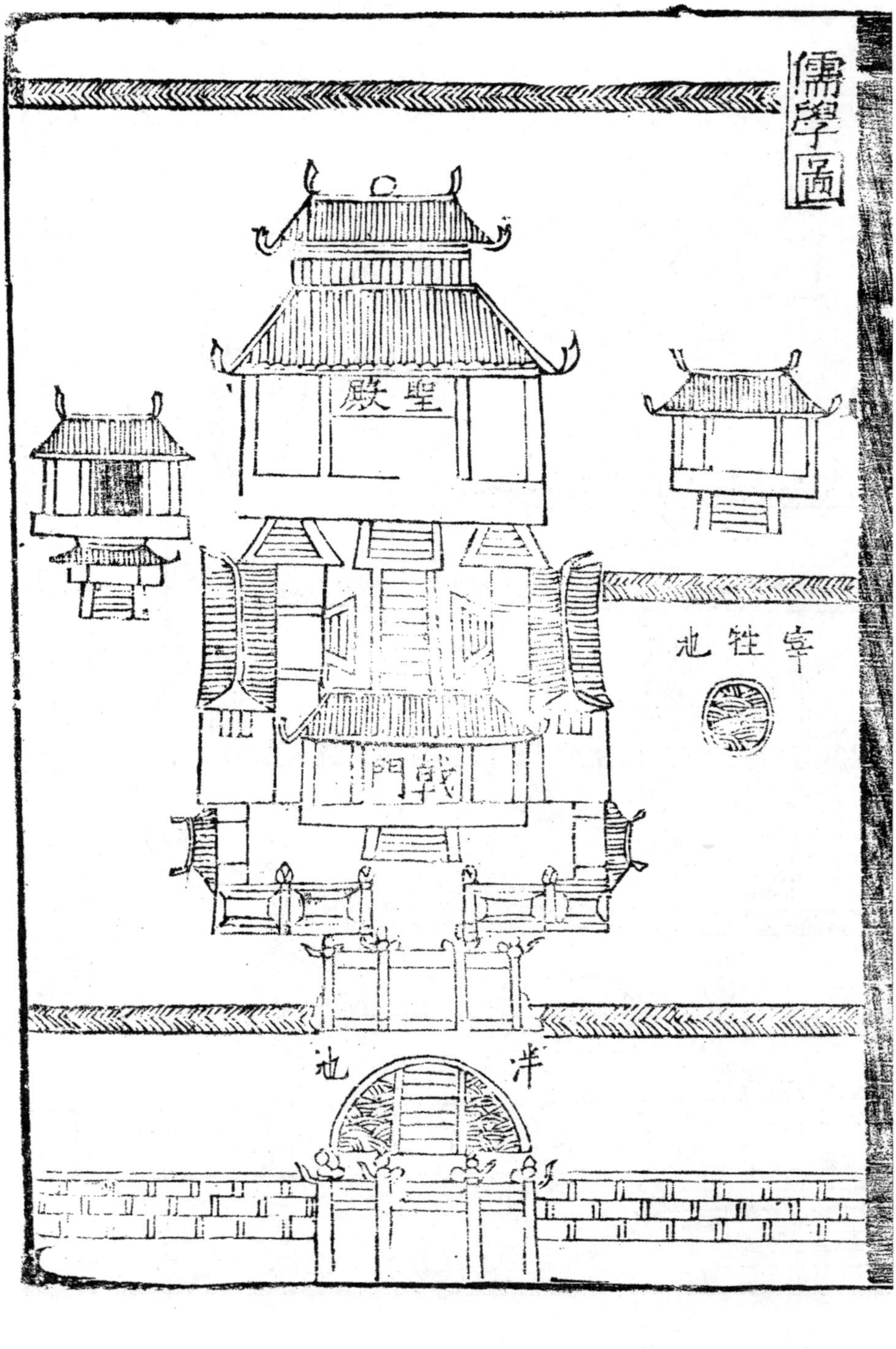
儒學圖
聖殿
戟門
宰牲池
泮池

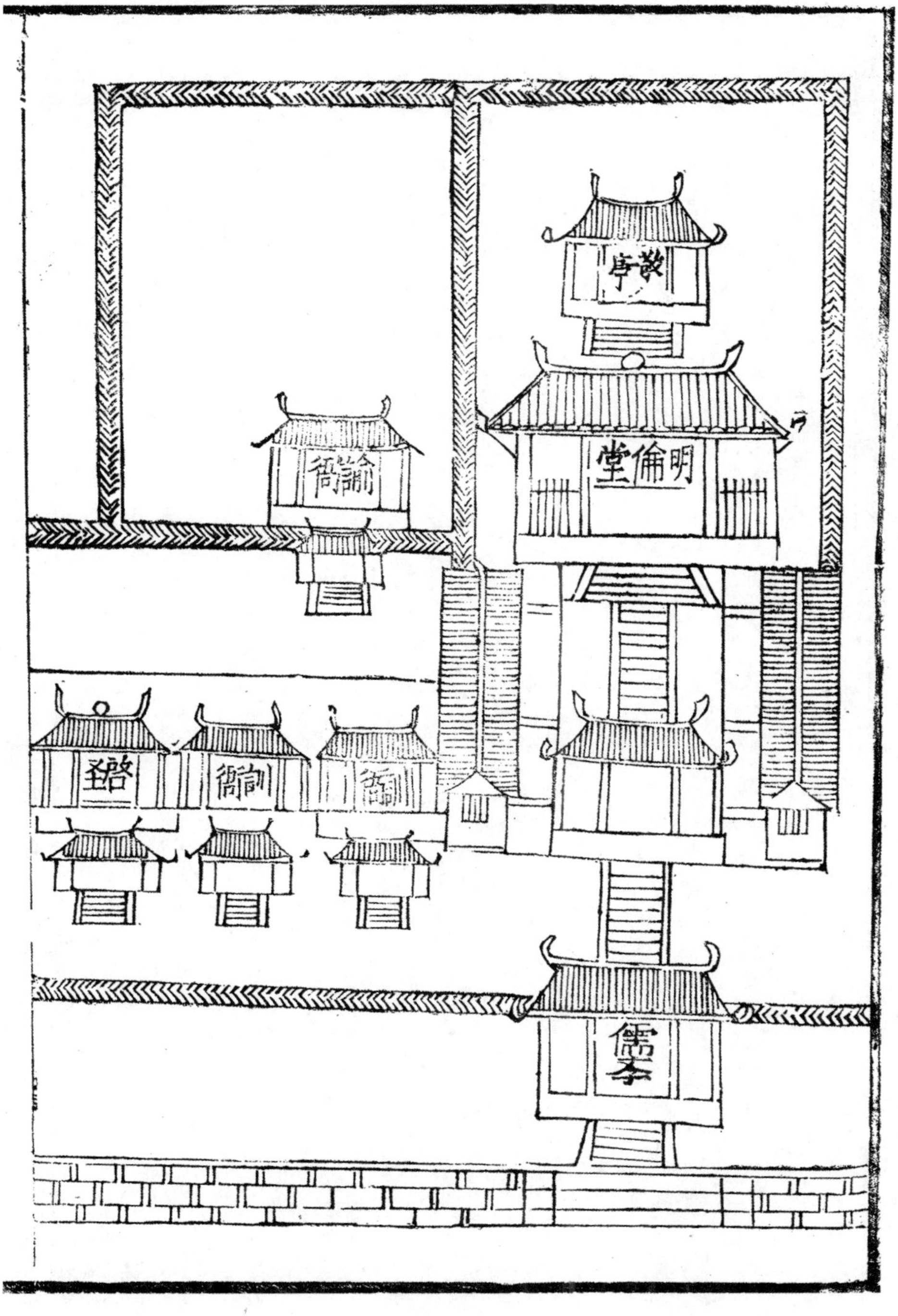
敬亭
明倫堂
諭衙
啓聖
訓衙
訓衙
儒學

嵊縣誌卷之一

署嵊事紹興府通判冀州王天康
嵊縣知縣南城萬民紀
晉江林岳偉校行
賜進士第南京工部主事邑人周汝登纂修
庠生尹紹元
王嘉士
尹汝陽
李德棻
儒士周夢科仝閱

建置考

縣沿革 城池 公署 職司

縣沿革 縣古名剡唐虞爲揚州地夏少康封庶子於會稽國號於越地在封內商周沿之顯王時越亡籍諸楚時未有剡名秦滅楚始皇二十六年以故越地置會稽郡剡爲領縣始稱焉道書及梁載言十道志云兩火一刀可以逃言剡多名山可以避災剡不知何義舊志云縣後有星子山秦皇東遊斷其山之南以洩王氣坑深千餘丈曰剡坑因以名縣梅福四明山記魏楊德祖至四明山過兩僊人把火澗中湧金刀一頃之不見德祖曰兩火成炎炎邊得刀是爲剡字因號溪山爲剡爲銘二百字刻此峯夏氏謂秦皇嘗遊會稽斷山之說或然而德祖生魏剡名自秦不足信姑兩存之漢及吳晉

宋齊梁陳隋會稽之爲國邑州郡不常剡隨所易
置隸如故唐高祖武德四年平李子通唐鄭言有平剡録一
卷以剡地置嵊州析置剡城縣唐趙嘏發剡中詩正懷何謝俯長流
更覽餘封識嵊州八年廢嵊州及剡城縣復爲剡縣隸越
州梁太祖開平元年吳越王錢鏐析剡東十三鄉
爲新昌縣新昌縣治剡石牛鎮宋宣和三年睦寇方臘既平
七月丁卯詔剡縣改名嵊縣從越帥劉述古請也述古以剡字有兵火
象請名嵊字書曰四山爲嵊許氏謂東簟山南黄山西太白山北嵊山夏氏謂東四明南天姥西太
白北嶀山恐不必泥宋紹興時隸紹興府元隸紹興路至正

十五年方谷珍據台溫張士誠據淮浙縣境東屬方西屬張丙午歸順

國朝乃合仍隷紹興府成化八年知府洪楷奏割會稽縣二十五六都以隷嵊地七里戶八百有奇

登聞之父老云會稽丞徵兩都稅民抗丞乃奏請割地與民歸嵊夫抗會丞則割歸嵊脫冊坑嵊丞又焉歸兩都去兩縣道里遠近等忽祖制而更置之於計非得諸所種種弗便姑弗論論其大者舍兩都來而貽我以東關瑤役嵊因以敝矣詳且廢

署考下

城池縣城不知何昉或以爲吳令賀齊云剡録云漢剡縣城在今縣東北孔曄會稽記云縣治在江東吳賀齊爲令始移今治齊嘗開城門擊賊以故知城亦齊建今城即齊所城故處舊志稱剡城縣城在縣西一十五里或云四十五里一統志稱嵊州城在縣西南一十五里豈唐置州時他徙而州廢乃還故處耶皆不可考舊經云嵊城周一十二里高一丈厚二丈輿地志云城開門向江宋宣和三

年守帥劉述古命縣令張誠發修之括蒼管晉記曰會稽縣八剡爲清勝承平日久横目習治庚子之冬睦冠往勃剡冦應之縣有城壘圯弗克守爲賊巢穴明年春帥劉公述古統制一道掃清賊黨謂令張誠發尨徒虔事課工督程出緡粟以僦役甫閱旬朔完壁高堞城之環亘十有二里未幾冦率其徒操梯壁下仰視完壯失氣奪色將兵出銳掩之俘馘自是寬伏孽不戢焉侯智宏遠知所先務借不急此孰與民保障繢維茂磨石無愧慶元初溪流湍悍城被囓存才二三尺令葉籈累石爲堤百餘丈以捍城後二年水復決東渡提舉常平李大惟給錢千緡修築又明年秋大水城決一百二十餘丈令周悅築補城門臨江有東渡西渡南渡元承平久禁

民無完城城曰圮城址近市者強半蹴爲民居五
門存東曰東曦一名迎春南曰望僊西曰西成一名繼錦北
曰通越西南間曰化龍
國朝洪武間湯國公徙故城磚石城𨺗山衛城益無
餘堤亦就壞弘治甲寅知縣臧鳳築堤約高三仞
廣稱是袤二伯四十五丈爲費一千九百五十三兩有奇民謂曰
臧圩岸錢塘李旻記嵊陰據山東西南皆剡水環城下有路四衢南台新北山會上虞奉化
諸暨東陽皆出其左右路以水齧就圮漸侵於城
民居蕩析人病往來弘治壬子曲阜臧矦以名進
士來尹之明年謂路苟弗治厲入險巇行貨莫至
邑終弊矣疏請藩臬得府帑羨餘銀三百兩倡之

於是民富者資貧者力紛如子來諏日從事繩杠筐筥鋤钁畚鍤肅肅以就傜石以砌鑿土以運闐浮植橛接堅甃石登登馮馮之聲響應山谷崎嶇險阻遂成平夷一望數里狂流悍湍自是莫齧乎峻防矣功訖民以庚功宜紀將圖誌石而邑人秋官丁君以賢適讞南獄便道歸省民以是告之既還國轉求余記夫昔東坡爲杭守築堤西湖民以蘇公名之謝安築堤新城而民以召公况皆以其澤之存銘以識不忘耳嵊民之請亦似於斯也因書以誌

戊午堤稍隤知縣徐侗出堤外五尺築護堤七尺許堤以永固嘉靖三十四年倭夷猖獗民無守計知縣吳三畏尋故城址大興役築城前臨溪後跨山高二丈有奇厚一丈有奇周圍一千三百丈有奇內外俱甃以石爲

門四東曰拱明西曰來白南曰應台北曰望越門外有甕城門上有樓扁其樓東曰凝翠南曰可遂西曰長清北曰迴峰東北間為陡門陡門上有亭扁曰溪山襟帶北門右有瞻宿亭一稱四山閣東門右為亭曰騰蛟西門左為亭曰起鳳為徼舖若干所敵臺四所城內有餘城六尺餘城內有馬路六尺城外路與內稱是年倭寇兩犯邑境民恃無恐邑人周夢秀記　世宗皇帝二十有九載海氛為孽倭奴搆禍於浙東黄巖蔦窒為燼爾時承平久矛鏽斧鈍未遂斬艾甲寅歲再陷天台而寧紹沿海諸聚落歲被攻掠僅僅全者皆恃城以守而兩邑繼

遭寇焚患無城也嵊介峙台寧間故山城頗壯爲
信國公湯和建議墮之二百年來無異聚落官民
皆惴惴懼禍之及乙卯歲海上羽檄無已時知縣吳
侯喟然嘆曰是可以當吾世而坐受無城之困乎吳
廼請其事於諸上官既允則相基度費故址屋於
民者撤之然帑無羨鍰民又艱于土瘠力不任重於
役而事不可已侯焦勞形於色諭民人不峙爾城
家且莫保苟僦爾役室告罄願擇之則瞿然以籍
而翕然惟侯之命侯于是稽版籍丁口田地凡五
十餘丁築城一丈不足取諸罰鍰計丈九百有奇
因舊爲址繞山帶溪侯日周省城功勞勤策惰自
忘饑疲工始秋九月四閱月告竣東西南北爲四
門東北二門間爲陟門北門右爲四山閣先是城
甫半倭奴自台突入嵊黄泥橋夜遣諜來覘視望
城上燈燎晃耀呼噪之聲動地遂出浦口宵遁迨
城工未竟止二版倭奴又自台流嵊侯日夜督民
兵分城哨守倭奴避迯去城工雖未完而有險可
恃侯故得以殫力警守而保完億萬生靈使免不

早計而亟圖則兩沓寇至嵊能免於黃巖天台者
難否也黃巖天台以無城陷嵊以有城全侯是以
有功於嵊甚大先君別駕謂寇至侯城而禦之今
寇滅久矣而斯城巋然與國罔極宜爲之記未就
而先君即世萬曆五年冬舉人張君希秩王君應
昌以命夢秀畢先君之志夢秀因憶先君誦賢侯
經始特鑱故址得一甎識云漢乙卯歲剡長吳某
記夫賢侯築城千五百年之後而與前令姓同其
築之歲又同亦奇矣哉夢秀敬
書此勒諸石使知所考鏡云

萬曆十二年知縣萬民紀重開化龍門

邑人周汝登記萬曆甲申南城萬侯民紀奉命來令剡祗
謁先師周視學宮曰學校爲治務首凡所宜興革
吾矢力焉越明年教洽澤流興廢實惟其會司教
陳君塾王君汝源趙君棟言於侯曰惟學之前故
有門曰化龍以通黌道今湮矣是宜闢敢請侯曰
士論咠以諗多士多士曰國士望也即堪輿家學
士不談而聖道賢途不宜壅古創是者豈漫耶命

名謂何而可使湮也審如師言闢之便矦曰民情昌以詥諸父老諸父老曰固民願也諸生實我子弟即率作以興諸生誰不樂爲從事且民來縣治以足由南門而界左右與左爲門二而右一出入艱焉豈惟作士亦以利民審如士言闢之便矦曰昔啟而今湮曷士民進曰嵊有城載自吳爲門四方而西南間一是爲五門後城圯而門存嘉靖乙卯吳矦三畏復故城而民力詘議省五門之一曰吾留不盡以須識者乃門塞而名存于今三十年所啟實其時即啟諸費民自輸不以貽公累矦曰凡令之職孰先作士而利民作士而利民也昔無而創自我竭公帑不爲厲賴有其舉之而民自子來者乎上其狀于郡大夫報曰可於是採石徵工蚤夜並作開城建門高若干丈門上搆樓幾楹成之者速麓之者堅往來利而遠近易觀矣孝廉張君希秩輩謂不可無紀以命言于余余惟是舉有三宜書者夫興作難言春秋書僖公新作南門以譏不時左氏謂啟塞惟時非則何病乃脩泮宮興

删詩而有取時故也時何稽稽諸士與民士民所趨是爲時夫知時乃可議興作若今開龍門是已是宜書以告凡爲吏者侯關門爲上士尚想厥門名而自樹以無負侯夫門以名龍龍出則雲瀧雨集將利益於物諸士登河津而驤首奮翼有以腴上而澤枯乃與茲稱是宜書以告爲士者侯關門以利民而民易使夫嵊民或指爲難治而茲足破所指見一節然必益若訓化政永無敗于役龍門時則稱良是宜書以告爲民者三宜書于是乎書縣丞吳君鶴鳴克殫乃力以終厥事得備書云

明年修四山閣知縣萬民紀登閣詩清江幾曲抱金城更有層巒入望明四境田疇盈澍雨半空樓閣挂新晴傳杯促席情偏密翫月推窗興自生坐久夜深天宇淨麗譙誰聽鼓三聲

○周汝登詩共登絕壁倚重城虛閣玲瓏見四明遠水帆歸江樹晚隔林鍾起寺雲晴葛衣翠幌松風入玉笛胡牀海月生今夜庾樓須盡醉更深閭巷有歌聲

周汝登曰有城無兵城孰與守嵊賴吳侯有城而守何恃邑故設民壯若干名民壯者民兵也兵不奔走是供而簡汰訓練令專習武事一足當十一旦緩急可倚不爾如城何若夫飭器械豫儲畜亦時宜與城俱講夫桑土之計常在事先是所稱瞿瞿者哉

縣署　縣治據剡山之陽因高爲址歷坡而升剡録云樓觀聳峙頗似會稽府譙○唐方干和陳明府登縣樓詩郭裡人家如掌上簷前樹木映窗櫺烟霞若接天台地分野應侵婺女星驛路古今通北闕僊溪日夜入東溟絲衣才子多吟嘯公退時時見翠屏

吳令賀貢齊所卜有德星堂一名迎薰宋盧天驥詩剡溪詩尹亦何人作堂餉客名迎薰雖有桃李姓潘人紅椒一氣香入雲東有東園及四山閣丞廨在縣東南七十步清紀坊有日哦軒簿廨在縣西三十步依剡山頂有朔風堂後俱圮宋嘉定八年令史安之重建增敞之北有面山堂東有霞書堂累石爲山注水爲池雜樹卉竹臺榭凡十餘所譙樓外有亭二曰詔春曰頒春徙丞簿廨於縣治內元至大間達魯花赤高間以霞書堂爲東廳至正初尹仇治作後堂四年尹冷瓚重作譙樓天台應奉翰林承事郎楊敬德餘姚魯子信

記嵊會稽山水縣也治據星子峯之陽清溪千仞
流景常新宰斯邑者莫不喜其地偏境勝俗美民
淳而盡心焉至正甲申膠東冷侯瓚來蒞茲邑侯
由儒科興蕭勤宅心人民化服鳴琴裕如也度民
可使矣乃與僚佐議葺新廳大修學校頹譙樓之
址鞠爲茂草鼓角寓他所垂四十年比邑父老而
計之咸願助資給用侯從之市材深谷會天旱溪
涸致力爲艱俄大雨水溢木浮而來如赴期約售
工傭徒厚於私家之直民懽趍歡給不久就緒經
始于至正四年十有二月落成於明年八月爲樓
橫八楹縱十二楹旁舍翼然宏壯加昔其材需官
無費而不擾從鼓角其上以時興息深得古人申
教防微之意云嘻上古聖神挈壺有職雞人謼嚻
上焉致辯色示朝之戒下焉謹出作入息之度政
教巨細不同所以儆怠荒一也唐太宗用馬周以
鼓代傳呼之制譙樓始遍郡縣亦古法之通變者
矣夫使林林之衆興息有節情游是懼慤樸屛跡
則晨皆號令豈非厚民生之一事耶如侯可謂盡

心矣遂卽至正二十年燬於兵火殆盡　國朝洪武三年主簿張安道建廳廨三十一年知縣江蘭建譙樓天順中復燬知縣王琦建未備成化弘治間知縣李春許岳英劉清臧鳳縣丞帥玠方玘相繼營葺乃完以迄今治廳三間扁曰牧愛知縣萬民紀更名節愛治廳東爲幕廳一間幕廳後爲册庫西爲龍亭庫龍亭庫後爲銀庫治廳後有堂扁曰燕思知縣林誠通記嵊舊惟政事廳退食禮賓尚未有所予始經營作穿堂兩間題曰燕思盖取昔人閒間思過之義昔禹思天下之溺由已溺之稷思天下之饑由已饑之伊尹思匹夫匹婦有不被澤者若已

推而內溝從古聖君賢相留心於民未嘗不積諸念慮尤不但如延壽之閉閤而已嘗觀諸書曰思曰賛襄曰思曰孜孜是思固臣道之所當務也燕閒之餘烏可不思遂爲之記知縣吳三

畏更名思補思補堂後有儆齋知縣徐恂建南城編修

羅玘記警齋記予記也予爲徐信夫記之也信夫何警乎予知之警生於有心土石草木之無心莫之能有警其非動物故也雖動物之有心有有警者有無有警者有有警亦若無有警者烏有之不能爲巢居他之巢至其自爲則墮卵殰雛焉是之謂鳩拙畜有之見虎而逐叢角而觝以遺虎狼是之謂羊狠獸有之見木而登且登且下而卒亦莫之能上下是之謂猶豫鳥又有之俛而啄仰而四顧鸕過之過也彈過之過也是之謂鳥警其於人也在鳩拙爲蒙爲木強在羊狠爲自羅于辜所謂有無有警者也在猶豫爲太多計爲多心所謂有有警亦若無有警者也在鳥警爲常惺惺所謂有

有警者也今夫鳩拙之與羊狠同於無警者也而世之人有以鳩拙自退者乎寧爲羊很敗焉後之懲者則又警之太憂持之太固於是有猶豫焉猶豫者悔釁之囮也猶豫之警非警也非固爲警也有待焉時然後警焉其惟鳥警乎是之爲善警鳴呼信夫之警其亦有取於是也乎然予又感夫鳥微物也俛而啄取以養其生仰而警焉以避其害於鳥可也而君子之居人上也其亦有俯而取乎則十目視焉十手指焉而害斯至矣雖有百警其可乎哉今夫龍非不昭然靈矣然以其有所耆取也人得而擾之亦得而醢之若鳥獸然以龍之靈而豈無警乎警不足恃也或曰龍以韓取辱非警與耆取之罪也則予不能知矣然信夫方持是儆齋警爲宰以臨嵊民予記警齋者不可以不告

後爲令廨有門有廳有寢丞廨在幕廳左簿廨在銀庫右丞廨前爲典史廨俱各有分治廳三間廨宇

略相當而丞廨有半閒亭清嘯臺萬曆十四年縣丞吳鶚鳴建知縣萬民紀詩雨餘官舍長蒼苔時值清和霽色開但願秧針隨處挿不誇花錦遍郊栽狂歌莫謂無風韻清嘯應知有月臺終古剡溪名勝地須教乘興續傳杯○邑舉人張向辰詩獨坐幽齋未破苔群賢月下一樽開千重翠壁當筵聳幾種名花倚石栽莫道綺羅忘節屋須教閭里頌靈臺公庭瀟洒無餘事願逐河陽再舉杯由治廳甬道而南爲戒石亭迫亭之南爲儀門三間儀門內夾甬路左右爲吏廊東廊八間西廊九間右廊後有廨宇數十間以居群吏廊南爲濟留倉出儀門折而東爲大門門上爲譙樓門內稍東爲土地祠大門外東旌善亭西申明

亭旌善亭南爲總鋪申明亭南爲獄成化十二年洪水墻傾囚多壓死暫移禁于儀門西二十一年署縣事餘姚縣丞李定修建增廳事三間以視獄增屋九間以處囚徙獄東西廣一十一丈一尺南北袤一十六丈二尺李定四川廣安人獄南有榜亭縣治俱繚以垣墻後圯弘治九年温賊突垣劚庫十一年知縣徐恂修築厚六尺高一丈二尺周圍一百三十丈五尺

行署由縣治而南一百一十五步折而東五步舊稱旬宣坊爲布政分司舊三皇堂址中正堂左右夾室後穿堂

張成刊

聯以寢堂（三間）設廂房兩側（各三間）正堂前爲露臺爲儀門儀門內有東西廊房（各三門）外爲大門由布政分司折而東爲按察分司制與布政分司等知縣許岳英建後火知縣劉清重建間兩司中爲候館有正廳（三間）有耳房（二間）萬曆六年知縣譚禮建去兩司前二十餘步爲府館許岳英建（舊在秀異坊口許徙茲地故布政司址）後火劉清重建萬曆四年火譚禮重建中正廳（三間）後退堂及寢室廳前有東西廊房（各三間）外爲大門（三間）出望台門轉而東有代驛館（三間）舊名[illegible]節

亭一名敬亭嘉靖間廢萬曆五年譚禮重建改今名萬曆十二年邑士民肖巡撫龎尚鵬蕭廩知縣林森朱一栢像於館內以志感縣北六十里三界有公館故稅課司址萬曆十四年知縣萬民紀縣丞吴鶚鳴重修有正廳三間有耳房有門勸農亭二一在縣南五里舖一在縣北楊公橋側成化九年邑民吴叔陽錢楚雄等爲知縣許岳英建餘姚訓導金陵王洪記畧成化壬辰鄉貢士古潮許侯岳英來官于嵊自視篆迄今惟以興學勸農鋤奸剔蠹爲急務當東作循行郊外視民耒耜秋成復歷前所徧詢民瘼吴叔陽等割巳地一方率同事者捐貲市材作亭余時署

姚江學事二尹古青齊君倫走書幣徵余文余爲之辭曰布穀雨後啼春風千村萬落農事同于邦舉趾典厥功霑體塗足寧敢慵我侯政暇乘青驄循行阡陌樂雍雍問民疾苦憫疲癃慰勞勸諭言從容墻下植桑爲蚕供女當織絍事紉縫誰家缺食誰家充周給惠與同化工四郊綠徧禾芃芃來年既登年屢豐官租私廩兩不空男耕女織皆有庸頌歌載道聲隆隆不殊白叟暨黃童我詩既成民允從家傳人誦垂無窮丼崇千載師召公

迎恩亭在縣北二里爲接詔赦之所

屬署陰陽學洪武十五年設今廢醫學及惠民藥局在縣治前三十步街之西成化中知縣許岳英重建宇三間門一間知縣劉清復遷街東以故公館舊址易民居爲之後

圮嘉靖間知縣林森重建醫學于城隍廟右地廣十二丈深二十丈餘惠民藥局在府館左三間僧會司在惠安寺道會司在桃源觀出來白門西爲養濟院成化間知縣李春許岳英徐恂相繼增葺有正廳扁曰施仁有住房十一間有門直三十一丈橫一十丈預備倉在城隍廟左又名城隍倉東西北三面有廒東十間西十間北四間便民倉三許志曰倉爲運糧兌軍而設使小民難於遠運者於此輸納令糧長領部以輸故曰便民一在縣東六都浦口一在縣北五十五都三界俱廢一在縣西養濟院右知縣萬民紀縣丞吳鵾鳴重

修有官廳三間後堂一間門樓三間東西厫三十二間周圍牆凡七十六丈義倉四一在縣東五都一在縣西三十四都一在縣南一都一在縣北十九二十都俱正統間知縣單宇建邑人張胃記天以生物爲心帝王代天理物故水旱之灾而爲之預備周官遺人掌縣都委積以待凶荒倉人旅師各有所掌而大司徒又以十二荒政聚萬民養政備矣去古既遠其法莫行隋長孫平建議令民間每秋出粟麦一石以下貧富爲差貯之里間以備凶年此義倉所由設也唐戴胄因而行之宋文公立社倉於建之崇安請米於官得六百石每年散之以濟民取息米二分十年之後本米還官息米不可數計吏不取息一方賴之我　太祖高皇帝詔天下立預備倉饑則散豐則斂此即周官遺人之遺意恩至渥也嵊爲倉凡四歷歲滋久宇圯穀亦弗積稍遇

水旱民無所賴今　天子重念斯民特命藩臬重臣布政司方公巡行屬邑而綜理之郡守羅公專董其事邑宰單侯奉行惟謹乃勸募於富民得穀若干石建四倉於故處地之愜者售于民而廣之辦倉爲屋若干楹材木惟良甎甓惟堅外設重門繚以崇垣規制精壯締搆完好其於防守區畫尤加意焉夫天灾流行何代無之亦在夫備禦有具而長民者之得人耳　聖天子養民之心非藩郡之臣能體上意賢侯奉行之至烏能臻是哉胥故樂爲之記

演武亭在拱明門外

廢署

税課司在縣東南一百五十步宣德間除今布政司址弘治間重置在縣北六十里三界知縣徐楨建隆慶間復除今公館即其地宋有米倉在縣北一十步鹽酒税廨在

王思賢

縣東南二百步稅務酒務在縣南鎮守司在東曦門外訪戴驛在縣左加定六年令史安之移置東曦門外五十五步元至元中置驛縣北六十里三界今俱廢

周汝登曰余志廢置至訪戴驛盖執筆嘘唏久之宋元有驛而　國朝罷不設以僻故烏知百年後非故嵊耶嵊故監司經年不一至而今台郡有專制之兵廵旬時來去驛道東出寧波而近以彼濱海迂阻避不走走嵊以故屬吏涓人奔走旁午於途嵊夫廩之供歲無虛日度費與驛稱矣而歲且

協濟水岸夫銀一千三百餘兩於東關驛夫邑自有驛之費而更遠濟東關非法濟東關蓋自成化間始以剖都故議者謂宜以兩都復歸會稽而歸我所助東關銀合歲自所供應費復設戴驛於東門外或浦口惟是設丞無費則嵊邑小可例新昌裁簿一員裁簿置丞事兩利計甚便也斟酌而損益之是所望于持衡之君子若義倉若勸農亭亦古常平補助之遺令圯令長加意反覆手耳不以志廢

職司 縣制始秦而周時曰正曰宰曰尹者亦邑之長

秦置令丞尉各一人有三老有亭長漢置令千石丞四百石尉二百石月俸有差主簿秩與尉同令得自調三老一人孝弟力田一人嗇夫游徼一人武帝增置學官一人平帝增置經師一人晉增置嗇夫二人校官掾一人方畧吏一人書吏二人史佐一人後魏增置博士助教各一人學生四十人

唐置令從六品秩田五頃歲俸八百有五石丞從八品秩田三頃歲俸六十四石有五斗主簿正九

品秩田二頃歲俸十九石有五斗尉秩與簿同學長使一人學生三十五人宋置知縣秩田六頃俸二十千丞秩田四頃俸十五千主簿秩田三頃俸十二千尉秩俸並與簿同主學一人按舊志慶曆中立學以縣令提學事崇寧中設學長諭直學各一人齋長諭各一人小學教諭一人小長一人景定三年始置主學驛提領局大使各一人寨官二人元增置達魯花赤兼諸軍奧魯勸農事一人秩田二頃月俸鈔十有八兩縣尹秩同主簿秩田一頃有五十畝月俸鈔十有三兩尉月俸米八石鈔十兩教諭一人

至元二十年增置經賦教諭各一人大德四年裁減驛提領局大使巡檢書院山長各一人　國朝置知縣正七品月俸七石有五斗丞正八品月俸六石有五斗主簿正九品月俸五石有五斗典史月俸二石吏戶禮兵刑工六房司吏典吏共十八人舖長司吏一人承發典吏一人教諭一人訓導二人月俸皆三石生員廩膳二十人增廣二十人附學無定額學司吏一人陰陽訓術醫學訓術僧會道會各一人

嵊縣誌卷之二

區域考

分野　疆境　隅都　坊巷　市鎮　橋渡

灾祥

分野　嵊在楊州吳越中堇堇支屬星次未足縷析惟吳越位當少陽於卦爲巽以斗牛女爲分星則嵊亦從之分野諸說可略也故不多述

疆境　域東西廣二百七十六里南北袤七十里周凡六百三十里與六邑界東北六十里盡郁樹嶺上

虞境界東一百四十里盡陸照嶺奉化境界東南七十里盡太湖山南一十五里盡胡墋並新昌境界西南九十里盡白峰嶺東陽境界西一百三十六里盡勞績嶺諸暨境界西北七十里盡孫家嶺北五十五里盡池湖並會稽境界達府二百一十里達省三百二十五里水陸程等達南京水行千百五十里有奇陸行千有九十里達京師水行四千有百里陸行三千有八百里

隅都 縣領鄉鄉領隅都隅都在城曰隅在鄉曰都隅都領

圖里即嵊故領鄉四十析十三鄉爲新昌縣割會稽縣一鄉以附實領鄉二十八會稽所割一鄉領兩都七圖實會稽之二十五六都爲嵊五十五六都爲隅二爲都五十一嵊舊缺二十七都不知何謂又有連數都爲一都者故次都至五十六而實五十一爲啚八十二里之中分爲十戶名十遞年逐年輪流應役隅曰坊長都曰里長隅所領啚等而都所領多寡不一

方山鄉都一曰一都領圖一在縣南五里舊有全節永壽懷仁通山光德五里

仁德鄉隅都各一曰東隅領圖三曰二都領圖一在縣東三里舊有甘棠永樂餘糧歸仁金塘五里

康樂鄉都二曰三

都領圖一曰四都領圖一在縣東十里舊有遊謝宿剡竹山康樂感化五里崇信鄉都三曰五都領圖一曰六都領圖二曰七都領圖一在縣東十五里舊有休祥甘泉竹山懷安剡中五里筮節鄉都三而實一曰八九十都共領圖一在縣東二十里舊止領八九都有灌濤昇僊馴翟思善澄江五里靈山鄉都二而實一曰十一二都共領圖一在縣東三十里舊領十都十一都有欽義下關靖安守義崇孝五里金庭鄉都一曰十三都領圖一在縣東五十里舊領十二十三都有昌化善政惟新永寧緣德五里孝嘉鄉都二曰十四都曰十五都各領圖一在縣東五十里舊有石鼓桐栢安樂忠節安義五里忠節鄉都二曰

十六都領圖一曰十七都領圖二在縣東七十五里舊有三峯孝嘉石鼓忠節修仁五里遊謝鄉都三而實二曰十八都領圖三曰十九二十都共領圖一在縣東北三十里舊有康樂明登宿星瞋投吹臺五里○宋陳克詩雨裛落帆遊謝鄉寒聲古木共荒凉四山爲我洗蒼玉況有故人歸上方故人汪彦章也時寓東山圓慶院靈芝鄉都二曰二十一都曰二十二都各領圖一在縣北五十里舊有石床東節正筠化善四里崇仁鄉都二曰二十三都曰二十四都各領圖一在縣西北三十里舊有感化霞丘靖林歸善愛敬五里孝節鄉都一曰二十五都領圖一曰二十六都領圖二在縣西二十里舊有新豐崇化招安綏安方山五里

永富鄉都二曰二十八都曰二十九都各領圖一在縣西北二十五里舊有克遜西清東闢餘風禪房五里富順鄉都二曰三十都領圖二曰三十一都曰三十二都各領圖一在縣西北三十五里舊有長敬新安温泉慈烏四里崇安鄉都二曰三十三都領圖二曰三十四都領圖一在縣西四十里舊有澄清懷善依賢化俗清安五里羅松鄉都二曰三十五都曰三十六都各領圖一在縣西四十五里舊有紫巖雙壁中川斷金豐樂五里剡元鄉都一曰三十七都領圖三在縣西五十五里舊有尊賢澹城中和光明崇善五里按剡録稱剡元今以元爲源太平鄉都二曰三十八都領圖二曰三

十九都領圖一在縣西七十里舊有碧潭擇賢懷仁建昌懷信五里長樂鄉都二曰四十都曰四十一都各領圖一在縣西南七十里舊有崑山陽明昭仁禮義寧安五里開元鄉都一曰四十二都領圖二在縣西南六十里舊有靖居廻鄉招仁居賢冰魚五里繼錦鄉都一曰四十三都領圖二在縣西南五十里舊有馴善扳轅鳴絃戴星遷星五里○剡録云繼錦古名治化天聖中邑人史綸登進士第子叔輖繼之縣令魏琰改今名齊唐題史氏西園詩栽木寒流對軒檻桃源深徑入漁樵積善鄉都二曰四十四都領圖二曰四十五都領圖一在縣西南五十里舊有南巖雙璧豐樂中川斷金五里桃源鄉都二曰四十六都領圖一曰四十七都領

圖三在縣西三十里舊有永闓白泉長樂崇信安居五里清化鄉都二曰四十八都領圖三曰四十九都領圖一在縣西二十五里舊有懷善開明欽賢集善招賢五里禮義鄉都三曰五十都曰五十一都曰五十二都各領圖二在縣西南二十五里舊有長安僊林平樂懷忠新安五里昇平鄉隅一都二曰西隅領圖三曰五十三都曰五十四都各領圖二在縣西五里舊有承霞靖豐尚賢太和五山五里東土鄉都二曰五十五都領圖三曰五十六都領圖四在縣北五十五里舊有美箭謝公廻潭三里○兩都即會稽所割地夏氏志稱爲德政鄉按會稽郡縣志夏志悞○水經曰吳黄門郎黄泉明居嵊縣弘訓里今無此里豈名嘗更耶

【坊巷】坊巷名也宋會稽郡誌嵊十坊續誌二十四坊今稍有損益而大都無改于初在縣之東隅凡一十五坊曰字民曰清紀曰成俗曰淳化舊名遷善曰齊禮曰聯桂舊名通安曰益詠舊名進德曰嘉會曰豐義曰醴泉曰仁德曰桃源曰絃歌曰棲鸞即迎春坊曰訪戴今廢在縣之西隅凡一十坊曰秀異曰集賢曰化民曰繼孝曰兆慶曰繼錦曰科貢舊名妙音以西門周氏改今名曰招提曰清河曰僊桂今廢

【市鎮】城市舊在招提坊今在邑中曰市心自拱明門至來白門

月以一四七日爲期東有華堂市十四都上岡市五都浦口市七都西有長樂市四十一都兩頭門市四十七都蛟井市四十六都崇仁市二十九都北有三界市五十五都

剡鎮舊在縣東南一百步今無考會稽郡志云近邑民於縣西惠安寺前池中得片石題贍部鎮下有文不可辨所謂贍部鎮疑即舊鎮也然以剡爲贍又天慶觀有錢氏時東都公移稱兩都都軍糧帖檢先據贍縣奏云云則錢氏僭號兩都時嘗改剡爲贍矣疑因兩火一刀爲不祥改爲豐贍之贍理或然也

蛟井鎮在縣西廢一十五里宋宣和四年置

長樂寨在長樂鄉管鮮寨在永富鄉皆廢宣和三年知越州劉述古奏置寨長樂官一員弓兵百八人紹興二十年浙東諸司奏置寨永富官一員弓兵百人後俱改爲

巡檢司洪

武初革

郵鋪　嵊惟南北爲通衢故鋪在南北凡八所縣前二十步曰總鋪由總鋪渡江而南五里曰五里鋪又十里曰天姥鋪新昌縣境界由總鋪而北八里曰八里鋪又十里曰禹溪鋪又十里曰僊巖鋪又十里曰楮林鋪又十里曰上館鋪五里至三界上虞會稽二縣境界鋪各有廳三間有廊房有郵亭有門繚以周垣弘治間知縣臧鳳及徐愉重修萬曆十四年知縣萬民紀重修總鋪驛使一人鋪司一人

鋪兵五人名鋪鋪司一人鋪兵四人縣吏一人總領之是曰鋪長各鋪鑼鼓旗帽傘燈日晷之類俱全

【橋渡】城內曰大橋曰三板橋艇湖山南曰子猷橋晉王子猷返棹處成化十年知縣許岳英重修隆慶間縣丞王廷臣立碑識之邑人胡淮詩百尺長虹卧碧波依依兩岸枕青莎絶憐一夜扁舟興贏得芳名萬古多○周汝登詩王猷乘雪興偏饒千載余今上此橋古墓蒼烟浮斷石空江斜日照寒潮一天雲氣山吞吐博眼沙痕浪漲消夜靜遠林松籟起誰歌招隱徹青霄

拱明門外新河口曰文昌橋萬曆五年知縣譚禮建東五里曰謝靈橋以謝公靈運名成化九年知

縣許岳英重修十里曰直瀆橋曰和尚橋二十五里曰許澤橋四十里曰晉溪橋一名會龍邑人姚順建（三山林世瑞記）七十里曰濟渡橋曰萃靈橋曰通濟橋（陳公嶺下）曰瑞昌橋折而南去縣七里曰三板橋西門外數步曰西門橋弘治間邑民黃漢二捨銀甃石爲洞橋甫成而壞更造石墩橫以木嘉靖二十四年知縣譚潛增墩爲十四易木以石廣厚足通輿馬（萬曆三年嘉興尚書陸光祖過訪周夢秀攜酒坐橋上中夜徘徊不能去）走西門橋西一里曰謝公橋得名與謝靈橋同（郡志云有三大字後）

魯子信

人所題額橋下沿溪北門二里曰石佛橋四里曰赤岸橋五里曰應家橋十里曰浦橋十五里曰十五板橋曰新官橋曰千村橋有菴魏振文捨香田三畝住僧明灯曰宋家橋曰前銀橋曰弘士橋曰招龍橋一名廻龍曰梅澗橋三十五里曰五馬橋宋隆興間張氏宦顯有五馬之榮故名三十六里曰魏家橋三十九里曰三轉橋四十里曰新橋六十里曰方橋北門之北一里曰廣陵橋曰楊公橋八里曰獨松橋二十里曰了溪橋三十里曰強口橋四十里曰望僊橋一名嶀浦

橋萬曆元年主簿吳禎重建有記六十里曰長橋下

長橋二里曰沐恩橋濟渡橋上有屋景泰間王陽仲建通濟石橋華堂王氏建

東門外曰東津渡十里曰浦口渡三十里曰黃澤

渡南門外曰南津渡南渡爲通津元末有浮橋廢

弘治十一年邑舉人夏雷上書邑令請復建浮橋

不報書畧云嵊城南溪水環如東帶鄉市人民來

去四方商賈貿遷與夫吳越台温司府縣衛

公文走遞晝夜必由所謂國中之水當涉者衆近

設船濟渡亦秉輿之惠濟寡不能濟衆濟晝不能

濟夜濟緩不能濟急往往積之多俟之久以至爭

先觸浪渡舡因而規利無罪陷於横亡良可痛憫

爲今計莫如興建浮梁通佔浮梁釘鐵船板灰石

麻油工價不過千兩以出入鄉關之人計之不下

曾子信

萬家以一家助銀壹錢亦自足用况更有富民大
商義助不甚費公帑伏望明公提綱於上選任公
敏良民委任責成數月之間事當就緒既成更立
看守補葺之法又何慮功不禁久哉竹橋渡蟻且
慮天下况活生靈獨
無報耶伏惟裁處
嘉靖二十六年知府沈啓撤
縣造橋尋圮
山陰郎中王畿記畧剡縣南二水合
流南遡台温北達吳越爲通津焉湍
急最稱險阻舊官制渡舟人競渡多覆或以徒涉
溺死民思橋爲利便郡伯吳江沈公以事莅嵊曰
太守坐郡治不行部按屬邑隱憂無由周知除道
成梁非王者之政乎既不爲鄭卿之濟人又不能
如漢丞相之治橋梁道里其何以稱良牧耶番禺
鍾令奉議爲之民歡呼趨事踰月而木橋成名曰
沈公橋丁未歲記○按南渡當西南二水之會無
論木橋即石橋不足以當其衝惟浮橋啓閉爲可
久夏議得之故橋記不備録
録其中事情而關理道者
一十五里曰胡塍渡

三十里曰茶坊渡西門之西半里曰西津渡宋二十五船爲浮橋今廢繫橋兩石柱存宋王性之雪後渡西溪詩雪後孤村一段烟晴光遠照玉山川酒旗闌步招閒客獨上西溪渡口船又五里曰逮岸渡曰山頭渡西十五里曰十黄渡六十里曰横店渡邑之北十里曰竹山渡三十里曰杉瑞潭渡邑人知縣王淵捨船義渡有田地以給舟人田三坵共[illegible]畝地二片○國朝按南渡舊有官渡後廢萬曆元年知縣朱一柄申請置渡舡二隻夫二名每年修舡銀肆兩肆錢工食銀拾兩俱派入條鞭內

周汝登曰城以內無橋而有稱大橋三板橋者何

余聞兩隅故有渠則橋有之近渠壅而橋廢矣然渠

必不可使終壅也故志兩橋以示之饒羊詳備山
水考中南渡浮橋濟甚普說具夏氏札余自燥髮
來嘗記東南間民以渡被流死者無虛歲上官南
北交馳人爭渡困若特甚故浮橋用爲急邇營建
議與舉不旋踵而廢則咎在當事者例之海東驅
石而退托不肩諉矣夫晉造擇人則必成置田以
備補葺編夫以時啓閉則必久如是垂百千年可
也垂百年所陰活人何可紀業垂而利鉅仁者致
力焉人後寧無我輩我矣寧我輩之須

災異　唐宣宗十三年冬十二月賊帥裘甫攻陷象山進逼剡縣觀察使鄭祗德將兵三百合台兵討之官軍敗績乙丑甫率其黨千餘人陷剡縣開府庫募壯士至數千人越州震恐鄭祗德復益兵擊甫二月辛卯戰於剡西甫設伏于三溪官軍大敗賊衆至三萬祗德累表告急朝議徵還祗德以王式爲觀察使式至分軍東南兩路擊賊賊敗甫由黄罕嶺遁入剡其東南府中聞甫入剡復大恐式命趨東南兩路軍會于剡圍之賊城守堅攻之不能

拔諸將議絶水以渴之賊乃出戰三日凡八十三戰未已南夜率百餘人出降離城數十步官軍疾趨斷其後擒之城下宋宣和二年睦州民方臘爲寇黨從嚮應剡民半遭屠戮屋廬盡焚（迄今有火燒嶴縣之）謚賊一夕見四山旗幟出入雲間乃驚呼自殺殆盡人以爲顯應廟神靈云慶元初大水元大德十一年夏三閱月餘不雨種稑俱絶至大元年饑疫泰定元年大侵（山陰韓性撰紹興路府判官游僎拯荒記）皇明成化四年大旱十二年大水弘治九年溫州賊夜鼓譟

入縣治刼掠庫藏一空正德三年旱嘉靖三年旱十三年六月大水城中水深一丈餘二十三年饑明年薦饑有民携麥米半升被刼殺于途二十六年旱署縣事經歷喻松惠安寺禱雨詩午向僧房半掩扉炎焚烈烈透征衣捫心恐見三農苦疾首徒存一念微境內有究稱婦覔河東無粟三救民饑齋居鎮日思長策靈雨原非汗漫祈十四年十月倭夷自天台進入邑境夜望見城上火熾遁出浦口至了溪屠家步遂焚畧了溪屠家步先是巡撫遣官來擊倭至上舘嶺與倭遇倭退至清風嶺入貞婦祠或云有美婦人導之蓋貞婦

王天木

之神官軍進圍祠從屋上引矢石盡殲之血濺四壁而貞婦像無纖汙且倭夷束手就戮皆神與有力焉隆慶二年七月大水城中水深一丈三尺水暴至決西城門人從屋角出坐梁脊上村落間盡棲樹杪凡三日夜或群聚樓上多連人樓漂去號呼經夜不絕推官江西黃希憲[illegible]嘆水災詩棹頭波漫氣[illegible]草木哀

萬曆十一年旱

周汝登曰邑之災其饑饉爲尤可慮也夫饑饉臻而寇亂疾疫因之故災大都饑饉始也嵊近無湖

陂而溪水道清風閘疊隘無陂湖故乍晴即涸乍隘故乍雨即盈嵊爲水旱視他邑特易凡所志蓋其甚而他時小爲灾者十歲而九省斂積貯節巡施惠之典宜急講而時行焉夫備在人者天不能灾無備之灾雖天亦人惟人所灾則有竄天已耳而其何從乃一切他灾繼起是眞可慮故余志灾異以示人毋徒云天若夫志祥瑞奚取古有之使民田疇有禾黍不必有醴泉芝草使民伏臘有鷄豚不必有麒麟鳳皇豈邪志

嵊縣志　卷之二

嵊縣誌卷之三

山水考

形勝　山溪峯巖洞石潭澗等附　碑塘　井渠

【形勝】夫剡中盖古名士所樂遊而侈談云若越首剡面唐白居易沃州記東南山水越爲首剡爲面宋王十朋會稽賦亦云夏雷曰山水佳麗皆生於剡猶人秀麗皆發於面也清妙秀異唐李白避地剡中贈崔宣城詩忽思剡谿去水石遠清妙雪晝天地明風開湖山貌○杜甫壯遊詩剡谿蘊秀異欲罷不能忘與夫渭水輞川之擬宋王十朋剡溪春景賦地僻既越邑爲剡溪氣聚山川之秀景開圖畫之齊雖禹穴之小邦樓臺接境實僊源之勝地兆李成蹊切原清環戴水之流翠列姥岑之岫登樓而望也南接

王思賢

台温之左按圖而察也北據越杭之右譪極目之雲霄簇連甍之錦繡一十八里春風城郭觸處爭新二十七鄉暮雨溪山望中發秀臺榭入萬家之風月簇攏捲百里之江山雕鞍驟兮落花亂香陌晴兮芳草鬥畫槳遶溪搖蕩綠波之上流鶯剡塢緡蠻紅樹之間豈不以柳暗東門梅肥西嶺美地秀玉山之嶂洞天罨金庭之景酒旗搖翠幕之風池水浸紅樓之影滌塵僧舍瀑飛二鹿之泉泛雪茗甌香汲五龍之井非獨一時之秀實爲千古之奇琴跡不存尚毛芳於安道墨池猶在更留譽於羲之自是雨中橫東渡之舟月下引南樓之笛青山東望曾經安石之遊綠水南流尚有阮僊之蹟雨過煙墟叢叢綠蕪渭水依稀之景輞川彷彿之圖或氣融於廣莫或嵐霽於虛無翠滴嵊峯多步花朝之餐碧分越水曾回雪夜之桴信乎此地誠有可觀者焉按此賦載在剡錄實梅溪筆無疑

歷代之咏歌備矣唐羅隱詩山朝佐命層層聳水接飛沙步步清兩火一力離亂

後會須乘興月中行○唐崔顥詩鳴棹下東陽廻舟入剡鄉青山行不盡緑水去何長地氣秋仍濕江風晚漸涼山梅猶作雨溪橘未知霜謝客文逾盛林公未可忘多慚越中好流恨閱時芳○朱倣剡谿行潺湲寒溪上自此成離別廻首望歸人移舟逢暮雪頻行識草樹漸老傷年髮唯有白雲心爲向東山月○方干路入剡中詩戴灣衝瀨片帆通高枕微吟到剡中掠草並花怜燕子停橈獨飲學漁翁波濤慢撼長潭月楊柳斜牽一岸風便擬乘槎應去得僊源直恐接星東○丁僊之剡谿聞笛詩夜久聞羌笛寥寥應客堂山空響不散溪静曲宜長草木生邉氣城池逗夕京虛然異風出髣髴宿平陽○項斯寄剡中友詩歇馬亭西酒一巵半年閒事亦堪悲船横鏡水人眠後夢繞松江鴈下時山晚迴尋蕭寺宿雪寒誰與戴家期夜來忽覺秋風急應有鱸魚觸釣絲○皇甫冉送王公還剡中別業詩不見關山去何時到剡中已聞成樹木更道長兒童籬落雲常聚村墟水自通朝朝隱去

王天木

渡非晚對清風○趙嘏送剡客詩兩重江外片帆斜數里林塘遶一家門掩右軍餘水石路横諸謝舊烟霞扁舟幾度逢溪雪長笛何人怨柳花若到天台洞陽觀葛洪丹井在天涯○宋林槩剡中夜思詩密樹芳穠碧草齊青春華微動緑陰低溪連嵊水與何盡路接僊源人自迷落絮有情風上下好花無語日東西故園飛李經年别一望歸心遶翠蹊○李易剡谿幽居詩勝絶剡溪邉巢枝度半年燕回啣落絮魚涌接飛泉香昂山頭氣茶爐竹外烟幽居已成趣佳致若爲傳○山陰倪光簡詩東山山下海潮通一片江帆出鏡中度嶺拾薪歌稚子和烟牧犢走村翁千年橋鎖高人跡百丈巖垂烈女風此比去天台知幾許飛花深處失西東

顧論形勝之實者於遊觀無取指所控引要害巴耳嵊南孔道與新昌唇齒而東西北三面跨山長江爲帶據姚會之上流作

溫台之門戶乃形勝險阻亦云壯哉雖然險德之辨一介冑士能言之故知固國域民自有道即退遊觀而談險阻夫險阻足恃哉險阻足恃哉故畧

〔山〕介群山中南當羌陸奏群流而峙者曰〔剡山〕

宋李易題

剡山所見詩剡山無數野薔薇黃雲爛熳相因依王杯淺琢承墜露金鍾倒挂搖晨暉斑竹笋行三畝地紅蕖花開一尺圍豆角嘗新小麥秀來禽向長櫻垂肥歌古隨風枷外轉翠花帶水烟中飛魚跳破浪奮赤鬣鶴唳投松翻縞衣鄉關萬里久無夢巖壑四年今息機丁寧杜宇往江北爲喚故人今早歸○國朝邑人劉深詩漁散碧溪船泊月僧歸野寺擔挑雲○周汝登詩青山曾許幾人携風物都歸舊品題遠近樓臺疎開樹東西梅柳半臨溪宿亭春早傳鶯語驛道塵高送馬蹄一望天台

雲外路桃花空咲古今迷北出一岑魁然峻竦者曰星子峯俗稱石女有亭冠焉有記見亭下○周汝登詩鎮日深山奇思不違行來自覺世情稀郭原草色連江碧城郭鍾聲出樹微人唱石根雲乍起月明山半鶴初歸却憐夜雪舡空去不上峯頭一振衣峯前曰剡坑秦始皇所鑿以泄王氣剡錄云清湍潺潺行竹樹陰坑左右多果卉西爲聖潭山深而松秀有潭穴泓泓可勺今皆無之○宋王銍剡坑探梅詩嶺上寒梅自看栽山斜一半似屏開春寒點點枝頭雨上有東流水過來○張胃詩剡山千仞聳晴空下瞰群峯培塿同官舍半依青嶂外僧房多在白雲中清吟此日思王銍高隱當年憶戴公却咲秦王漫勞鑿不知隆準起山東出二里許縣治跨其麓稍西曰鹿胎山見惠安寺曰西嶺綿亘十餘里總剡山云邑人錢莊登剡山寄友人詩時伴閒雲

過竹林傳書白鶴杳無音不教內送金蓮炬時共人歸白社吟花死敲棋誰送酒日高閉戶聽鳴禽躋攀絕頂窮遐矚無柰愁牽故國心迤而左曰艇湖山俗名並湖縣東康樂鄉曰竹山康樂鄉○邑人錢汝貫詩家住竹山頭慣采竹山木一曲太平歌白雲滿空谷○張燦詩竹山好似篔簹谷碧篠陰森遍林麓丁丁樵斧響空林麋鹿相驚蹭相觸夕陽負擔下嵳峩一聲高唱徽烟蘿迤而右曰象駱山昇平鄉曰福泉山清化鄉名艇湖以歸艇湖故竹以產象駱以形福泉以泉四山去縣五里十里而近分布如翼為剡山輔弼蓋堪輿者言走竹山外渡江而東且北曰花山縣東三十里遊謝鄉○邑人周泰詩向來曾慕花山景今日登臨趣不窮古木干雲連嶂翠野花隨雨襯溪紅

○夏霄詩舟過碧灘漁唱杳雲收斜谷雨聲殘知縣許岳英刻剡溪佳山水於崖陰曰嶀山縣東北四十五里遊謝鄉有亭帶山歸江松嶺森鬱爲梁張嵊所生處十道志云自剡至此溪流湍險商客往來皆以裝束○宋虞騫詩命楫尋嘉會信次歷山原捫天上雲糺與石下雷奔澄潭寫度鳥空嶺應鳴猿榜歌唱將夕商子處方昏曰車騎山縣東北六十里遊謝鄉晉車騎將軍謝玄爲會稽內史於此立樓居止有車騎坐石水經云樹下有三方石地甚方潔曰逍遙山縣東北五十里遊謝鄉趙將軍隱馬逸其世曰羅隱山縣東五十里遊謝鄉唐羅隱之所往來曰覆危山縣東北七十里遊謝鄉山之陰屬上虞晉謝靈運登山欲

罷覆危石上□詩四海澄清氣朗時青雲下上採靈芝登山須記山高處醉向崖頭一覆危中有龍眠石石竇水瀉不竭上虞山人葛曉詩萬仞未易梯綿蜒亘雙邑草木不敢生中有僊人室登臨俯層空群峯亂崒嵂勺水蛟龍蟠今古不枯溢農人向余言歲歲沛膏澤稍南有山臨溪溪中巨石磊磊天欲雨石必先動曰動石山潭曰動石潭縣東五十里靈芝鄉南且東章如詮簞者曰簞山縣東三十一里靈芝鄉上白巖龍祠碧潭淵淵用干霖雨下衆流趨導湍石汛激浮險四注又東曰四明山縣東三十里靈芝鄉高四萬八千丈周二百一十里跨勾章姚虞等數縣凡二百八十二峯四面嵥

張成刊

聳形勢區分東號鷲浪山與勾章境接西狀如奔牛稱奔牛隴中有三朶峯漢張平子家焉少南五峯相望類芙蓉曰芙蓉峯中峰有漢隸深刻曰四明山心其上爲鷙鳳岩又南曰驅羊之勢地宛轉吐出清澗水南流入鄞西南八峯如罍𧂭號八𧂭山北兩山如走蛇曰走蛇之峭鷙鳳右爲石窓四面玲瓏亦名四窓是稱四明有唐謝遺塵居下有龍潭唐孟郊送蕭鍊師入四明山詩聞於獨鶴心大於高松年逈出萬物表高棲四明巔千尋直裂峯百尺倒瀉泉絳雪爲我飯白雲爲我田靜言不話俗靈蹤時步天○邑山人許蔦四明山石

窓記余頃過天台石室訪青蓮君於子微子與游金庭王宇碧鱗脯飲流霞酒朗吟明月下視人間風雨厭厭也一贈我以五色石曰余藏此久未嘗示人此可以補天文章畜之室歌歌有光能驚眼目走神鬼也一惠余以龍根草形狀宛轉曰饑可割而食比塵世矜五鯖詑翠釜紫駝峰雁素鱗於水晶盤者若蛆罷尾浮羽蟻孔脂股胥米粒垂睫不足食也四明山第九洞天赤暴飛夏雪芳草開冬花危磴梯空深雲絶壑怪竹靈樹瓌異萬狀岩岩巖巖人迹所不到之地風露高寒玲瓏四壁非玉而玉非瓊而瓊石函四開通明透白子宜主之遼夜一鶴清唳碧宵足醒醉夢闕岩坑洞一湫深不知其幾千萬丈下納一龍蟠伏霧木澤澤其畔蘇蘇而炎可起之以召霹靂而逐雷驅大作霖雨以沃焦株活槁根也唯唯笑領一別又若千年矣余之居是洞也而少有識者不知青蓮君子微子更何時會耶偶逢陽明山人與之言謂余記其事繫之詩詩曰玲瓏九洞天壁石四明山曉檻烟霞

沃道龍

暖夜囪風露寒能吟眠王孰鶴唳欽方闌塵世無人識闋門者負白冊四明而南山類錦屏者曰錦山縣東七十里忠節鄉山趾澗流亘石壁折旋西去有石如鎖貫澗中曰石鎖下石鎖數十步一石井圓如琢謂與海通一名海眼兩山類母子龜者曰龜山介二水間縣東七十里忠節鄉東之極曰三峰山縣東七十里忠節鄉昇峙峭拔故有龍池傍曰東林嶺壁立數千尺入川縣度稍南曰九雷嶺曰黃罕嶺又南曰陳公嶺俱縣東七十里孝嘉鄉舊名城固以宋令陳著度嶺去易名志思宣德初華堂王斯浩出貲修砌二十餘里嶺下衕菴西曰石

【鼓山】縣東五十里孝嘉鄉曰【金庭山】縣東七十里孝嘉鄉沃州記云北
對四明而金庭石鼓介焉石鼓者人踐焉石即響
荅一云王右軍鵞飛入山名靈鵞山其石鼓奇殆
不可狀畧如數甕覆立玲瓏曲折可受一二十人
釋泫仲良石鼓詩人說雷門此地藏頑皮面面老
風霜蜀桐不用頻撾擊已有清聲徹四方○王鈍
和九雷山下地雷藏蘚駁頑皮面結霜形肖岐陽
名不異清聲千古達殊方下所詠九首俱仲良詩
而王鈍一方蒼玉掛岩扃色潤鏗鏘擊有
和之有【磬石】聲因憶夢中曾聽處月涼仙樂度
蓬瀛○輕王高懸古洞扃月涼風勁振秋【劍石】造化
聲雲韶仙石來何處一丈鴻毛自海瀛爐中
鑄太阿四山爲匣鎖藤蘿倚天未遇英雄手風雨
年年爲洗磨○巨靈遺寶似泉開蒼壁爲兩東薜

嵊縣志　卷之三　山水志　二

壽賢

蘿縱遐英雄舉手萬年風雨爲誰磨

鍇石

神匠凌空截陵巘平分蒼壁綠痕微春風幾度花猿籍眼纈猶疑玉屑飛○化工何事破欽巘半截蒼崖一線微紅雨春深撩亂處眼中常似屑紛飛

筆石

力挽千軍勢有餘性剛名不厠中書圓錐自蘇銀河水倒寫雲烟滿太虛○截玉銛錐見緒餘天家裁詔付尚書秃毛倒卓銀河底猶寫龍蛇走太虛

硯石

何年長劍剖堅珉碧若蘚重重護紫紋但覺潤光濃潑墨不知磨盡一峰雲○神斧凌虛伐翠珉琢成青鐵點星紋畫仙欲蘸吟風筆磨盡松烟一壑雲

帽石

層層苔髮長青柔骨冷天應爲裹頭絕頂西風吹不落黃花知是幾番秋○碧蘚蒙茸似軟柔北巒驚見號蒼頭不知自落天工首冷淡黃花幾度秋

屏石

方方峭壁立天涯隔斷雲烟蔽月華若使黃金開孔雀定應千載屬豪家○翡翠高分隔水涯蒼苔點飾鄣鉛華晚來秀色猶宜對好似羊元曾隱家

笏石

方圓自是法乾坤剛直猶堪擊

倰臣誰謂山靈廻俗駕年來正待執圭人○度循覡矩肖乾坤堪擊妖蚌與亂臣重器不宜輕錫授至今留待後來人

椀石誰斷雲根數仞堅珊瑚樣潤玉凹圓黃粱炊熟難成夢留與山人蕙帳眠○遊仙靈王自貞堅床即高岡帳大圓不向邯鄲成客夢且留風月醉人眠

金庭山高一萬五千丈周圍四十里舊經云金庭洞天台華頂之東門洞天記曰二十七洞曰金庭名金庭崇妙之天上有桐柏合生下有卅池赤水初名桐柏山唐天寶間更名卅池山西有小香爐峰東有

毛竹洞洞口有竹生毛節覆一節○張璨詩毛竹陰森洞門古靈蹤舊號神仙府洞中仙樂杳難聞月明儆聽朝真鼓鶴馭鸞輿紛往還僊官催入玉宸班鼕鼕妙韻在何許只隔卅霞縹緲間

前有五老峰後有跨鶴峰晉王羲之遺雅在焉內有桐柏龍潭剡録云積翠縹緲雲霞所興神仙之宮也池有水赤色勺之紫白真誥曰桐栢山四面視之如一其一頭在會稽東海際其一頭入海中是金庭不死之鄉上有黄雲覆之樹則蘇紆珠碧泉則石髓金精其山臺盡五色金也經卅水而行有洞天從中過在剡臨海二縣之境○唐僧小白遊金庭詩羽客栖晉府上方金庭風月冷如霜直饒人世三千歲未抵仙家一夜長○盧天驥金庭洞天詩嵩高秀入洛川清鶴去雲歸冷玉笙霜白金庭今夜月流風依約有遺聲○成化知縣許岳英古歌金庭之山幾千尺上薄穹窿象締逼雲溶霞剽陰液升造化鍾靈神所惜天台鴈宕相鉤連天吳屏翳精英霱危崖巉巇風動石律令擊搏江濤喧玄精夜降爭蝦機河鼓鏗鍧徹幽秘跟蹡百怪歸杳冥仙窟卅房景奇譎右軍之居竟渺茫千年遺跡爲仙鄉吹笙子晉不知向浮丘羽化

繞山陽蠙珠琬殼影搖抓婕是舫光照虛室崖間
薜荔五色紫澗底石泉淸夜泣蟄美人芳許青青
翠眉丹頰世罕逢擾攘懷瑜人孰與依儔鷦侶時
相從翩然被髮步虛嚬聽得蹕華氣淸壯暮歸不
知山月高楓郭潮聲動虛幌○本府同知黃璧詩
父老今金庭作勝遊今來萘志已全酬路通洞戶那
能往水遶靈湫不斷流爐冉香凝紅樹曉劍峰斜
倚碧天秋興來長嘯出門去回首乾坤無盡頭壁
爲成化間庚戴守人有黃璧在庭壁之須過剡晉連
山水不忍去○周汝登詩千年古洞鎖蒼苔洞口
遊人自去來赤水也邊蹤草淨香爐峰畔野花開
吹笙仙神聲疑在路鶴雲中客未回試看樽前今
夜月當年曾照讀書臺　師其山東峯曰太湖山曰白雲洞爲
王子晉吹笙處渡水而南且西曰淸泉山縣東四十里金
庭鄉曰白雲山縣東三十五里笙節鄉○巴山人袁
榜詩白白雲遮薇青青山露峰不知

此景外更有幾千重塝晚年布志于學轉而西當剡山之南曰花鈿山縣南廿里從節鄉曰馬鞍山縣南十里方山鄉曰方山一名黃塝山縣南廿里芳山鄉◎知縣臧鳳詩一幅齊雲峭削灣分明天塝揭人間登科莫作尋常事要做塝名第此山西且南曰嶀山縣南十五里方山鄉山外為新昌境西且北曰拱北山俗名潭過山縣南十里升平鄉縣治學宮所向拱北與如拜西曰上壁山縣南十里升平鄉折而南曰蒼岩縣南二十里禮義鄉邑所用石采諸此曰石獅岩形天成如削縣南二十里禮義鄉山下蒼岩草堂邑山人俞鼎母石氏課鼎讀書處曰中白山縣西南三十里禮義鄉上有龍湫中名飛鶴峰曰道山縣西南四

十里禮義鄉下有白雲塢漢車騎將軍求恭隱塢間曰白岩山縣南六十里禮義鄉進白岩曰西施岩縣南六十五里禮義鄉俗祀西施不知謂曰西清潤縣南禮義鄉復面址且東曰獨秀山縣西南三十里桃源鄉舊名刻石山上有衛夫人碑十道志云一名穿山相傳以刻石爲名不知文字所在宋昇明末縣人倪襄裕行儼見山上有文凡三處苔生其上刻岩視之其大石文曰黃天皇蕭字道成得賢師天下太平小石文曰刻石者誰會稽南山李斯也刻秦刻之風也唐寶曆元年觀察使元稹使人訪碑不獲會稽賦云岩封石刻是也○宋李易詩訪戴溪長近若耶金庭雪對赤城霞沼從鵲舉添蕭索峰似鸞翔鮮嘆嗟每愛林間百種蝶難忘竹外四時花剡川圖上他年指獨秀山前是我家○山陰張蘊修詩獨秀雖高路豈迂右軍遺跡未全陳

龍池水煖雲歸後鷲沼波平雨過初吟暇誦仙巢五老醉同太守樂環滁始寧清興今猶昨步屧松陰想自如。上亦有墨池不知何謂山半有巨井井有蛟曰金雞山相傳山有金雞鳴縣南十里界平鄉又南且西曰亞父山縣西南七十里禮義鄉先採薪者遇異人曰吾亞父也宅此山明日往視石上足蹟甚巨岩下龍潭及石皆以亞父名西曰九州峰縣南八十里長樂鄉山頂舉目足窮千里邑人錢愚棠詩一望中原盡此巔淋漓不盡聲灑午風前白雲已慢歸時路不識身居第幾天迤而北曰貴門山縣西南七十里長樂鄉峰嶂干雲叢竇森昔相傳呂祖蹟在貴門朱晦翁過焉地乃名宋李錫易卜築詩亂後亦擇居鹽山山瀕許居民百户餘家喜甚手欲舞去久聞公名此幸殆天與感茲鄭重意時節共雞黍剡川非沃野地僻民更窶趍時務擷茗餘力工楊椿寡婦念遺秉汙池怜數罟我欲教耦耕盡力循南畝莊杏種連山深居可長處東鄰有節士酒酣乃發語公昔起布衣高議掩前古親擢類平津央見逢真主兩宫佇六飛萬乘思一舉交侵正倔強逢起益旁午浩然公獨歸偶出寧有補黙塞復何言長嘆汗如雨○東鄰節士蓋指呂祖環下有仙人洞可受數人李昜詩雲巘分住茗風潭矗恠松書疑黃石授税可紫芝供抵玉那驚鵲探珠欲近龍晚來聽畫雨乞水灌塵容西數石路水厓類僧危坐曰石和尚又西有龍祠居山上無山名李昜詩虜騎侵淮海龍潭碧如通雲生依寶剎月出現珠宮瀉澗水噴薄依山石樹鬱葱神交難獨擅吾黨契元同山半開兩壁壁間泉涌如噴下三潭

任成刊

次第豬馬若貫珠曰三懸潭幽勝殊絶李昜詩貴門今是鹿門山盡室扶携萬壑間流水相隨真自悟逕岑一望若爲攀風翻竹塢清如洗月過松扉靜不關潭底卧龍煩一起正須霖雨濟塵寰〇山陰鐳績詩欲識三懸險相將躡發臺青天咫尺近冊壁萬尋開沫噴千秋雪晴喧五月雷尋幽不到此空負剡中來北曰上岩山縣西六十五里長樂鄉正統間有上岩吟社曰盧峰山縣西南六十里長樂鄉山半有龍井曰逕望山縣西南四十里開元繼錦積善長樂四鄉之界曰葛仙翁釣臺石石上有釣車痕路入合石梯甚奇險相傳仙翁得魚化龍去石在皇覺寺前曰細嶺有響岩潭縣西四十里蘿松鄉其西曰棗栢嶺縣西八十里太平鄉曰白峰嶺縣西七十里太平鄉〇余闕詩

一過東峰路幽懷不可言山如到盤谷水似入桃源時有瓢芳度多聞囀鳥喧何人此中住謂是辟疆園渡溪而北曰太白山縣西七十里剡元鄉爲縣治西與東西明望山有葛洪丹井井水味如霜雪唐顧況詩野人愛向山中宿況在葛洪丹井西頂有仙女盤水旱暵不乾相傳有仙女下沐太白之朝陽爲西白僧仲皎過雪看山詩西白名山處那世帶雪看四圍銀世界一色玉峰縱夜色和天冷晴呼放月寒溪梅初一二著意爲渠看其夕陽在東陽爲東白峰頂迤而東曰小白山兩山連嶪崔嵬吐雲令景雙石筍高十丈許對立如闕有趙廣信丹井有廣信洞石累起空洞如屋小白山南曰歷苑

張成刊

山瀑布飛流一名瀑布嶺瀑布下爲龍潭三山間多褚伯玉亭館按宋書褚伯王居剡縣瀑布山華鎮瀑布嶺詩序日在嵊縣西六十里福善所集蔚有靈氣者產仙茗寰宇記曰瀑布嶺屬餘姚寰宇記誤剡錄載伯王於西白盖西白嚴苑雖兩名實一山云○僧仲皎詩無地卓錐生計難月空兩手到林間偎隨碧水占明月堅打白雲縣好山巖石空邊依阜舍藤蘿低處著有葛仙松關年來老去知何許合向人間占斷閑翁壇壇前二石甕蹲峙稱冊灶灶前二泉穴如盆水亭注不涸東行十里曰東湖山縣西三十里清化鄉又東且南數里曰桂山縣西二十五里兆源鄉一名杜山曠野中息而蜀立轉而北十餘里曰蹳田嶺縣西三里昇平鄉西曰峩

嶀嶺縣西十里昇平鄉　曰秋山縣西二十五里孝節鄉　曰瞻山縣四十里末富鄉挺然秀峙傍滁巾澗爲白道猷滁巾處曰石門山縣西北二十五里崇仁鄉○宋謝靈運石門新營詩躋險築幽居披雲登石門路滑誰能步葛弱豈可捫嫋嫋秋風起萋萋春草繁美人遊不返佳期何由敦芳塵凝瑤席清醑蒲金樽洞庭空波瀾桂枝徒扳翻結念屬霄漢孤景莫與諼俯濯石下潭仰觀條上猿早聞夕飈急晚見朝日暾崖傾光難畱林深響易奔徃慮有復理來情無更存庶乘自迅車得以慰營魂匪爲衆人說宜與知者論○又登石門最高頂詩晨策尋絕壁夕息在山棲躋峰抗高館對嶺臨迴溪長林羅戶穴積石擁堦基連巖覺路塞密竹使徑迷來人忘新術去子惑故蹊活活夕流駛噭噭夜猿啼沉冥豈別理守道自不攜心契九秋榦目玩三春荑居常以待終處順故安排惜無同懷客共登青雲梯○按靈運所

稱石門宜在縣北而此在縣西山山有石洞洞有石未知是否舊誌縣北無石門山床床有石桃山麓有坑周五尺許水如沸曰沸泉西且北曰五龍山縣西北四十里求富鄉一名烏猪山曰瓦如山有白道跡禮拜石石上具雙膝跡兩山重岡複嶺峯巒蟬聯真如水下五龍奔匯爲靈潭者五神龍宅焉外有豢潭一名浮湫潭又西曰葑田嶺縣西四十五里曰石姥山縣西四十五里崇仁鄉○山陰王詛詩石姥山穿雲徑窄難聯袂上有猿猱悲楓葉秋如錦曰穀來嶺縣西七十里富順鄉十道志云舜耕於此天降嘉穀曰仙家岡剡茶品此爲最曰紫巖

山縣西七十里崇安鄉崧高與雲霄接前為獨秀峰三井龍潭曰重脊嶺縣西五十里崇安鄉○邑人張爚詩松間疊石步高低啼鳥幽林聽隔溪七尺枯筇可扶老青鞋香汙落花泥曰上周山縣西七十里崇安鄉舊名子周山有靈巖潭又東曰孫家嶺縣西五十里東富鄉折而東且南曰天竺山縣北四十里靈芝鄉山前有安禪石其陰曰獅子巖巖頭有大井曰葛峴山縣西北二十里遊謝鄉東且北曰趙公阜縣北二十里遊謝鄉趙公者逸其名晉懷帝時太常樂工永嘉二年以石勒亂凡二十四人隱於山阜故以云曰謝巖山縣北三十里遊謝鄉謝靈運遊此四顧

放彈丸落處爲祠今有石曰彈丸石山險深峭被以
蓁篠有巨澗奔激清湍淵瀠映帶左右下有三墜
嶺嶺前深淵迂旻糾碧一色曰聖巖高百丈長里
許上可步下可避風雨曰石將軍潭潭深澈中有
石突立如勇士東且北曰嶀山縣北四十里靈芝之鄉壁立臨江
王元琳稱神明境水經註曰嶀山路峻狹不得併行行者牽木稍以進不敢俯視
西有孤峰飛禽罕至山頂樹下有十二方石地甚
光潔常有採藥者沿山見通蹊至此還復更尋遂
迷前路又曰嶀山與嵊山接其間須洞懷烟泉溪
引霧吹蜼風聲觸岫延賞○宋王十朋嶀山賦名
境嶀山程途往還望高坡而峭峻登聳嶠以填巒
上與雲齊霧擁於烟蘿之內下臨水際舟横於巨

派之間原夫勢接江湖岐分台越崒嶷峰巒崔嵬
巑岏懸崖則特特瀑布深谷則年年積雪嶄岡嶄
峇南乘謝眺之巖華家岡在[illegible]
[illegible]嵫徑陰森北倚趙公之阜上多名木內足
坑谿徑嶼或過洄蕩[illegible]靈龕忽翥蘆栖
[illegible]兩峯澗流四面雲低武肅王駐蹕吟
哦嘆斯境絕異謝靈運彈飛巖嶂慕此地堪棲夜
夜雲生朝朝霧起岝峉嶔崟岧嶤崀嵬三春之花
李芬芳九夏之林巒蔚翠梁王別室歸建業以登
天陳廓漂流立靈祠於此地杳杳冥冥勢連嵊亭
龍吟虎嘯水白松青上舘嶺兮龍宮梵宇若嶼嶺
兮夫人石形有良工而巧琢或走獸以奔星豈勞
嬴政役鬼神之力休說梁元呈圖畫之靈昌一邑
之黎元疲民蘇矣鎮三方之土地訟者咸寧至異
哉玩此山体面最奇形容殊麗黃沙碌礫兮水岸
碧嶂嵯峩兮雲際樹矗麥嶒枝纏薜荔石闌干險
以崎嶇何瞻水湫而搖拽周圍四顧相同華頂之
前蜿轉群峰猶若芊蘿之勢西原伏豹山有[illegible]

東埠飛龍山有[illegible]之峰有[illegible]龍[illegible]咸通十三年七月初四日有龍神[illegible]龍塘之[illegible]瞰突屼兮白竹水潺湲兮烏峰有白竹嶼烏[illegible]綠雲映於野外翠羽鳴於山中洞倚嶙峗之石巖嵌歆偃蹇之松嶺峻則月華易度林高則霜霰難驗郛郭祠前且見井坑之跡北[illegible]有井坑[illegible]皇書亭畔又看靡滯之蹤莫不雲雨蕭蕭枝柯浩浩或賢者玩而升騰或智者賞而辭漻懿乎可以尋真思之而悟道後有石床謝靈運垂釣於此梁武肅王錢鏐至山下舟中仰視嵳峩嘆其異境駐舟賦詩由嵊山而漸以南里許曰舜皇山縣北四十里遊謝鄉山直嶺後中有井曰舜井剡録云井二井有虵生角今爲沙土所翳朱慶餘舜井詩碧甃磷磷不記年青蘿瑣在小山巔向來不視千尋水疑是蒼梧萬里天又數里曰上館嶺縣北

五十里
靈芝鄉又數里曰清風嶺古名青楓宋王貞婦死節於此改今名元李孝光詩山下江流幸自清山頭明月已無情此心若愧王貞婦莫向清風嶺上行○元陳君從詩嶀浦之南天姥之北清風嶺清風嶺上石壁間血字模糊有餘赤云是王家節婦誓死特精誠感天貫金石當時被虜來天台抛男棄女隨風埃豪酋含情向天笑王氏再拜陳辭哀自言人生豈彘狗衰麻在身血在口姑喪未了十日期妾獨何心奉箕箒豪酋聽之爲動色頷首無言指天識行行擬到越王城錦帳羅幃設華席婦面如灰心轉苦回顧清風眞死所齧指題詩躍斷崖圖得遊魂免爲虜至今血漬苔蘚斑子規夜夜啼空山淚染巖花墮紅雨白雲自逐溪風還却恨當年大江左多少英雄氣如虎甘爲臣妾學倒戈不直清風一杯土君不見朱娥山下墳曹娥江上水孝節相聞數十里水色山光互吞吐三靈在天星在戶耿耿彝倫照今古○邑人周誤詩

就義從容今古難高風烈烈駕層巒巖前掛日心常赤林上無霜氣自寒血洒幾行精貫石詩看異代髮衝冠滔滔百里平流水直到祠前起激湍又數里曰仙巖縣北二十五里靈芝鄉有馬蹄石郡志云秦始皇東巡時馬蹄所踐又十餘里曰餘糧山一名了山縣北二十里遊謝鄉禹治水功畢餘糧委棄化爲石至今山下有餘糧石宋王十朋詩禹跡始壺口禹功終了溪餘糧散幽谷歸去錫玄圭又十里曰金波山一名明心嶺仁德鄉是當縣治北相望三里而近王十朋詩泉自何時有得名從偃公誰能繼長陸爲載水經中有浮圖號白塔有僧偃公施水處曰偃公泉

溪水自縣南迤而東且北下三界與嵊江接凡六十餘里皆曰剡溪溪衆派所輳穿萬山中迂迴曲折或奔或匯淺而爲瀨深而爲淵兩崖林木蓊鬱怪石峻嶒舟往來擬之武陵其大雨時漲則波濤洶湧若呂梁灩澦剡溪之勝此其大都云唐朱放詩月在沃州山上人歸剡縣江邊漠漠黄花覆水時時白鷺驚舡○錢昭詩剡溪風雨霽航葦重行行到處楊柳色幾家荷葉聲噪蟬金鳧沸游水玉壺清最喜魚梁伴歸帆的的輕○潘閬自諸暨抵剡詩莫嘆塵泥汩且圖山水遊維峰天姥翠一舸剡溪秋不見戴安道有懷王子猷西風無限意盡屬釣魚舟○劉長卿孤石詩孤石在何處對之如舊遊氛氳峴首夕青翠剡中秋宋盧天驥詩愁呵龜手冷揺鞭

乘興來登訪戴船觧事篙師小鳴艣恐驚寒鴈入
晴天○山鳥逢春恰恰啼桃花流水路猶迷何時鼠
子膏齋斧咲領
白雲歸剡溪

縣稍東穴出一支而北曰新河新河者古道也先是剡盛時溪流抱城而東以北後故流反跳離城數里故所流為窮瀆曰古溪風氣用漓而東南土田亦旱暵無備隆慶六年知縣朱一栢出東郊離城百歩尋故道鑿河與古溪接仍築堤以捍其跳縣丞童夏董之河凡數里達艇湖山入剡既成而士民賴焉

新昌尚書呂光洵記傳稱古令循吏惟漢文翁召信臣最著文翁之治蜀也以教作士召信臣之治南陽也以水利民當漢時蜀去長安遠地僻猶有蚕叢魚

爲之遺風文翁治之誘進以文學招民間秀異爲學官子弟親自飭厲或遣詣京師受業博士買刀布齎計吏以遺博士數歲蜀子弟皆明經飭行斌斌比齊魯矣召信臣治南陽郡爲民興利時時行視郡中水泉道開溝洫起水門堤閘凡數十處以灌注作均水約束刻石田畔以防分争其化大行郡中莫不力田孝友民稱召父云夫循良之政亦多矣惟水之利與教化之功久是以古今稱循吏曰文翁曰召信臣顧不偉歟嵊古之剡縣也在紹興東其民夥其政繁近爲政者多依依鮮知先務之爲急故其政龐而民不附今朱侯之治嵊也比及三年政成而士民懷之今年夏遷南京光禄去諸文學謀於其師王公天和請狀侯政教乞余言以貽後政乃又介余姻友舉人張君希軼王君應昌來速其所稱述如王公狀狀言朱侯始至視其縣治俯江流而居其左曰是風氣之攸鍾也宜斯文之振振仍仍無替於昔也諸文學咸曰縣治無改於舊而江流之環於左右者非舊也江流舊自西而

南南而迤東以北旋於四隅秀淑之氣凝焉人文
滋盛時若王右軍姚太師父子昆弟俱以文章著
稱鉅邑焉自夫江流之徙而南也有趋以東於是
人文漸不迨古矣侯乃陟高以望曰信夫如文學
父老言遂鑿渠增埠引江流復其故道詹者曰嵊
之人文必且復盛如往昔矣侯曰是地道耳其務
修人道乎於是聯諸文學之秀與廪餼於别館比
其藝文日試而程之更道以德業諸文學莫不競
競自奮於文行盖蔚可觀已萬曆癸酉士舉于鄉
升於春官者三人焉盖近所未有也由是士歌於
校民謳于野曰吾侯其古之循政與寧獨勸學利
水已乎凡其視經籍緩征徭謹刑罰汰冗費明禮
教以厚民俗者多可書請書其大者以係吾民之
思予乃書而爲之辭曰維古剡邑居越之東江流
迤邐風氣攸鍾維時人文既秀且崇維是江流南
東靡常悠悠百載靡遑其昌維時令尹厥謀惟臧
鑑于往蹟是經是營民曰休哉宜亟尔工乃廻其
瀾既順既從協于休祥人文之光三秀奕奕令聞

煌煌感是令德宜誦宜颺攻茲真石賁宮之傍維百千祀永矢弗忘萬曆二年記 萬曆七年提學副使喬因阜移檄修堤濬河萬曆十二年士民具呈復請濬河其辭略曰河流之通塞關文運之興衰已往昭然將來可鑑近因水决橋傾復致沙填流壅伏乞速賜疏通以終前蹟盖役民則先已樂成而茲不難於慮始計績則事雖半往而功可倍於前人况有溉田之利兼無傷財之虞云

河之口曰**艇湖**晉王徽之訪戴逵迴艇於此即溪而更命茲名宋王十朋詩千古剡溪水無窮名利舟乘閒雪中興唯有一王猷。王銍詩我家住在剡溪曲萬壑千巖看不足却笑當年訪戴人雪夜扁舟去何速。邑人張璨詩素練逕光川色瀞漸瀝蓬色六花迸亭亭孤艇雪中行清絕難禁此時興訪戴高人去幾秋至今登覽慕王猷莫論當時招隱曲一官還似晉風流。邑人錢思崇詩雪夜懷賢思不禁西風一棹發山陰縱然興盡情何盡千載難酬欲見心。上虞同知葛焜詩溪流曲曲繞山麓溪風拂拂來樹巔溪雲冉冉出空谷溪月皎皎明前川天開佳境自今古遊覽還將往事憐扁舟雪夜欲訪故興盡何爲煩刻旋圍爐可談經世策促膝或歌招隱篇百年消得幾回首知心不面情徒懸吾聞昔有張范約千里遠赴何嘗從此道寥寥久相棄美談猶説子猷船由縣前浮回而西且南爲剡上游俗曰南大溪大溪上二十餘里江田溪水出焉水自諸暨出穀來嶺而南注曰崇仁溪縣西三十里崇仁鄉自廣利塘而南注曰逵溪縣西十五里孝節鄉出真如者亦入逵溪崇仁溪與逵溪合是曰江田溪江田溪而上又二十里西漁溪水出

[illegible]水自諸暨出仙家岡而東且南注曰三溪縣西六十五里崇安鄉又南曰羅松溪縣西五十里羅松鄉其東曰西溪羅松溪與西溪合是曰西漁溪西漁溪而上又十餘里剡源水出馬剡源者源自剡也曰剡源溪縣西五十里剡源鄉又遡而上數里曰朱溪縣西六十里開元鄉直與大溪接源由東陽出道太白者曰深溪縣西七十里太平鄉其右而北注者曰西溪縣西六十里長樂鄉其左而南注者曰昆溪縣西六十里太平鄉三溪合是爲朱溪剡上游歷此水自南來者二一自天台行百二十里至蒼君合寶溪

縣西南三十里禮義鄉所出水曰上碧溪縣西南二十里禮義鄉一自新昌而北且西注者曰新昌溪縣南十里昇平鄉二溪合流於共北山右行數里至龍門前與剡會東之溪與剡接者曰浦口溪縣東十里邑東諸水皆道馬源出奉化寧海間合而西者曰黃澤溪縣東三十里箍節鄉出金庭三峰者曰前王溪縣東五十里金庭鄉出四明者曰晉溪縣東五十里金庭鄉○邑人張璨晉溪道中詩溪融沙路軟無塵拂面東風醒醉魂紅雨正飄花落澗白雲深護鳥啼村山光已豁春晴景草色都稍喘野燒痕咫尺金庭仙洞近應隨流水問桃源北曰魚溪縣東三十里靈山鄉並流入杜潭縣東二十里崇信鄉其下

曰**棠溪**（縣東十里崇信鄉）並出浦口縣北十五里遶餘糧山而東流入剡者曰**了溪**一名禹溪舊經云禹鑿了溪人方宅土會稽賦云了溪鑿兮禹功畢故以云又下二十餘里源發會稽境出靈芝鄉過嵊亭里而入剡者曰**䗩浦**（縣北四十五里靈芝鄉）○潘閬晚泊䗩浦寄友人詩　曉泛剡溪水晚見剡溪山徘徊思行棹待月思再還漁唱深潭上鳥棲高樹間應當金石友念我無暫閑　○邑人張璨詩　夕照穿紅波瀲瀲漁家舴艋臨孤岸一聲欸乃水雲間鷗群驚起鳧群散太平官事不相關醉歌長得咲開顏晚風歸棹泊何處只在黃蘆淺水灣　兩崖峭立勢極險阻深潭千尺蛟黿宅焉是爲剡溪水口江潮至此

而返源出石門山者曰廻溪與嶀浦會其東曰嵊溪出覆卮逾烏坑遶嵊山至花山而西入剡東土鄉曰長橋溪曰前巖溪俱縣北六十里皆延袤一十餘里東流入於剡溪舊爲林樾木石所淤居民鄭潭出貲疏之自是舟楫可通沿溪之田旱亦有備

周汝登曰剡古以山水名其析入新昌者山堇五之一若天姥沃洲南明等水余邑專爲夫山水匪人不名剡山水名自王戴諸人今有若王戴者或度越之則山水之名不特甲東南矣山水惟人是籍哉或者

曰剡建星亭鑿新河而文物益振則知山水靈淑乃鍾人文山水實人所藉耳要之建且鑿以導厥靈者亦莫匪人故余以前若人責生斯者以後若人責吏斯者夫有兩若人即謂山水藉人人藉山水也無弗可矣

縣學負剡山其山在城內者凡若干畝苦無林木夫山巉屼無木若人之亙而褫其衣其足爲冠裳之士乎哉先是吳侯三畏令民家各栽松木不栽有罰乃以遷去弗果後十餘年侯家居凡數致書惓惓以栽木爲囑侯之用心勤矣哉後薛侯周丈量土田以城內之山並不起科納稅擲在縣邑亦令栽松又以調去弗果夫二公惓惓而不得覩厥成功豈一林木亦有數邪余以爲即不栽松栽竹亦可栽竹隨月皆宜且易成林今府中暨龍山皆竹可覩已誰爲此者井棠

之詠其宜有窮若夫新河一帶雖起自朱侯而繼此者亦宜時濬之夫已享其利者胡可使之復壅物我無間予文所以稱忠如以爲朱公河而我不與禰之乎其爲心矣愛民造士之君子必不如是此兩者皆刻上民所引領故書之以告

碶

一都曰上渠碶曰下渠碶各長一伯五十餘丈二都曰陳塘碶長五丈三都曰桃花碶長二十餘丈曰吳家碶先爲洪水圳塞萬曆三年修築五都曰大巖碶長二十丈六都曰守山碶曰鎮安碶曰縱枝碶各長一伯餘丈七都曰前花碶曰飛花碶各長五十丈八九十都曰黃濟渠碶曰顛石碶各長五十丈曰質澤碶長八十丈曰嚴頭碶舊志無曰大淺碶舊志無十一

一二都曰〔許宅砩〕長一十丈曰〔任泉砩〕長三十餘丈十五都曰〔梅林砩〕長一十五丈二十二都曰〔千浦砩〕長二十丈曰〔曹娥砩〕長一十丈二十三都曰〔油草砩〕長六丈曰〔道士砩〕舊無二十六都曰〔秋頭砩〕曰〔黃城砩〕各長三十丈二十八都曰〔相家砩〕長二十丈曰〔黃巖砩〕長六丈曰〔黃石官砩〕舊無曰〔青木砩〕舊無二十九都曰〔油草砩〕長二十丈曰〔胡洋砩〕舊無三十都曰〔下黃坂砩〕長一十八丈曰〔樣頭砩〕長一十二丈三十二都曰〔城後砩〕長一十丈三十三都曰〔下齊砩〕長一十丈三十四都曰〔苦竹砩〕長二十丈三十五都曰〔苦竹砩〕長二

十五丈　三十六都曰鐺黄𥕐長二十丈　三十七都曰新石𥕐長三十丈　曰石硔𥕐長一十丈　三十八都曰八畝𥕐舊無　曰白肚𥕐長一百餘丈　曰横溪𥕐長一伯餘丈　三十九都曰古𥕐　四十都曰沿巖𥕐長二伯餘丈　四十一都曰前田𥕐長二十丈　四十二都曰通渠𥕐　曰胡家𥕐舊志俱無　曰菖蒲𥕐長三十丈　四十三都曰泉𥕐長二十丈　曰沉郎𥕐　曰史鈌𥕐舊志俱無　四十四都曰皂角𥕐長二十丈　曰新橋𥕐舊無　四十五都曰宋家𥕐舊無　四十六都曰康郎𥕐長一十五丈　四十七都曰俞家坂𥕐長一伯餘丈　曰卑溪𥕐　曰新石

碑皆俱無四十九都曰戚家碑長四十丈五十都曰浩江大碑長五百餘丈曰石鼓碑長二伯丈五十一都曰浩江大碑長五百餘丈曰陳村碑長二十丈五十三都曰深林碑長一百二十丈曰潭渴碑長七十丈曰湖塍碑長一伯三十丈五十四都曰源通碑長二伯餘丈曰益通碑長一伯餘丈五十五都曰陳大碑長五十丈

塘　縣東十里曰何家塘崇信鄉七都廣三十六畝一十五里曰任栟塘八九十都四十里曰姊烏塘十四都五十里曰西山塘十五都七十里曰清隱塘十六都南七里曰愛湖塘

一都八里曰黃塘沸泉冬夏不竭二十里曰烈絜塘一都西南十五里曰麗湖塘五十一都曰古跡坑長四十丈五十一都西二十五里曰道塘四十六都曰貴家堰四十六都三十里曰新塘曰東湖塘曰西湖塘俱四十八都五十里曰普惠塘四十二都曰蘆塘三十七都曰沃塘二十都西北二十里曰廣利塘二十五都曰漢塘二十五都北曰俞家塘二十九二十都○按紀田土有塘總而此先書塘何彼塘人所私有溉田畝不盈十此則鄉都所共溉畝以千百計者也

周汝登曰嵊田所賴者惟砩與塘而砩利大顧善

[illegible]職水者當時巡而濬治焉余又覩夫夏時稍不雨人輒以水爭甚且聚衆百餘持梃石相格不下夫爭始不均田于碓有遠近而勢有彊弱或界限不明致是昔召信臣既導水利更立均水約束刻石田畔以防紛爭其慮周矣今司水者督之長碓次其先後而設牌輪轉其田屬何碓碓管何阪令井井不得亂爭何自起此宜先時爲計俟其爭乃理不直農事廢而且以圯其家夫溝洫本以爲利而反階之禍是職水者之責風之讓畔不易乃次

莫如息爭

井　在城有東廊頭井　五顯廟前井　東門裡井　桃源觀前井　関王廟後井　太祖廟前井　縣前井　城隍廟井　城隍嶺井　惠安寺井　寺嶺井　雙井　明倫堂前井　集賢坊井　科貢坊石井　在鄉有大士井在宣妙寺　竹山大井　白鶴井在顯淨寺西廡　明覺寺井有七所大者濶一丈深五丈有一靈鰻大如椽　巨井在龍藏寺水色紺寒凡見山水條下者不彛見

渠　縣故有渠廣深具八尺許周流兩隅近俱壅塞而蹟未盡湮在東門內　陡門內　布政司左　惠安嶺下

西濠口前街花龍門内西門内科貢坊裡俱有渠
址存
周汝登曰舊志城内井不載而載在鄉者余故詳
内者何城内井其尤不可湮夫使烽燧或儆計欲
閉城城守即積貯裕而烏可無不匱之泉嘉靖間
會以倭夷故城不開者兩日人乃病渴衆甫據城
時亦惟渴是困往可鏡已故諺有馬城之蕩蕩莫
倚其疆三日無水十日無糧以是知井之用大所
志特其顯者民居内尤夥守土者禁不得填塞乃

防臨渴之思哉若夫渠塞而水走街衢民居率沮洳爲病地里家又謂水無道如人身血脈壅腫癰瘍亦卑故道可溯撤潛者而濬復之邑利也舊志亦不載余并揭之蓋以著利弊之徵而鉅者

嵊縣誌卷之四

風物考

風俗　歲時　景蹟　物産

風俗　火耕水耨民食魚稻菓蓏蠃蛤食物常足無凍餒之夫無千金之子貨殖傳槩江以南而不專語越勤勞儉嗇愛而公廉而遜好學篤志尊師擇友士大夫家占産甚薄務縮衣節食以足伏臘農賈工作之徒皆著本業不以奢侈華靡爲事會稽賦及郡志槩全越而不專語嵊然以嵊俗質諸語不

爽雖謂尊爲嵊諺之亦可夏雷云嵊俗敦古禮重爲邪力本務穡不作無益嚴尊卑不獨于宗里閈中肩隨父事之節無敢踰越內外之辨截然婦女雖世戚寡所識面不鬻男女外境屋廬服食多從卑陋菲惡安土而樂業商賈無出鄉山林隱逸者能以詩文自娛入仕多絜廉自完尚節槩其敝在溺女鬪狠喪死治酒延賓溺堪輿家言久停棺不葬畜婢老死不嫁美惡之故蓋其詳哉由今覘往大都無改乃家立祠堂喪間用素字女或不受財

此今差勝惟服食奢濯僭越家人子一切御綺縠
純采燕聚窮極珍異盤盂狼籍無算子弟赴試自出
詐巧局倖進崇富羞貧之數事不逮往昔遠甚夫
嵊俗初本舜禹二聖人嘗過化是舜山禹溪其徽
而清曠玄朗經術節義得之晉以下諸賢所浸沐
且山峭古水湍瀉清洌鍾爲人往往勁朴與地稱
世系久遠始自晉六代或宋聚族嘗千餘指累世
比屋而居祖風能不遺忘山居而谷處不見瑰奇
異產爲欲易足性率直鮮緣飾是非不枉其真或

者謂難治而實易感本以列聖賢教澤而所繫于水土成于性者如是故其稱美見諸史志不誣惟近所紀奢僭諸敝乖其故爲元氣傷不細可慮然亦非其性所安唱之乃和若或敺之邑且未盡爾而風靡者十之三四因其性秉其未甚司風教者急宜示之趨舍左富厚而右貞修崇恬退而抑躁競使人知以詐巧進者其似穿窬不足羨悅黷貨嗜利侈田宅衣馬美飲食以誇耀鄉閭其究饕餮不足倣效民務以敦龐好義爲良士務以學古慕

道爲高雖貧賤不足愧恥趨舍定而俗蒸蒸返其古初若順流矣昔巴蜀化譏刺爲文儒穎川改爭訟爲篤厚猶然可待而況復其文儒篤厚之故者易可知已語曰魯一變至于道今嵊蓋似魯夫魯入道易語其變不變失其故魯爲嵊討者毋令失其故嵊則善矣嗟乎風行草偃之機在上而邦人士亦自宜遡古亟反即無待猶興庶幾不負嵊也與哉邑有墮民名曰丐戶男婦汙賤下行不知所何棄若異類然其先有罪而子孫錮於異代已甚邑凡幾姓肆凡幾世而彼亦卒無有爲更始者以

習闓之非性果殊故余以爲宜許令自新所謂夷而中國則中國之可也○嵊縣論俗四首其一居家孝弟持身謹厚匹夫亦足自立於鄉里故盜賊不畏刑戮而畏王怒之物誘閭里不畏公庭而畏隣寔之表正者非係於齒與位也若節行一虧雖貴顯不爲名教所齒況鄙賤者乎其二少長知禮男女有別門祚有以貴之理故龐公耕壠而遺子孫以安冀缺鋤對而夫婦相敬如賓人之所以爲人恃有禮而已家有禮義則開業傳世氣脉長遠恒必由之一時纔驕盛衰之勢不必論也其三人於性偏處能克難忍處能忍此乃豪傑勝得學力所到故人有不及可以情恕非意相干可以理遣充拓得去便是堯舜氣象更何事不可爲若一不如意即怒形於色甚至矜己凌人識者思之寧不驚汗浹背者乎其四知足引分常覺消受不去則隨遇可安環堵蕭然而居有餘地饘粥糊口而腹有常飽古稱無事當貴穩臥當富緩步當車安食當肉皆安分無求之謂故君子無入而不自得焉

○周汝登燕飲儉約敘儉美道也惜福省財厚風俗維元氣益則殫矣知儉之益奢之害可勝言哉他未暇數以語燕飲一節珍羞滿案放箸即空日食萬錢不過一飽徒侈觀美何爲且其敗禮踰度殫力靡財所以漓風而耗氣者不細是首宜儉省者也東越諸邑剡最朴略近古余髫時見丈人行宴止五簋新賓上客不過倍是父老傳聞謂成弘間簡儉尤甚雖盛燕不過五簋中備間以蔬腐乃近來豪侈日甚營聚羞果盈前一席盤盂動以百計彼此倣效成風雖聞達時務者有厭煩就簡之思而群然披靡不如是則以爲薄或以爲矯匪怒則嗤特立爲難矣夫眉州近古之俗蘇長公稱累世而不遷余誠不忍父母之邦美道淳風之日漸滅而無遺也敢以告諸縉紳文學耆民髦士更以請邑大夫博士立爲燕飲一約使殽有定數生無濫殺尚後者有所制而不渝慕古者有所據以自立都無厚薄則怒者無因不見異同彼嗤者何自去奢之害而就儉之益移易或在乎此嗟乎余之

張成

約非敢違時以立異思以還吾故剡而已矣亦非
過當而難堪姑以去其太甚而已矣凡我郡人其
毋迂我若夫由燕飲一節而推之事事由吾剡一
鄉而推之天下余竊志之而綿力難持于德位君
子有深
望焉

歲時

正旦舉家夙興盛服焚香家長率卑幼南向拜
天次設香燭茶果酒饌北面拜禮其先供祀三日乃徹乃
卑幼序拜所尊卑幼亦以次交拜男子出拜其宗
有祠堂者早起合拜始祖于祠堂宗族即相聚拜及毋妻之族與親故各
酒食相款謂之新年酒八日揲蓍求卦占其家一
歲凶吉立春前一日官寮迎春東郊民間童子服

綵衣乘騎百餘導官寮前謂之迎春故事元宵民各于社廟結綵幔懸花燈鰲山銀海爲傀儡戲窮奇競巧金鼓喧闐先二日起窮六日夜始徹或以紙簇燈徧置街衢謂之街燈布之溪流燦然星馳謂之水燈清明縁門挿柳用粘米采青苗爲餻劑羊豕等用以祭墓祭畢設燕聚族謂之清明酒端午爲角黍相餽遺摘榴花艾葉置菖蒲屑雄黄於酒中饗其先乃自飲男女之幼者以五色絲繫其臂七月十五日祀先中秋食月餅重陽飲萸酒或

燈高十月朔祀先亦有街燈水燈謂爲度鬼前七月望亦然冬至祀先食圓子十二月二十四日掃舍宇二十五日俗傳灶神上天禁詈人取責等俱暫輟至除夜爇長炭飲分歲酒親故各相餽遺齋坐謂之守歲換桃符門神祀灶設先主遺像以俟詰朝拜禮歲凡遇其祖考妣考妣生及死之辰皆有祭

周汝登曰余讀豳風七月之詩其所記月月剥棗食瓜采苴祭韭等至猥細矣皆緣其習不易其宜

而道之禮俗以稱美我邦人歲時崇習揆之典禮不必悉中惟在因習利導使之不詭于正夫誠使樂防淫饗用愨少長儉豐勿踰其節即歲節間燕間謳吟伐鼓爲壽伏臘俎瓜享獻進劇飲食小大醉飽衎衎奚鑑焉語云俎豆之義始諸飲食余爲采民間好尚不忌細小者於篇

景蹟

爲邑景蹟者曰星峰亭古有亭廢萬曆元年知縣朱一栢建山陰徐渭記山川之勝否關人文之通塞而臺榭之助亦不可廢今夫冠以飾男髻以飾女髻與冠本非有肌髮之屬於人身也而使男與女者徒美其肌髮而不冠且髻焉

以處則鮮禮而入於亂易姸以爲媸矣嵊有山曰星峰者撓邑之北處羣山中古措亭於上正若爲女之有冠髻哉然可望當其時科甲之選不乏於我明永樂間猶一比而五捷其後亭既圮至於今不復且剡流之遶邑者改向而南馳於是邑中士入轂者歷十舉不一捷隆慶五年八月朱侯來令宣慈布文政教兼舉及館校諸生曰文藝不讓於昔而科目則大减曷故哉會周君震喻君思化以前所云山溪亭榭之故告侯曰是未可必也予其試哉於是改流龔舊搆亭則新秋士入轂者三邑士聞之既駸駸興起而全浙且注目於侯以爲文翁治蜀至買刀布遺京師博士令文學受授而歸轉相傳習蜀文大振楊馬之流輩出蜀士遂甲天下侯蓋文翁哉其人耶亭非刀布也然即刀布矣哉而邑之父兄子弟創見三人者之舉來相述德令記其事余曰余未識堪輿也特大槩例以陰陽義故以男女喻山川而覆於其巔者爲冠髻然語其形勢則然耳若比諸實用則諸君所云文翁

之刀布是也侯寧國人名一柘曰艇湖塔在艇湖山嘉靖二十四
年知縣譚潛建曰萬鴞峰在縣東南當巽位依城
爲址高數級先是知縣譚禮造三級中止萬曆十
五年知縣萬民紀從諸士民請嗣成之縣丞吳鴞
鳴董其事稱萬鴞重成功也曰冲霄閣在東門外
爲景槩而廢者曰戴溪亭在望仙門外二伯一十步宋
令姜仲開建佳水馳波芊林古渡蔚茂平遠盡入
眺望宋王銍詩碧玉仙壺表裏清我來閒伴白雲
行四山迤邐青圍野一水蜿蜒碧遶城試問
春來觀秀色如何雨後聽寒聲昔人飛馭烟霞外
落日空含萬古情又天上東風轉斗星天涯羈客

張成

尚飄萍道途只漫經殘歲風雪那堪客旅亭春到怯添雙鬢白夜寒愁對一燈青絕憐萬古凄涼恨不計樽前一醉醒○王十朋詩剡水照人碧剡山隨眼青吾來非雪興暫上戴溪亭○林東詩溪亭故事幾年華來值秋霖眺望賒雲障山巒多少處雨埋烟火兩三家水肥去馬行高坂汀沒浮鷗上淺沙誰是子猷誰是戴小舟盃酒興無涯 尚書芮輝持憲節登亭賦詩更名興盡芮輝詩溪山之興無時盡興與盡名亭意可知出岫孤雲含細雨投林宿鳥愛深枝風流已是千年事公案今成七字詩短棹悠然隨所適人生出處要如斯曰半仙樓亦望仙門外曰巘雪樓下俯溪流前列疊嶂樓之下扁曰剡川一曲在訪戴驛前宋令史安之建曰嵊亭在嵊山曰恩波亭在北門外古遺蹟為亭

里者曰楊黄門埭亭吴黄門楊衮明居弘訓里開瀆作埭埭之西作亭曰戴安道宅在桃源鄉鄉有戴村村多戴姓者舊載在剡源鄉宋景文有舟來戴公宅詩○周汝登詩星子峰前草﨟坡醉餘乘興謾經過山通曲道村烟古水落寒塘樹影多歌鼓城中喧落日鷗鳧江上戲澄波戴公宅畔尋遺事惟有枯松倒薜蘿曰謝車騎宅嶀山東北今屬上虞曰故港遊謝鄉有康樂遺跡港東爲康樂鄉曰阮光祿居傳曰阮裕居會稽剡山志存肥遁世説曰阮裕在東山蕭然無事曰王羲之宅及讀書樓墨池養鵞池在金庭山按羲之別業在府而居在嵊縣即金庭觀古志亦謂其子孫在金庭之側○唐裴通記越中山水奇麗剡為最剡中山水

奇嶷金庭洞天為最洞在縣東南循山趾右去凡七十里得小香爐峯峰則洞天北門也谷抱山闘雲重烟客廻互萬變清和一氣花光照夜而常晝水色含空而無底此地何事常聞異香有時值人從古不死真天下絕境也有晉代六龍失馭五馬渡江中朝衣冠盡寄南國是以瑯琊王羲之領右軍將軍家於此山書樓墨池舊制猶在至南齊永元三年道士褚伯玉仍思幽絕勤求上玄啓高宗明皇帝於此山置金庭觀正當右軍之家書樓在觀之西北維一間而四徘徊高可二丈墨池在殿之東北維方而斜廣輪可五十尺池樓相去東西羌值纔可五十餘步雖形狀卑小不足以壯其瞻就而泰險有守斯可以示於將來况乎處所邃深風景秀異契逍遥之至理闊鸞鶴之參差其金庭洞天即道門所謂赤城丹霞第六洞天者也按上清經洞天在天台桐栢山中辟方四十里北門在小香爐峰頂人莫得見之樵夫往往見之者或志之以奇花異草還報鄉里與鄉里同往則失其所

志也過此峯東南三十餘里石竇呀爲洞門即洞天之便門也人入之者必贏糧秉燭結侶而往約行一百里二百里多爲流水淤泥所阻而返莫湊其極也通以元和二年三月與二三道友裹足而遊登書樓臨墨池但見其山水之異也其險如崩其聳如騰其引如肱其多如朋不四三層而謂天可升經升宿而還以書樓闕壞墨池荒毀話於邑宰王公王公瞿然徵王氏子孫之在者理荒補闕使其不朽即事題茲實録而已詩曰寂寂金庭洞清香發桂枝魚吞左慈釣鵞蹈右軍池此地常無事冲天自有期向來逢道士多欲駕文螭○楊蟠墨池懷古詩空山寂寞人何在一水泓澄墨尚新

曰**謝公宿處**在康樂遊謝二鄉李白詩謝公宿處今尚在緑水蕩漾青猿啼○李嘉祐詩緑塘剡溪路映竹五湖村王謝登臨處依依今尚存

曰**王謝飲水處**在縣北二十里晉王謝諸人雪後泛舟至此徘

徊不能去曰雖寒強飲一口今其地猶稱強口

許玄度宅在孝嘉鄉曰阮肇故居在縣南五里今

爲廟宋王十朋詩再入山中去山中鎖羣微故山遺宅在何日便來歸曰太平館

在西白山爲褚伯玉隱處齊高帝建孔德璋撰褚先生伯玉碑

文河洛摛寶神道之功可傳高華吐秘仙靈之蹟

可覩蓋事詳於玉牒理煥於金符雖冥默難源顯

晦異軌測心觀古可得而言焉是以子晉笙歌馭

鳳於天海王喬雲舉控鶴於玄都亦有羽蛻蟬觸

影遁形銷神着翁帝宮迹留劍杖遊瑤池而不返宴

玄圃以忘歸永嘉惡道者窮天地之險也歊竇遏

日折石橫波飛浪突雲奔湍急箭先生攀途躋阻

宿枻涉圻而衝颷夜鼓山洪暴激忽乃崩舟墜壑

一裂千仞飄地淪篙飄透無底徒侶判其氷碎舟

子悲其雹散危魂中夜赴阻相尋方見先生恬然

安席銘曰關西升妙洛右飛英鳳鳴金闕簫歌玉亭絕封萬古乃既先生先生浩浩唯神其道泉石

俗情烟霞入抱秘影窮岫孤栖幽草心圖上玄志逈大造曰齊雲閣在西白山

曰嘯猿亭曰踞山軒在東白山俱伯玉建僧仲皎詩山雲吹斷路頭開此處疑穿月脇來惟底行人看碧落咲談容易作風雷又嘯猿亭詩放意在雲表飄然更自由挂烟群木冷啼月一山秋裊裊清風裏凄凄碧澗頭三聲融妙聽行客君爲愁又詩啼切孤猿曉更哀柴門半掩白雲來山童問我歸何晚昨夜梅花一半開又詩竹外泉聲急松心月色寒人間推嚬絕只自倚闌干

曰一禪師道場二禪師道場在西白山僧仲皎詩勝境東西自高僧一二禪只知行道處不記在山年澗月平分照林花各自妍披雲尋舊趾猶在絳峯邊

曰麗句亭秦系避地剡中作居曰秦君

系辭鄭守薛僕射詩由來那敢議輕肥散髮行
里歌自采薇迹寄未能忘野典辟書翻遣脫荷衣
家中匹婦空相笑池上群鷗盡欲飛更乞大賢容
小隱益看愚谷有光輝又山中寄張正字詩終
年常避喧師事五千言流水閑過院春風與閉門
山客邀上客桂實落華軒莫強教余起微官不足
論○戴叔倫酬秦徵君春日見寄終日愧無政與
君聊散襟城根山半腹亭影水中心朗詠竹窗靜
夜晴竹徑深那能有
餘興不作剡溪尋

曰**王翁信舊居** 皇甫冉送還舊居詩海岸
耕殘雪溪沙釣夕陽家

及**王公別業** 有皇甫冉詩見形勢考下
中何所有春草漸看長

曰**袁稠家林** 李端寄稠詩花洞滿沉沉仙檀隔杳
林漱泉春谷吟搗藥夜窗深石上開
仙酌松間對玉琴戴家
溪北住雪後夫相尋

曰**吳處士溪墺** 賈島憶吳處士詩半
夜長安雨燈花越客吟孤舟行一月萬水與千岑
島嶼夏雲起汀洲芳草深何當折松葉拂石剡溪

院曰獨孤處士山居栖白寄獨孤處士詩林下期多年相逢事渺然扁舟浙水上轄策剡山前[illegible]吟杉月眠雲憶鳥仙[illegible]白伴我雪中禪曰李紳書堂在龍藏寺側紳少時肄業於此曰玉峰堂曰秀堂曰藏書寮曰雪館俱鄭人高文虎建在明心寺東麓曰求移忠讀書所在中白山飛鶴峰前曰淵源堂在東蟻門內邑民周瑜建製先聖十哲像畫七十二子闕富學輝聲集彥擢秀懷義五齋有細論堂蘊秀軒同襟館蘭香館時永嘉王十朋居師席台温秀士多在館塾王十朋記孟子曰君子深造之以道欲其自得之也說者因孟

子之言論淵源之學本乎自得非傳授所能嗚呼是究孟子之所言不究孟子之所不必言也夫欲造道於未得之前不資諸師友可乎未有舍師友而自能深造者此孟子所不必言者也孟子知性本善知道莫大乎仁義爲七篇書其自得有如此者世之學者多矣自得者鮮父兄之教子弟固非無師友也命之之意鮮有及乎道學之淵源者望其深造自得可乎周君手誡子孫曰親師友之淵源噫君之家訓過人一等矣慮子若孫懈而弗遵爲名其堂且記其事云

曰 天香亭

周汝能建宋龍圖閣學士温州王十朋記剡中往得爽塏於剡山之陽挾雙溪之勝而家其上廣廈耽耽在剡爲甲有巖桂數百根皆古木也蒼然成林森然而陰洞然而深闢徑通幽而亭乎其中主人日與客游焉如入宜人之林而夏不知暑如登飛來之峯而香飄自天如騎蟾蜍游兎宫而下視人間世真剡中之絕景也予丙子冬過剡把酒是

亭時尭夫將戰藝南宫于因目之曰天香明年春果擢嵬第與予爲同年友尭夫命予記之而未暇逮今七載每移書必及之乃爲之言曰學者方未第志在乎得耳得則喜失則悲故以登科爲化龍爲折桂春風得意看花走馬晝錦還鄉世俗相歆豔曰仙子天上歸也是特布衣之士詫一第以爲天香耳若夫學士大夫所謂香者則不然以不負居職以不欺事君以清白正直立身姓名不汙于進之書足跡不至權貴之門進退以道窮達知命節貫歲寒而流芳後世斯可謂之香矣昔宋璟以芬香勉張說漢李固以糞土視胡廣趙戒名乎名乎科第爵祿云乎哉尭夫筮仕有能聲且挺挺好議論時事遠大未易量予方以名節相期必不負所以名亭者矣尭夫又能樂教難弟諸子皆力學行見棣蕚聯芳芝蘭並秀濟濟詵詵天香滿門不止燕山之竇而已然科第之香孰如名節之香尭夫又當躬行以率之

曰菊趣軒　張思齊建

寧海方孝孺記

人之嗜乎物者必有

樂乎物樂焉而弗厭非深有得乎物之趣者不能也好權者之於位慕利者之於財竭思慮殫歲年孜孜求之而不止彼其爲趣亦有所樂矣而曠達之士以爲非孟嘉之於酒阮孚之於屐支遁之於馬舉世之所尚者不足以易其好其所得之趣亦可謂深矣而高潔之士未免以其所樂者爲累蓋人之心不可繫於一物苟有所係而不能釋雖逸少之於書元凱之於左傳李賀賈島之於詩豈其趣之自得以爲雖萬物莫能易及其流於玩物而喪其天趣則與好世俗之微物者無以異惟君子之知道者則不然在我之天趣可以會乎物之趣已有以自樂而不資物以爲樂召公之卷阿曾點之舞雩是曷嘗有聲色臭味之可以適乎情而快乎體哉縱目之頃悠然有會乎心忘已以觀物忘物以觀道凡有形乎兩間者皆吾樂也皆有趣也而吾心未嘗留滯于一物也夫是之謂得乎天趣後之士知聖賢君子之樂者蓋有矣吾嘗於陶淵明有取焉淵明好琴而琴無絃曰但得琴中趣雖

無音可也嗟乎琴之樂於衆人者以其音耳淵明并其絃而忘之此豈玩於物而待於外者哉蓋必如是而後可以爲善用物會稽張公思恭氣清而志美好學有長才少喜淵明之爲人嘗剏業于距芝之山中種菊釀秫名其居爲菊趣軒及遇聖天子擢爲陝西布政司左參政去林壑而處公署之崇嚴覩園林之靚麗無復隱居之適矣猶揭菊趣之名不變或者疑之予以爲琴而無絃猶不害淵明琴中之趣公苟得菊之趣豈問身之隱顯與菊之有無哉菊之爲物揚英發秀於風霜凄凜之際有類乎盛德之士不爲時俗所變服之可以引年於渾物濟世之功又有類焉公之趣誠有得乎此處富貴而能盤錯事變而不懾御繁劇而不亂推其所得者予政使數千里之民樂生循禮躋乎仁壽之域則公之樂果有出於菊之外者矣夫樂止夫物之內者其樂淺樂超乎物之表者其樂深淵明之屬意於菊其意不在菊也寓菊以舒其情耳樂乎物而不玩物故其樂全得乎物之趣而不損巳

之天趣故其用周嘗試登公之軒誦淵明之遺言而縱談古人之所樂則夫淵明之趣果屬之公乎屬之我乎尚幸有以語我哉

曰宜內齋 張遜建方孝孺記

曰許汝霖山居 宋濂送還山序

婺與越為隣壤越屬縣曰嵊有許氏居之以詩禮相傳為名門而時用則又其最秀者也濂家婺之金華距嵊為不遠在弱齡時即與時用相聞方以文墨自漸磨無風雨無晝夜危坐一室不暇見既同試藝浙闈旅進旅退於千百人中無有為之先容者又不能見自時厥後時用以禮經擢上第為諸暨州判官金華抵諸暨比嵊尤為邇將騎驢走鈴下而謁焉時用又入行臺御史為掾史御史治百司其地清嚴雖時用亦不宜與人相接又不敢見曾未幾何金華陷於兵士大夫螻蟻走惟流子里為樂土亟挈妻奴避焉流子里隷諸暨地在嵊之西北近數舍即至濂苦心多畏而土著民往往凌虐流寓者自日未盡墜輙翳行林坳鈔其橐槖物甚者或至殺人又不可見及至兵戈稍息予還金華

用采藥以自娛間念及時用即欲約二三子往候之以鮮夙昔之思去年冬聞時用有弓旌之招使者促迫上道急於星火又不及見濂竊自念時用英俊士此行何所不至鸞臺鳳閣將以次而升何日能賦歸縱時用欲歸上之人亦未必聽也濂雖少時用一歲則已頹然成翁度何由至南京既不能至又安得與時用一抵掌咲談耶茫然遐思久之會朝廷纂修元史宰臣奏　特旨起濂爲總裁官使者亦見迫如前逮濂將戒行李時用至武林始旬日耳濂自念史氏事甚重當有鴻博之士任其責者濂敢以聞藉是以往或得一見時用亦非至幸歟濂至南京時寓於護龍江上方求時用舍館之所忽有偉丈夫來見者問其姓名則曰我許時用也予豈非宋景濂乎濂驚喜不及答亟延入座備陳五欲見而弗能之故時用知濂向往之切亦相與傾下風晨月夕無不相往來一旦忽凄然曰予先朝進士也春秋又高矣不足以辱明時使者不我知強委幣而迫之來我不敢違今已陳情

於丞相府矣丞相倘言之上得遂賦歸田焉不趣
足矣他日又來言曰　聖天子寬仁今用丞相言
如所請矣已具舟大江之濵吾子遇我厚幸一言
以爲別嗚呼嵊與越其壤相接爾其相見甚易也
乃積四十年而莫之遂厥後始見千里之外既見
矣遠或四三春秋近或及朞相與論學以盡夫情
可也未及兩月而即去既去矣或買小艇相隨五
六百里開採江花之幽靚殷勤道別亦云可也修
史事殷足不敢踰都門愴然而別既別矣一二年
間或得聚首如今焉猶可也然向者已如此自今
而後其可以必期而必信之耶人事之參差不齊
何可復道尚奚言爲時用之別耶雖然時用之歸
也其有係於名節甚大時用採蕺山之薇飲鑑湖
之水日與學子談經以爲樂者果誰之賜歟誠由
遭逢有道之朝故得以上霑滂沛之恩而適夫出
處之宜也夫道宜上德以布昭於四方者史臣之
事也因不辭以爲之序區區聚散之
故一已之私爾則又嘗在所不計也

樓在東湖山諸暨楊惟禎詩戴顒溪上藏吾舟三十六曲歸鳴球濯足太白雙龍湫名山更須瞻沃洲沃洲之陽溪上浮着此一所張家樓捲簾爽氣天姥眺倚欄秀色蓮花秋張家之樓無百尺夜夜虹光射東壁中藏異書三十乘太史東來殊未識城中瓊樓高五城吳歈楚舞填崚嶒一錢不直兎園冊一丁不識黃金贏樓中主人討誠在遺安遺危各在我帚門奕葉有光價鄗塢何人徒貫禍樓頭校書腹便便眼中松楸手遺編前年燎黃光九原書中始識兒孫賢却問瓊樓金玉貯還有美人化黃土君不見魏家高樓何足數誰復西陵護歌舞〇金華黃縉詩木杪出飛樓仙山在上頭可能無客至少爲借書留芸草春仍在虹光夜不收如何試乘興一棹剡中舟曰

放生池二一在通越門外里許一在普惠寺東建不知

名遺蹟爲器物者曰會稽徵命鐘晉時邑人於井

中得之長七寸二分口徑四寸五分上有古文奇字十八字云會稽嶽命鍾餘字時人莫識郭璞傳曰元帝瑯琊王使璞筮遇豫之睽璞曰會稽當出鍾以告成功上上有勒銘應在人家井泥中得之繇辭所謂先王以作樂崇德殷薦之帝者也及帝即位大興初會稽剡縣人果於井中得一鍾璞曰蓋王者之作必有靈符塞天人之心與神物合契然後可言受命矣觀五鐸啓號於晉陵棧鍾告成於會稽瑞不失類此皆以方豈不偉哉

曰許承瓢上虞吳曇得許承一瓢遺褚伯玉伯玉留付弟子朱僧標歷代寶之可受一斛唐先天二年勑女真道士王妙行詣金庭觀投龍因持以進見真誥

曰戴安道琴比常製長一尺

曰顧歡素琴璧尾曰玉硯開元鄉民斸土值研剡録
云色下巖也渾璞瘦蝕受墨處獨砥中隮顙窪處唐以前物銘玉在深山有道則見山耶石
耶陵谷幾變嗚呼此玉不晦不炫不以知貴不以棄賤曰八角石硯剡丁發
硯於破塚外背羲畫內鑿禹海入土老石性巳空
赴手輕爽銘二火一刀研與人俱高甲乙丙丁研與數不逃石之饕志之勞文之騷人之
豪曰端硯元大德中靈慶寺僧於頹墻底得之製
與時異下方濶凡五寸上三角有金紅點如星底
有十八圓點具五色直透上面墨磨之流動至元
庚辰爲廉訪司賓宗茂所得銘字古莫識曰秦系

硯系注老子穴山石爲研系山居詩洗研魚仍戲移樽鳥不驚曰二大洗宋嘉定間吴莊漁人得之歸章氏章氏遺高似孫銘金兮精火兮明土兮英水兮清器兮貞人兮聲曰三足洗周樞得之清化銘尚古維人模範首智伊公谷可陵厥用罔暨曰翠壺宋嘉定甲戌冬剡丁發諸荒墟壺範簡古蘚花黛綠銅性空入手輕甚銘黛澤含靈苔花含蹟金性積蝕土膏齧蝕已上硯銘等疑皆高似孫所著

周汝登曰褚伯玉之居以深僻而愈顯戴安道之琴以不鼓而有聲破塚之硯荒墟之壺以沉埋而益重物有晦極而彌光者在質有其內耳語有之

避名名歸逃名名隨詎不信哉

物產

物之產宜先九穀故志自九穀始以及其餘穀有稻麥豆稷粟麻稻有秔稻會稽志四十種而嵊差少其早熟曰早白一名六十日夏末乃刈次早青等凡六種秋初刈又次泰州紅等凡六種八月刈俗並謂之早稻又下露青等十餘種俗謂晚稻早稻晚稻均秔宜飯黏而宜酒者爲穤稻凡三十餘種麥有大麥小麥種異者蕎麥荳有烏豆白豆青豆褐豆赤豆菉豆茶綠豆赤小豆白小豆羊角

豆白藊豆紫眼豆蚕豆江豆刀鞘豆稷與粟高原間有之麻有芝麻可績者爲苧麻蔬有芥菜白菜油菜苦蕒蘆菔即蘿蔔萵苣茼蒿波稜石耳木耳莧茄甜菜薑芋葱韭薤蒜笋蕨芰瓠瓜篺粉芹茭笋溪笋茶生處不一多在邑之西近稱仙家岡茶而高似孫茶品不録彼時豈未著耶其茶品以瀑布嶺爲最次五龍茶真如茶紫巖茶焙坑茶大崑茶小崑茶鹿苑茶細坑茶焦坑茶高似孫云會稽茶以日鑄名天下余行日鑄嶺入日鑄寺綆日鑄泉瀹日鑄茶與水味深入理窟茶生蒼石之陽碧澗穿注茲乃水石之

寶豈茶哉山中僧言吾左右巖嶋能幾何茶入京
師奉臺府供好事者何可給蓋取諸近峰剡居半
焉則世之烹日鑄者多剡茶也日鑄以水勝耳建
溪顧渚溪以茶名者水也剡清流碧湍與山脈絡
茶胡不奇余留剡幾年山中巨井清芬深潔宜茶
方外交以茶至者皆精絕第中小龍公鳳至猶不
擊唐僧清晝詩越人遺我剡溪茗採得金芽爨金
剡剡茶聲唐巳著李勢剡山詩雲巖移佳茗風潭
選古松栽種也越時務擷茗餘方工搗楮采擷也
剡嶀山頭氣茶靄竹外煙烹試也仲殷贈剡僧秀
蘊點茶成撫法詩未嘗三日雪都郵一枝春昔賦
流人也作茶品又云陸羽水品二十劉伯芻水品
七品藻天下名泉也余嘗振剡中潭谷水入茶三
嘆茶非水不可水得茶方神耳盧天驥王虹亭試
茶詩纔見飛泉眼即明王虹垂地半天聲何時蕭
散無公事洗鉢重來汲淺清又航湖未遂鴟夷子
得水今同桑苧翁試遣茶甌作花乳從茲兩腋起
清風斯人殊有風度竹泉品葛仙翁井泉水瀑布泉　俞子信

五龍潭章山三潭石門潭猢背岩潭動石潭三懸潭

紫岩潭棠潭亞父潭雪潭泉偃公泉龍藏大井明

覺大井竹山大井謝

岩潭獅子岩大井果有梅而梅有紅梅千葉紅

梅蠟梅郡志云剡中爲多王十朋剡錦蠟梅詩非蠟復非梅誰將蠟染肥遊蜂見還訝疑是蜜中來王銍仲皎有梅花賦有櫻桃桃杏李郡志云李剡溪者見稱柿柰

棗橘梨栗陶隱君云剡栗皮薄而甜橙榛榧石榴銀杏林檎枇

杷花紅胡桃甘蔗藕華有牡丹芍藥海棠芙蓉桂

草木記以剡中丹桂爲奇宋高文虎入剡桂花詩

溶溶漠漠秋光淡耿耿寥寥夜色清不是靈根涵

爽氣如何嗢得此香成玉兎搗霜千萬粒淒風析

作四花疑廣寒慣識朝眞趣一笑秋空意欲凌

薝蔔水仙丁香山茶菊可用染紅者曰紅花紡之

作布或以爲絮者曰木綿花草有芝蘭長生草
懸墻間久之枯得水復榮恒春草一名千年潤
土梁鍾許東吳有靈草生彼剡溪傍既亂莖苔色仍連蔓蔓香金膏徒勞壽石髓莫矜良倘使露消滴還遊不死方鬱金香草藥有香附麝香茯苓禹餘糧鼠粘子天南星白木半夏桔梗茱萸黄精天門冬麥門冬草烏石菖蒲百合蒼耳細辛牛膝栝蔞枳實鹿茸五加皮薄荷何首烏五倍子南五味牽牛子
藥厚朴穿山甲竹有龍鬚竹鳳尾竹筆竹斑竹紫竹苦竹悶竹蘆栖竹石竹淡竹桃枝竹毛竹貓竹

雷竹方竹夏雨滴汁下地而生者爲慈竹一名孝子竹笋不可食四季生笋者曰水竹燕來時作筍者曰燕竹如魚鱗而凸頗類人面者曰人面竹最堅利者曰箭竹可爲矢笋未竹時爲弩弦箭竹有一節三尺者五龍山有木有松戴逵松竹贊猗與松竹獨蔚山阜肅肅修竿森森長修栢柰柘楡栁楓檉一名河栁檜栢葉松身又有斲孫檜杉有刺杉溫杉檀可爲車軸黄楊槐花可染黄柞漢五柞宮即此木桐子可作油桂漆汁可飾器榖一名楮皮可爲紙草木疏曰江南以楮搗紙剡溪作水紙亦取此樟一名豫章即梓也椶櫚皂莢欅一名橡其子爲粉櫟杜草木記曰厚朴得之

剡溪皮雖香不若南藩棟柏其子爲油作燭石楠魏王花木志曰石楠野生二月花開剡山谷多此冬葉尤可愛檫冬々青白楊相思木平泉草木記曰相思木得之剡溪

禽有鷄鵝鴨燕鳩雉烏鵲鷗鷺鴈鳧鷹[illegible]鶺雀

鴿鶉鳶布穀戴勝鷓鴣紫背姑惡鵜鶘鸕鷀百舌

畫眉鴝鵒竹鷄充貢白鷴告天啄木伯勞鸂鶒魚鷹

鶺鴒鶯山鵲鸛脊令翡翠黃雀吐綬鷄鷄口吐五色綠綬太、

杜鵑白山有之一名子規一名謝豹

獸有牛羊犬豕馬驢騾虎

豹兎狐貉猫野猪麂鹿獺[illegible]狸有九節狸五段狸王面狸供歲貢

白猿赤玃西白山越廣信登仙處有之呂氏春秋曰猿五百歲化爲玃

鱗介之

屬有鯉鱨白鰷石斑吹沙鯽鱓間有鱸有鯔味隹初秋逆江上九月去有蟹及龜鱉螺螄蚌嶀浦黿有大方丈許者時出暴沙間要之屬有蚕蜂促織蜥蜴寅蛉蝸牛雜物乃有綿布苧布其綾絹紬間成之有土窯瓦甕泥缸有靛青古有剡藤紙名擅天下式凡五藤用木椎椎治堅滑光白者曰硾牋瑩潤如玉者曰玉版牋用南唐澄心紙樣者曰澄心堂牋用蜀人魚子牋法曰粉雲羅牋造用冬水佳敲冰爲之曰敲冰紙唐舒元輿悲剡藤文云剡溪上綿四五百里多古藤

林枋逼土雖春入土味他植發活獨古藤氣候不覺絕盡生意余以爲本乎地者春到必動此藤亦本於地方春且死色遂問溪上人有道者云溪中多紙工萬斧斬伐無時擘剥皮肌以給其業噫藤雖植物者温而榮寒而枯養而生殘而死亦將似有命於天地間今爲紙工斬伐不得發生是天地氣力爲人中傷致一物之疾癘若此異日過數十百郡洎東雒西雍歷見書文者皆以剡紙相誇乎竊哀見剡藤之死職止由此此過固不在紙工且今九牧士人自專言能見文章戶牖者其數與麻竹相多聽其語其自安重皆不啻握驪龍珠雖苟有曉寤者其倫甚寡不勝衆者皆歛手無語勝衆者果自謂天之文章歸我遂輕傲聖人道使周南召南風骨入於折楊皇華中言偃卜子夏文學陷入於淫靡放蕩中比肩握管動盈數千百人筆下動數千萬言不知其爲謬誤日月以縱自然殘藤命易甚柯葉波波頹踏未見止息如此則綺文妄言輩誰非書剡紙者耶工嗜利曉夜斬藤以鬻之

雖舉天下爲剡溪猶不足以給況一剡溪者耶以此恐後之日不復有藤生於剡矣大抵人間費用苟得着其理則不枉之道在則暴耗之過莫由横及於物物之資人亦有其時時其斬伐不爲天閼予謂今之錯爲文者皆天閼剡溪藤之流也藤生有涯而錯爲文者無涯無涯之損物不直於剡藤而已余所以取剡藤以寄其悲○陳端以剡牋寄贈陳待詔詩云毋光籠玉楮温得來元自剡溪濱清涵天姥雲頭雪潤帶金庭谷口雲九萬未充王内史百番聊贈杜參軍從知醉裏縱横墨不到羊欣白練裙 今莫有傳其術者近所著紙麤惡不足次於

穀青

周汝登曰邑所産自足于用者秔耳然必歲乃然秔而外雞豚耳餘皆待賈而足夫邑蠶桑寡藥不

延所所種種本無者待買無論已若木綿稉稻竹
木等邑故不乏而猶無以自給乃強半衣松蕪之
布飲郡城酒求新昌溫歙之木以為宮室此豈民
惰或智計鮮不務盡地力而失覩時變乃補捄其
所有者本不堪為用耶夫地不四通產不瑰異而
人不計然民之日就貧窘也亦宜故為嵊民者無
如折節為儉乃足自存逐時好為侈靡是自殘矣
若夫樽節愛養之尤宜在上治之聽為曰節愛節
愛於貧瘠之民更急焉固有深思哉

[illegible]記　[illegible]　二十三　一百七十五

嵊縣誌卷之五

版籍考

户口　田土　則例　賦

户口　宋大中祥符四年户叁萬貳千伍百[illegible]拾捌口伍萬伍千陸百嘉泰元年户叁萬玖千柒百玖拾貳口柒萬壹千伍拾伍嘉定七年户叁萬叁千壹百玖拾肆口伍萬捌千柒百壹拾叁　元　至元二十七年户肆萬陸千貳百捌拾貳口柒萬肆千伍百叁拾捌大德十一年户叁萬捌千貳百口肆萬柒

王以道刊

千叁百柒拾陸　本朝　洪武二十四年戶貳萬捌
千柒百陸拾伍口玖萬叁千陸百柒拾貳永樂十
年戶貳萬貳千叁百捌拾伍口柒萬柒千成化八
年戶壹萬陸百叁拾壹口伍萬貳千肆百叁拾捌
弘治五年戶壹萬肆百叁拾叁口肆萬貳百壹拾
壹十三年增戶壹百陸拾伍增口叁千捌百叁拾
肆知縣徐熥增嘉靖二十年戶壹萬壹千叁百口貳萬
壹　陸百壹拾捌萬曆十年戶壹萬壹千陸百有
伍口伍萬捌千柒百壹拾柒其爲丁男者四萬

千貳百有叁爲女婦者萬柒千伍百壹拾肆析之
民之戶玖千玖百捌拾伍口伍萬貳百玖拾壹軍
之戶千貳百柒拾有壹口陸千柒百貳拾有壹匠
之戶貳百貳拾有玖口千貳百肆拾官之戶壹拾
有貳口捌拾捌生員之戶貳拾有玖口壹百叁拾
陰陽醫之戶叁口壹拾有叁弓兵皂隸等戶叁拾有
叁口玖拾有陸水馬等戶叁拾有陸口壹百有壹
竈冶戶叁口壹拾捕之戶肆口壹拾有玖近所應
差丁數爲鄉民者成丁壹萬貳千陸百陸拾壹不

成丁叁千捌百肆拾伍爲市民者成丁壹千叁百
有柒不成丁壹百玖拾壹總之壹萬捌千有肆與
前户口數異

田土

宋嘉定七年田叁拾陸萬柒千叁百壹拾貳畝
元至元間田叁拾捌萬貳千肆百陸拾捌畝叁角
叁步　國朝洪武三十四年田土陸千陸百捌拾
捌頃伍拾陸畝伍分貳毫析之田肆千壹百壹拾
陸頃玖拾貳畝陸分有奇地壹千伍百伍拾叁頃
玖拾叁畝有奇山玖百陸拾壹頃柒拾叁畝有奇

塘伍拾伍頃玖拾陸畝有奇外官房壹千叁百伍拾捌間壹百貳拾披玖帶永樂十年田土陸千肆百捌拾玖頃貳拾伍畝有奇析之田肆千壹百壹拾陸頃伍拾畝有奇地壹千叁百伍拾肆頃玖拾貳畝有奇山玖百陸拾壹頃柒拾柒畝有奇塘伍拾陸頃肆畝有奇外官房壹千肆百叁拾叁間陸拾玖披伍拾伍帶成化八年田土陸千肆百玖拾玖頃壹拾柒畝柒分有奇析之田伍千玖百壹拾陸頃伍拾玖畝柒分有奇地壹千叁百陸拾肆頃

柒拾肆畝肆分有奇山玖百柒拾壹頃柒拾柒畝
有奇塘伍拾陸頃伍畝伍分有奇外官房壹千伍
百叁拾柒間柒拾壹披新撥入會稽縣二十五
六都田凡貳萬捌千肆百壹畝地陸千陸百陸
拾肆畝柒分叁厘伍毫山貳萬貳百叁拾叁畝柒
分柒厘塘壹百叁拾貳畝柒分伍厘成化十年知
縣許岳英度〔田〕肆拾叁萬柒千壹百伍拾肆畝壹
分伍毫析之官田貳萬陸千柒百伍拾叁畝貳分
陸釐貳毫民田肆拾叁萬肆百畝捌分肆厘叁毫

內有寺站續田等不一地壹拾肆萬叁千貳百伍拾畝伍分

肆厘肆毫析之官地柒千玖百貳拾肆畝伍分柒

厘伍毫民地壹拾叁萬伍千叁百貳拾伍畝玖分

陸厘玖毫山壹拾貳萬捌千壹百貳拾柒畝貳分

伍厘貳毫析之官山叁千伍百叁拾貳畝壹分肆

厘柒毫民山壹拾貳萬肆千伍百玖拾伍畝壹分

伍毫塘伍千柒百柒拾肆畝壹分貳厘叁毫析之

官塘伍百陸拾肆畝叁分叁厘民塘伍千貳百玖

畝柒分玖厘叁毫會稽所撥五十五六都俱在內舊志所載與冊數小異今以冊

為準後歲久豪猾欺隱水患坍塌以致缺田貳萬浮
糧千石隆慶四年知縣薛周覆度田土除坍塌升
新墾以足成化十年之額其所度盈田貳萬伍拾
柒畝玖分釐在四則田內以補其數詳見則例下間釐
減未盡及盈[illegible]塘等入儒學濟貧數具學田內田土
額如故嵊會田界原係不明始盡明之詳具會稽歸田考均田錄云嘉靖二十六年會稽張知
縣分量會嵊兩縣境界除原所撥嵊田數外嵊民
原買會稽十二等都田伍千畝并盈出田柒百壹
拾壹畝玖分肆厘盡數復入會稽嵊縣黃冊內少
除田壹百伍畝以致田歸會稽糧遺嵊縣後具告
開除兩都尚有原撥坐都田貳萬叁千肆百壹畝
伍分玖厘貳毫并會民原買嵊縣兩都界內田玖

畝玖拾貳畝陸分捌厘肆毫俱入嵊縣比時又量出盈田柒千捌百壹畝壹分肆厘肆毫布政司議將盈田每畝科米貳升捌合准作嵊縣派剩存留之數至今貳拾餘年尚未入冊派徵今據見在丈量兩都田叁萬陸百玖拾畝陸分柒厘內盈出田陸千壹拾肆畝叁分均照嵊縣天田每畝𣝔減其減爭新田準嵊四田萬曆九年知縣姜克昌復攤度盈出田壹千壹百捌拾叁畝貳分陸厘聞之父老云此田盈者非真盈也步弓不一算法互異故耳惟許侯所度爲當實田肆拾叁萬捌千叁百叁拾柒畝叁分陸厘伍毫田盈而粮稅差徭均攤縣縣量減於原額不增亦詳見則例地盈肆百陸拾伍畝實壹拾肆萬叁千柒百壹拾伍畝伍分肆厘陸毫

城內西隅地丈入五十四都東隅地丈入二都山如故額塘盈玖拾貳畝貳分貳厘伍毫實伍千捌百陸拾陸畝叁分捌厘叁毫賦役攤減額不增凡量田二尺五寸謂之步廣一步長二百四十丈謂之畝司馬法曰六尺爲步百步爲畝總計一畝六十丈今亦六十丈法不同其實一也百畝爲一頃

則例曰田曰地曰山曰塘曰丁各有等則其爲田地山塘之等則者舊甚夥矣田有官田每畝職田米叁斗才賦田貳斗平糶田貳斗陸升伍合廣利田貳斗肆升貳合伍勺沒官田伍斗斷沒官田叁斗已上俱無差寺田每畝米壹斗麥貳升覲田壹斗續田伍升站田每畝米壹斗抄沒站田叁斗餘田義沒庄田米貳斗學院田叁斗民田而民田凡四等一砂田二塘田三抗

田四天田天田者無四等又等等不齊而米多
所恃而聽之天者也
寡各視其鄉每畝之數（方山鄉）一等米叁升肆合壹勺肆抄二等米貳升柒合叁勺叁抄三等米貳升肆勺玖抄四等米壹升柒合柒抄（仁德鄉）一等米肆升貳合玖勺貳抄二等米叁升肆合叁勺叁抄四等米貳升壹合肆勺捌抄（康樂鄉）一等米貳升叁合壹勺壹抄二等米壹升捌合伍勺三等米壹升叁合玖勺四等米壹升壹合伍勺陸抄（崇信鄉）壹等米叁升叁合伍勺柒抄二等米貳升陸合捌勺伍抄三等米貳升壹勺柒抄四等米壹升陸合柒勺捌抄（笠節鄉）一等米叁升陸合貳勺伍抄二等米貳升玖合陸抄四等米壹升捌合壹勺叁抄（靈山鄉）一等米叁升伍合貳勺玖抄二等米貳升捌合貳勺肆抄三等米貳升壹合貳勺四等米壹升柒合陸勺伍抄（金庭鄉）一等米叁升伍合叁勺肆抄二等米貳升捌合貳勺玖抄三等米貳升壹合貳勺肆抄四等米壹升柒合陸勺玖抄

〔孝嘉鄉〕一等米肆升貳合玖勺壹抄二等米叁升肆合叁勺叁抄三等米貳升伍合柒勺伍抄四等米貳升壹合肆勺捌抄〔忠節鄉〕一等米肆升玖抄二等米叁升貳合柒抄三等米貳升四合柒抄四等米貳升肆抄〔遊謝鄉〕一等米壹升陸合伍勺玖抄二等米壹升叁合貳勺捌抄三等米玖合玖勺肆抄四等米捌合叁勺〔靈芝鄉〕一等米肆升伍合玖勺肆抄二等米叁升陸合柒勺伍抄三等米貳升柒合伍勺柒抄四等米貳升貳合玖勺柒抄〔崇仁鄉〕一等米叁升叁合叁勺柒抄二等米貳升陸合柒勺壹抄三等米貳升肆抄四等米壹升陸合陸勺玖抄〔孝節鄉〕一等米叁升柒合叁勺壹抄二等米貳升玖合捌勺柒抄三等米貳升貳合叁勺玖抄四等米壹升捌合陸勺伍抄〔永富鄉〕一等米伍升貳合伍勺伍抄二等米肆升貳合伍抄三等米叁升壹合伍勺伍抄四等米貳升陸合貳勺捌抄〔富順鄉〕田一等米肆升叁合伍勺二等米叁升肆合柒勺玖抄三等米貳升陸合壹勺四等米貳

升壹合柒勺柒抄（崇安鄉）一等米叁升玖合肆勺貳抄二等米叁升壹合伍勺叁抄三等米貳升叁合陸勺伍抄四等米壹升玖合柒勺壹抄（羅松鄉）一等米肆升叁合肆勺二等米叁升肆合柒勺貳抄三等米貳升陸合肆抄四等米貳升壹合柒勺貳抄（剡源鄉）一等米貳升陸合叁勺柒抄二等米貳升壹合壹勺三等米壹升伍合捌勺貳抄四等米壹升叁合壹勺玖抄（太平鄉）一等米叁升貳合壹勺捌抄二等米貳升伍合柒勺伍抄三等米壹升玖合叁勺貳抄四等米壹升陸合壹勺壹抄（長樂鄉）一等米叁升玖勺捌抄二等米貳升肆合柒勺玖抄三等壹升捌合陸勺四等米壹升伍合肆勺玖抄（開元鄉）一等米叁升陸合伍勺肆抄二等米貳升玖合貳勺伍抄三等米貳升壹合玖勺叁抄四等米壹升玖合貳勺柒抄（繼錦鄉）一等米叁升玖合陸勺陸抄二等米叁升壹合柒勺叁抄三等米貳升叁合捌勺四等米壹升玖合捌勺伍抄（積善鄉）一等米貳升捌合貳勺玖抄二等米貳升

貳合陸勺叁抄三等米壹升陸合玖勺柒抄四等
米壹升肆合壹勺伍抄(桃源鄉)一等米叁升柒合
陸勺肆抄二等米叁升壹合貳抄三等米貳升貳
合伍勺玖抄四等米壹升捌合捌勺伍抄(清化鄉)
一等米肆升貳合叁抄二等米叁升貳合貳勺貳
抄三等米貳升肆合壹勺陸抄四等米貳升壹勺
肆抄(禮義鄉)一等米叁升伍勺二等米貳升肆合
叁勺貳抄三等米壹升捌合叁勺貳抄四等米壹
升伍合貳勺伍抄(昇平鄉)一等米叁升伍勺伍抄
二等米貳升肆合肆勺肆抄三等米壹升捌合叁
勺叁抄四等米壹升伍合叁勺(東土鄉)官充下田
每畝科糧自捌斗陸斗至伍斗貳斗及至叁升者
共計壹百三十餘則地有官地每畝米壹斗或鈔壹百文寺地每畝麥貳升續地同
天漲地每畝米伍升學院地每畝米貳升肆合或壹斗陸升伍合麥貳升民
地而民地凡二等一地每畝苗貳合伍抄柒撮捌圭租錢肆拾文二地麥同租錢

貳拾文山有官山每畝錢伍拾文民山每畝錢貳拾文寺山觀山每鈔一八

山同塘有官塘每畝米貳斗寺塘每畝鈔貳拾文民塘每畝錢貳拾文笲

則數多歲久弊滋以起每遇大造之什胥吏書那移等則貧者賣田圖

價而減則富者買田利輕糧而摘糧或以古作民

遺糧在戶賠納不數人丁逃亡遂爲絕戶名爲無

按田致累里排代納隆慶四年知縣薛周憂之民人間詣史等呈稱

山會等七縣俱各丈量均攤縣亦欲比例扒平

將官民寺站續田均爲一則查得官田糧重民田

糧輕似難盡一然官田糧重而無差民田糧輕而

差重均一則民田雖少加糧而官田亦少加差兩

足相當且官田原係洪武等年抄沒召佃無價故

重其糧稅今展轉已非原主何官非民均平乃爲

一體寺續田縣縣不過萬餘而屬於民家者又過

半矣民田上等三則均一無詞惟是四則天田委屈

係磽确既與上等均覈合以秋糧內額派京庫折銀盡配天田田多折少又以南京存米兼配之則視上等所納輕省矣至於五十五六都田土肥沃其下田即別都之上田也官兒下田與各都上等田全派南糧存米而輕折不與麥爲肥瘠適當其官地派米誠爲太重民地與山所派又偏太輕田既科米更復派麥五勺鈔二十文又何偏重今以官民山地亦均爲一則以官地之米田畝之麥均加於官民之地而田鈔地錢均加於官民之山如此則田派秋糧而麥鈔不干地山米麥而銅錢無及庶輕重適宜而侵利不傾矣不問何田每畝糧米均科而中稍列爲兩等以官寺站及民田之一二三則者爲上等四則田爲下等米無多寡而科有重輕上等田貳拾肆萬伍千叁伯五拾貳畝陸分叁厘捌毫

全科四則田每畝難減玖厘陸毫貳絲捌忽玖微
以輕其賦以盡前盈田之數得田壹拾玖萬壹千
捌百壹畝伍分壹厘貳毫每畝科以折存之輕者
地山塘各均爲一則無二其每年徭役田每拾畝
折作壹丁地每伍拾畝折作壹丁山每壹百畝折
作壹丁塘照舊免役

新昌尚書潘晟均田平賦碑序剡弟子員胡夢龍尹汝陽
持均田平賦碑遠示余併乞一言弁諸首余不文
不敢辭余邑與剡接壤歷睹前令鮮有聞於其官
者壽陽薛侯起家賓興奉　命令茲邑獨能懋明
秉公約已節用凡一切蝨蠹厲民之政悉舉而更
張之殊已凜然易觀聽矣至於田賦堋塌既甚又
多至百有餘則飛詭津百餘年積弊有不可勝言

者侯乃廣集衆議獲請於當塗選取里胥耆民強幹者將原額官民寺觀山田地共柒拾萬畝有奇逐一測量田則以新墾補坍塌之數賦則秪取足原額盡夏平之畧倣神禹則九州之遺意觀侯之覆議可槩見矣然而富室豪橫之徒猶有媒孽其令思以自便其私者使非當路知侯之深任侯之篤其不至於自焚溺者幾希矣古云民可與樂成不可與慮始豈不信哉雖然慮始固難樂成尤爲未易也昔余邑宋侯度田平賦最爲盡善今未三十年而府庫之籍散逸幾半余每請緝續之竟未有能傳其美者徒令人一發慨嘆而已今剡籍已成又以其議鐫諸石矣二生歸其諗于邑之士民自今以後盍相與思侯之苦心共存侯之美政毋徒惡其害已而思去其籍如余邑人之可嘆也如此則侯亦永有辭於剡溪之上矣

後二年獨長樂遊謝二鄉告稱不均而遊謝爲甚乃以遊謝田之上等者準各鄉

之下等者二鄉之下等者視各鄉下等者更輕之於是民無不稱均且便矣遊謝鄉民徐尚能具告以利一鄉上等田共玖千貳百叁拾玖畝叁分下等田壹萬伍千肆百肆畝伍分玖厘其人丁則例舊制市民納鹽鈔鄉民納鹽糧市民所納有常而鄉民鹽粮之納有多寡隆慶四年知縣薛周戛平爲一五十都民呈稱通縣鹽米式每丁肆升伍升陸升獨都每丁玖升叁合隨議得鹽米原係照丁出辦後因都圖消乏人丁逃絕里役歸併鹽米未經除豁致有輕重非特該都爲然而各都亦有不均之嗟均爲赤子均係食鹽相應歸一以垂永久故通計每畝每丁糧差之則其泒在旧土者田科米肆升肆合貳勺伍抄肆

撮玖圭陸粟柒粒叁黍以知縣姜克昌盈田槩攤
每畝止科肆升肆合壹勺叁抄伍撮伍圭陸粟柒
粒貳黍內一田存折依額科派額見下賦役四田坐科
京庫折米貳升貳合陸抄柒撮柒圭捌粟壹粒南
糧存米貳升貳合陸抄柒撮捌粟壹粒遊長鄉四
田盡科京折而南存不與地科米壹合貳勺玖撮
捌圭以本府預備米一項派之麥陸合玖抄貳撮
伍圭山科錢鈔柒拾貳文折銀壹毫肆絲肆忽壇
科錢貳拾文折銀肆絲田兵食銀肆厘玖毫捌絲

陸忽有奇馬價銀壹厘肆絲貳忽伍微微驛傳銀叁厘柒毫壹絲捌忽叁微地兵食銀貳厘玖毫玖絲貳忽有奇山兵食銀壹厘其派在人丁者市民塩鈔銀伍厘壹毫柒忽肆微壹塵貳渺肆埃陸沙鄉民塩糧米伍升陸合捌勺肆抄陸撮壹粟捌粒俱不分派不其合田土折丁與人丁均派者額辦坐辦銀貳分叁厘陸毫雜辦銀肆分叁毫柒絲均徭銀叁分叁厘壹毫民壯銀貳分壹厘叁毫已上惟雜辦均徭民壯三項優免士夫及職役人等不成丁者減成丁之半餘一体徵納而額辦坐辦不成丁者減半餘不免

所開徭役等數或時有
增損大約不甚相遠矣

【賦役】賦役之目凡八曰貢額曰秋糧曰夏税曰鹽糧
鈔曰均平曰均徭曰兵食驛傳曰民壯曰課程而
催辦各項者曰糧里長

【貢額】歲薦芽茶壹拾捌斤舊志八斤以五十五六部加增每歲貼路費銀陸兩派在均徭內附會稽縣解京會稽每歲同月
輸禮房吏一人解京○舊志載共武初年貢額有
活玉面貍三隻活竹雞二隻歲辦有雜色硝熟皮
壹百貳拾伍張桑穰三千二百三十斤弓五百二
十一張箭一千九百二十四枝弦一千五十五條
荒絲三百六十一斤二兩一錢金線二千四十五
共此兩項解本府織染局織造段疋進按已上貢
額歲辦等俱於弘治以來槩從折色在均平二辦

數內

秋粮宋米壹萬九千九百二十七石四斗一合九勺職田米三百三十三石七斗元至元中官民田正米九千二百五十八石二斗四升九合免粮田正米五百三十石七斗六升四合陸勺國朝洪武二十四年米一萬七千七百八十石八升二合租鈔七千四百三十九貫五百一十九文永樂十三年米一萬七千九百八十二石六斗五升二合一勺租鈔七千四百七十三貫三百三文凡鈔十文爲貫

五貫為錠成化八年米一萬七千八百六十五石五斗八合租鈔七千五百三十一貫七百九十文新撥會稽里分增米一千八百六十石九斗三升六合六勺租鈔九百六十九貫四百三十七文弘治五年米一萬九千六百八十六石九斗四升九合三勺租鈔一千七百錠一貫二百七十二文十三年知縣徐恂升米四十八石九斗六升七合九勺隆慶四年米壹萬玖千伍百壹拾玖石伍斗肆升肆合柒勺析之曰起運者三一解京庫北折米肆千

貳百肆拾肆石肆升肆合壹勺每石折銀貳錢伍分解府司轉解案路費每兩貳分伍厘一解南京各衛倉爲南折米叁千叁百石壹斗柒升伍合每石折銀柒錢解府司轉解京每兩路費陸厘爲水兌米貳拾柒石伍斗柒升叁合每石外加耗貳斗伍升共折銀柒錢一派剩爲解太倉米壹百壹石叁斗伍升伍合伍勺壹抄壹撮叁圭每石折銀柒錢爲解光禄米壹百肆拾肆石貳斗伍升肆勺伍抄捌撮柒圭每石折銀陸錢路費每兩俱壹分貳厘

一曰存留者四

一本府充餉預備米壹千柒

百伍拾陸石伍斗伍升陸合壹勺玖抄捌圭每石折銀伍錢

一〔餘姚常豐三倉〕米肆千玖百捌拾叁石捌升貳合貳勺叁抄半本色半折折着每石伍錢伍分內扣解本府貢具銀叁拾壹兩壹錢壹分零

一〔常豐四倉〕米肆千玖百陸拾貳石伍斗捌合壹勺玖撮貳圭半本色半折折着每石伍錢伍分內扣解本府貢具銀叁拾兩玖錢玖分零

一〔本府泰積庫秋租鈔〕壹千陸百玖拾柒錠肆貫玖百伍拾叁文貳分每貫折銀貳厘按此以前歷十四年爲率

其南京等米每歲各項增減不一總于原額不增

惟豐等倉本色米徵解甚累新昌俱折弘治以前

米從舊志俱不的惟以隆慶四年爲準○每一田一畝該銀壹分柒厘陸毫壹絲本色米壹升肆合陸勺門田一畝該銀壹分肆厘柒毫伍絲本色米捌合伍勺伍抄柒撮柒圭遊長鄉門田每畝該銀玖厘壹毫伍絲

夏稅洪武二十四年麥三百九十二石七斗六升九合四勺苗麥四百二十八石六斗二升四合八勺鈔七百玖十一貫一百九十三文永樂十年麥八百二十一石六斗三升二合二勺隆慶四年麥捌百柒拾貳石柒斗肆升肆勺按隆慶四年薛侯丈量米麥俱照古冊原額今舊志載成化八年麥與永樂同加五十五六都麥伍拾叁石玖斗壹升弘治五年麥八百焉云

七十四石二斗九升四合八勺徐侯陞麥玖升柒合捌勺前後數多互異或舊志差悞故不開成化弘治之數而徑以隆慶爲的　折之曰起運京庫麥伍百陸拾肆石陸斗玖升伍合伍勺每石折銀貳錢伍分每兩路費貳分伍釐曰存留一定海縣廣安倉麥貳百伍十捌石肆升肆合捌勺每石折銀伍錢伍分內扣寧波府貢具銀壹兩陸錢壹分壹釐零一本府儒學倉麥伍拾石每石折銀捌錢一本府泰積庫夏稅鈔壹百伍拾捌錠壹貫陸百柒拾伍文玖分每貫折銀貳釐一農桑絹陸疋叄尺貳寸肆分肆釐每疋折銀柒錢

（塩粮鈔）（塩粮米）出在鄉民者凡玖百叁拾貳石貳斗柒升陸合貳勺析之一（預料）米貳百貳拾玖石壹斗柒升每石折銀陸錢輸府司轉輸于京一（本縣儒學倉）米叁百石每石折銀捌錢充師生廩米一（本縣存留倉）米貳百伍拾石內折銀捌拾肆石每石捌錢內派正佐首領官四員俸米萬曆十五年例行天下凡粮米俱每石柒錢本色壹百陸拾陸石充司吏孤老月粮餘姚縣常平三倉米壹百伍拾叁石壹斗陸合貳勺半折銀每石伍錢伍分舊折伍錢半本色閏則增預備米柒拾柒石陸斗玖合柒勺玖抄貳撮（塩鈔銀）出在市民者

凢陸兩玖錢肆分伍釐陸毫柒絲叄忽伍塵捌漠
叄撮京貲在內半輸京庫半輸本府泰積庫閏則筭月
加派　按國初班塩于天下而收其鈔令塩不班而
鈔猶存無論已乃邑有私塩之禁而無商販
之塩是使民終不得食塩也近一二年始有商塩
至一縣其弛私禁而通商塩先陳侯議之矣嘉靖四
十一年知縣陳宗慶在京具揭按院其揭云嵊縣
僻在山谷去海鹹之地遠原額食塩例在寧海縣
鐵場巡檢司南商塩運至本縣東北鄉住賣天台一縣
清溪鎮商塩運至本縣西南鄉住賣見今商塩一
撮不至蓋由相去三百餘里層崖絕磴來往艱難
惟是上虞會稽各等塩場地近價平舟楫可通以
故往往私自販鬻天地便而利大勢所必趨雖日
笞校徒流而求其免於私塩必不可得然此鬻販
之流亦是浮頭單身一有所犯逃去無從拘勾上
司往往提擾且多孤寡貧難或以布易塩或借錢

販賣挑盐之人既走盐斤爲應捕所獲而孤寡亦以顛連此爲細民之累亦甚夫台州盐場原無定額盐課本縣又無分毫盐稅每年獲過私盐多不過壹萬伍陸千斤而已合無除私盐之禁使嵊民得食上虞會稽產盐近奉印發行盐小票每票一張稅銀貳分召民給領賫往曹娥長亭二場照買銀解運司其稅銀却不與商人大票九分一例然給票有限法非大行猶不免於阻抑難行之患今計通縣歲報人戶計口該食盐不下三十餘萬斤若於曹娥等場開禁許商人販至本縣地方令本縣民轉販每一百斤照例納銀貳分官民兩便查照台州府先年食盐亦有重禁該府顧知府申將中津橋地方立爲掣盐所委府佐官一員逐日掣放亦百斤稅貳分有船載者依數納稅台民利之本縣實與台州事体相同但地方大小不同委官臨時斟酌伏乞俯順民情幸甚

均平　均平有額辦坐辦雜辦額坐二辦有定數雜

辦繁而不經三辦皆十年輪轉九年幷力一年而坊都之長當雜辦往往破其家嘉靖四十五年巡按御史龐尚鵬以雜辦酌爲定貲均派闔縣丁田每歲輸銀入官令執事者領銀供辦而坊都之長不與其二辦亦歲歲均輸無幷力之苦謂曰三辦均平事有畫一而民困甦矣

三辦銀共叁千玖百陸拾玖兩捌錢陸分肆厘叁毫柒絲貳忽捌微內加雜辦馬夫閏月銀叁拾伍兩柒錢無閏則減爲

額辦貳百壹拾叁兩貳錢伍分柒厘玖毫有奇析之桐油正壹拾叁兩玖

錢叁分貳厘叁毫墊庫路費叁拾叁兩肆錢叁分
柒厘伍毫狐狸鹿皮貳兩肆錢藥材正壹拾兩壹
錢貳分叁厘柒毫伍絲津貼路費肆兩玖錢柒分
柒厘玖毫有奇弓張壹百肆拾捌兩叁錢捌分陸
厘有奇爲坐辦壹千貳百玖拾貳兩伍錢肆分玖
厘貳毫析之淺舡料貳百玖拾柒兩捌錢叁分貳
厘柒毫漆木叁兩貳錢伍分貳毫荒絲段疋貳百
捌拾叁兩肆錢伍分陸厘陸毫四司工料叁百伍
拾兩年例蠟茶叁拾捌兩叁錢伍分陸厘叁毫加

派蠟茶壹百玖拾肆兩貳錢捌厘貳毫年例菓筍
壹兩陸錢叁分加派菓筍貳兩叁錢陸分捌厘年
例果品壹拾叁兩叁錢年例牲口貳拾捌兩曆日
貳拾玖兩陸錢陸分叁厘貳毫芽茶路費陸兩爲
雜辦貳千肆百玖拾玖兩柒錢伍分柒厘貳毫伍
絲析之省城各上司隨衙家火伍兩貳錢肆分壹
毫分守道柴炭肆兩貳錢又交際貳兩司道書手
工食伍兩肆錢省城募夫工食壹拾伍兩伍錢戳
舡料叁拾玖兩壹錢肆分玖厘壹毫軍器路費肆

兩壹錢柒分伍毫匠役盤費貳兩陸錢貳分捌厘
部運南粮水手壹兩伍錢協濟昌平州肆兩科舉
坊幣等柒拾兩肆錢壹分貳厘捌毫武舉肆錢伍
分本府進表等費貳兩貳錢肆分諭祭陸兩陸錢
陸分陸厘陸毫歲考壹拾兩季考捌兩搭廠肆兩
肆錢起送科舉肆兩肆錢迎新舉人貳兩伍錢起
送會試捌兩叁錢捌分肆厘肆毫賀新進士貳兩
歲貢壹兩伍錢心紅帋劄貳拾兩修理城垣貳拾
壹兩捌錢捌分修理廳廨叁兩伍錢陸分零修理

儒學壹兩壹錢貳分零已上十三項俱本府已下俱本縣本縣拜賀香燭肆錢捌分各祭祀共壹百柒拾兩鄉飲貳拾貳兩并賃用家火迎春肆兩門神等壹兩伍錢歲考貳拾伍兩季考貳拾兩送科舉壹拾貳兩陸錢伍分叁厘叁毫迎新舉人肆兩送會試玖兩叁錢叁分零會試水手叁拾貳兩賀新進士貳兩歲貢路費陸兩孤老柴布貳拾肆兩上司府縣行香伍兩心紅帋劄壹百捌兩查盤官帋劄玖兩又卷箱等肆兩上司經臨帋劄貳拾貳兩上司員役廩給肆

拾伍兩縣送下程燭炭肆拾玖兩肆錢新官祭門
貳兩捌錢伍分上司鋪陳等壹拾玖兩答應上司
皂隸工食一百四十兩馬匹草料并馬夫工食四
百二十八兩四錢雇舡一百二十五兩修理城垣
二十兩修理廳廨二十二兩三錢三分零修理公
所一十五兩修學八兩過應轎傘三兩二錢五分
坐舡水手銀四十八兩預備雜用一百五十兩支
除三十兩預備優免四十兩人夫工食銀五百八
十兩內本府取越望亭夫等工食二十四兩本縣

修塵船銀四十兩實存夫銀五百一十六兩聽從民便八十二里各出家丁一名應役前銀每里扣還六兩一錢九分九厘萬曆十五年司府行文復令徵募知縣萬民紀訊采輿情申請如故申一云本縣南至新昌以達台溫北抵曹埧東關而達吳會東鄰奉化上虞西界諸暨東陽陸路則用夫扛擡水路則用夫牽挽小民多以農種爲業雇募惟艱視之畚縣驛遞相兼有埧岸徒夫幫役者逈不相同若徵銀旋雇誠恐臨期有悞且議百里給銀伍分尤[illegible]苦役人不樂赴兼候迎或至逾日又難以里數爲定今令各出家丁應役照數扣還夫銀則官不乏于差遣而無乾沒之弊民得免于辦納亦無徵給之煩上下相安可應永久矣卒如所議民甚宜之

四百三十

均徭　舊有銀力二差十年以次輪編分列其户之上中下而配以繁簡輕重顧民情莫悉易至偏累且富户爲奸吏胥作弊竇孔百出御史龐尚鵬題去均徭分銀力二差其立法本意銀差以待貧民而力差以待富室也法非不善但力差中間重輕難易頭緒甚多故富民多方謀爲避重就輕吏胥爲奸飛詭百出每每偏累不公故民多願通融徵銀僱募承役其庫傳之役尤號難支嘉靖四十五年巡按御史龐尚鵬通計概縣田丁派銀每歲徵納於是弊清役均而民稱便矣銀共二千四十九兩五錢七分叁厘九毫六絲七忽以析之本縣預備倉斗級二名其

四十兩常豐二倉斗級二名共三十兩以上兩項每年僉點坊里領銀應當尚曰力差南京柴薪皂隸六名共七十三兩八錢每名一十二兩加火耗三錢隸兵五名共五十一兩五錢每名十兩加火耗三錢鮮京富戶八名共一十六兩按院傘夫半名六兩鹽院傘夫半名六兩完字號坐船水手一兩布政司鮮戶一名三十兩馬丁七名共二十八兩布政左堂夫二名共二十一兩六錢糧道芍兵一名一十兩八錢分守溫處道夫一名一十兩八錢海道皂隸一名一十兩八錢兵巡溫處道甲

首一名一十兩八錢都司都事馬丁二名共八兩運司庫丁八兩二錢本府柴薪皂隸六名共七十二兩皂隸五名共五十兩甲首七名共五十兩四錢泰積庫役二十六兩六錢六分六厘七毫（此役舊爲力役多至破家乃新昌亦有何公鑑令鄉民奏除之）司獄卒三名共三十六兩捕盜應捕二名共一十四兩四錢新官家火二兩九錢二分七厘三毫驛使一名一十二兩府學齋夫二名共二十四兩膳夫一名一十兩本縣柴薪皂隸九名共一百八兩馬丁四十名共一百六

任成

十兩門子二名共一十四兩四錢皂隸二十四名共二百一十六兩耳房庫役三十兩獄卒四名共三十六兩捕盜應捕一十五名共一百八兩巡鹽應捕抵課役一十八兩外加滴珠一錢八分新官家火一十六兩歲貢上京路費三十兩看守司舘門子四名共一十四兩四錢三界門子一名四兩五錢三界巡攔五兩抵課衝要舖司兵一十五名共一百三十五兩偏僻舖司兵二十四名共一百七十二兩八錢南門渡夫二名并修船一十四兩[illegible]

齋夫六名共七十二兩膳夫八名共八十兩門子三名庫子二名殿夫三名啓聖祠門子一名共六十四兩八錢教官家火一十二兩充館解戶一名三十兩皂隸三名共二十七兩冗役皂隸一名九兩

兵食驛傳兵食輸撫院始自嘉靖三十四年倭儆特增額多近歲漸減矣驛傳有爲遠驛馬價輸之河南者有輸東關蓬萊二驛者爲兵食銀二千七百四十三兩六錢四分有奇爲河南馬價銀四百

五十六兩九錢七分爲東關蓬萊銀一千七百一十六兩三錢七分三厘三絲比十五年數比十四年多派一百六兩三錢八分四厘不知何故析之東關募夫一百八十五名共七百四十兩每名四兩站紅船水夫五十七名共二百五兩二錢每名三兩六錢河船夫五十名共一百二十五兩每名二兩五錢馬二十匹共一百二十兩每匹六兩增復各役八十四兩八錢八分四厘支應一百六十二兩八錢四分鋪陳四兩六錢八分七厘有奇已上東關水岸支給等銀共一千四百四十二兩六錢一分有奇按萬雷志止載東關舘夫十二名岸夫七名今歲漸加

增一至此　蓬萊水夫二十六名共二百三十四兩每名九兩遇閏每名加派七錢五分支應三十五兩四錢三分七釐五毫

船料三兩四錢八分七毫二絲鋪陳八錢四分三釐

已上蓬萊銀共二百七十三兩七錢六分一釐零募夫舊貫入均徭而新例分入兵食下專派于田○按東關驛等爲會稽兩都所遺乃父老以爲河南馬價及蓬萊驛役亦是兩都一併帶來未知是否冊無從考聞正德間山陰民周克仁奏攀派新昌蓬萊船一隻水手十名尚書何公鑑令鄉民奏豁編派餘上二縣則余邑之役未必非攀派者此役舊皆力役民受累不可勝狀得罷公所議惟徵銀雇直民始少蘇以故嵊民感罷公視他邑尤深肖像于代驛館有以也先是陳侯宗慶郢去任猶惓惓于此京邸具揭當路今載其略云○嵊縣邑小役繁原無驛遞自成化八年奏撥會稽兩都

帶來差役始有東關協濟其初止編舖夫一十二名及扛解等費縣派銀一百三十兩解府轉發彼縣封帖值自役會稽之民設計陸續行文加增又派水夫二十七名壩岸夫銀二百八十餘兩然亦俱是解銀封帖至嘉靖二十四年寧波府自推官委掌紹興府印查盤本驛會稽之民其心不厭告令本縣照遵於每年徭役編派大戶解驛當值山縣小民懼見官長況地遠人疎但從雇募驛邊光棍代當其初每官價一兩止取三兩後十倍之近甚至十三四兩又有酒禮見禮使用且不從實支值往往假事取罪則又復拘本役納罪罪一兩者勒至五六兩或自出身承當則驛傍棍徒復拴串黨類於過往承差及賓客僕從多方唆使極稱徭戶殷實廩給口糧可折乾若干不聽則皮鞭撻之又木石搥之或索綑懸吊之非刑拷打必可乃已輪流當值往往家破人亡大戶固當其殃生員亦受其害爲民牧者痛心切骨況本縣支值又極繁難寒雪夜分猶且迎送坊里夫馬往往不足于用黎

處處有悲生號死之聲看得曹娥東關二驛可合爲一驛夫二驛合則費可省而本縣之夫役可裁伏惟裁决按陳侯并驛之說不數年而行然余邑之役不省陳侯之功不録所謂曲突徙薪無恩澤者乎○周夢秀曰東關驛水舘夫舊編派會稽之一百二十里今奏割七里過嵊當時帶來之差亦不過二十分之一割地帶差止派兩都可也吾嵊事不諧始混派槩縣增至舘夫七十二名水夫三十六名幾當東關之全役矣盖由府縣積書率會稽人成化間原額潜匿無踪而會稽多甲科顯宦每言于司府令加派于嵊以寬自邑是時嵊鮮科甲勢迫不敵而細民投牒司府愬苦鳴冤不啻拔山之難遂令東關偏累嵊民况以會稽而繇東關役不出境差户又多出宦家過客自斂不生事嵊至東關涉境外山民椎朴無倚地虎爲奸公差輙凌撻無忌爲東關破家亡身者比比而是近蒙觧銀支應民命稍甦然累已重矣嗚呼世有郇伯則東國無不均之嗟還兩都于會稽照舊當役哀

哀此情奚啻槁禾之望甘雨也哉當時邑人胡釆亦極力鳴寃竟不能白事切民隱余故累書之煩而不殺云

民壯 爲銀共一千三百一十六兩八錢析之起解抽取臨山营兵七百九兩八錢總兵府傘夫皁隸共七兩本縣民壯一百名共六百兩外遞送夫一十六名舊派銀一百一十五兩二錢近皆里坊自僱不復徵銀○此舊皆每歲派徵故今不入征平

課程 往額弗具載近擬額徵課稅鈔一百七十二錠二貫九百四十五文折銀一兩七錢二分五厘八毫九絲稅課局額徵課鈔二千一百四十二錠

四貫八百八十文折銀二十一兩四錢二分九厘七毫六絲共銀二十五兩三錢五分七厘二毫二絲六忽以均徭內巡欄銀五兩抵課餘皆鄉市鋪行出辦

糧里　糧里之長各八十二名視其里而里之戶十十年一值（坊長六名在內）舊糧長二十四名成化間裁爲一十九名僉點富戶未充偏累爲甚（俗稱萬石長者皆是）後始均之緊縣徃糧里分年而聽今始併爲一歲凡一切賦役除本色米外例應折銀者攢爲一總謂

之一條鞭盡革收頭之弊而糧里分項徵解里長
事勾攝公事徵解徭役等銀糧長徵解稅糧折銀
及管運本色米糧長有爲運頭者至布政司告領通關糧一日不完通關一日不繳皆運頭之罪更有常例使費前數歲有破其家者外鎮磯合及解南北海折隨上所點總之
上人休息乃寧不然鮮不斃者也近有折夫折解
及見面等費萬曆十二年四月巡撫蕭廩知府蕭
良幹行令署印上虞教諭程克昌查剔永禁知縣
萬民紀涖任奉除之日折夫者即前里長所出八十二名之正夫舊規正夫不足用再出一名名爲預備夫近將正夫強半折銀每名七兩二錢盡差預備不足則預備之外復起

預備曰折解者每年徵役糧稅銀兩應糧里長起解者宜各自解所納近將殷實糧里八九十名每名納銀三四十兩免其起解其貧乏糧里舊額應解一百兩者令〻解至二三百或數百兩以致偏累破家曰見面禮者坊里秋分上役每名用拜見臺盛數弊創之不遠華之自今始○舊管糧官催解本色米至常豐三四倉糧長每石常例三分且書皂有搶攘之弊縣丞吳鶚鳴盡革禁之但前米每歲起運於秋彼收糧官未有先秋而至倉者徵米亦只須在秋成收穫之時若徵在三四月間納戶青黃不接辦之者艱難而徵之者不易且停貯既久有紅腐鼠耗即糧長病之往常告之當事者至秋而徵行之三年上不悞公下不煩鞭朴而集此可率以為常官民兩便者也○嘗聞董君子行治侯官時其徵賦役銀將一應本縣民壯皂兵等工食分撥納戶令隨便自行交給止取領狀如此則納戶免交充之煩而且隨所有米布生畜之類皆可作銀彼各役亦免候領而官府又省催收余邑行

之民之利也○東關等役折爲銀差非惟余邑得
免倒懸之苦而東關之民無不受利貧者倚以爲
生此法殆未不可更也○城隍倉斗級近數其
多當之不易舊有罰贖銀一兩令斗級纏穀六石
而報上司上以四石今亦除之斗級亦有領銀而
不上数虛報其數以致查盤變賣遺累他人不可
不察也○條鞭已除收頭之害而老已書積猾多將
公用等銀自充私用或生放肥家遇查盤則詐開
欠戶又以新那舊歲歲相仍雖善察者莫得其端
倪每遇放則所用之數盡數節免矣○嵊境內田
爲新昌民所管者各都可以萬計其粮差俱嵊民
領管未免爲累有拖負關提不易議者謂當以彼
田撥爲一戶令彼自當粮里名曰寄
都此彼此兩便者也會稽皆有之
周汝登曰邑之民瘠甚矣間嘗出遊於鄉民稱貫
饑寒不免者踵相接而蓋藏之家十無二三父老

相傳以爲今編戶無論富不及成弘間以視嘉靖時倍徙矣觸目可爲流涕事催科者似不宜急而國用又不可緩用一緩二調劑之使國與民兩無病者非豈弟君子誰賴焉若夫一條鞭法邑可未末利賴而或者議數太倹今掌者掣肘則下便而上不宜豈無富陰壞是者故論者以爲諸所議毋爲民每畝借釐毫俱稍從寬裕使經費常得方圓數外法乃可久斯老成郤顧之識我黎民尚亦有利哉

嵊縣志　卷二十六　王版錄考　二十二　一頁至共

嵊縣誌卷之六

學校考

廟學　書院　學田　典籍

廟學

孔子廟終漢世不出闕里而已有校漢魏間以周公爲先聖孔子爲先師合廟以祀後專祀孔子於學官以及唐其制在剡者皆不可記已舊經載孔子廟堂在縣東南一百步莫詳其處宋慶曆間令沈振徙之西南去縣治五十步許亦莫詳其處建未竟徙官去八年令丁寶臣嗣成之臨川王安國記不存

丁寶臣自爲碑曰天之道運乎上地之道處乎下聖人之道行乎其中一物不生非天地之道一民不治非聖人之道自堯舜禹湯文武成康至孔子千餘年治天下者同其道也亂天下者異其道也剡令沈振初築學宮不及完而徙他官寶臣至則闢而成之遷殿于其中塑孔子像高第十人配坐左右新門嚴嚴應門𨻳𨻳兩序翼翼中庭砥平令與學者春秋釋奠俯望朝望於斯學也其可廢乎噫聖道與天地無窮天地毀則聖人之道或幾乎熄學其可廢乎

崇寧二年增建

宣和中燬於盜建炎元年令應彬建孔子殿後二年令范仲將置廊廡紹興五年令姜仲開拓大之

汝陰王銍記嵊西南隅群峰之麓下臨剡溪山川環琪氣象椎張有學焉慶曆八年令丁元珍始加興葺宣和初焚于兵建炎元年令應侯彬建孔子禮殿三年春蜀郡范侯仲將崇廊廡脩像設闔其

舊而擴大之又明年淄川姜仲開以學爲急又建
學堂移殿廡與門南向致厚於學者靡不至也落
成於紹興五年秋先生建學校歷在弦誦威儀以
德行道藝教養成就其材將以明師友之道世無
師友道不傳也孔門答問獨於顏子告其大者子
夏子張爲諸侯師子貢築室原憲兼仕所被者遠
也孔子没而學進者曾子也一以貫之許之以道
矣曾子傳子思子思傳孟子所謂忠恕所謂誠明
所謂養氣一也今夫辯足以使四方勇足以將三
軍一爲不善不足以訶僕妾氣懾失據不在大也
是未聞曾子子思孟子大勇予學者顯躬齊致生
死不變蹈道自樂至於没齒不可一日廢其常心
而已晋南渡王謝孫李支許之倫初過浙江爲剡
中山水清放之遊一時稱高曾不知邑東餘姚有
諸馮之地舜所生也其北會稽之地禹所没也舜
禹功被萬世而有見於遺俗亦聞聖人之至德乎
范侯峻明高爽徒於立事姜侯剛明庶肅政在急
吏寛民人化服郁郁然洙泗之風矣儒學爲吏

師政事出經術戎馬之間力興學校知急所先所
爲卓然矣俾刻於石知所勸焉○錢之外舅曾公
衮以書稱此記曰會稽之地但知王謝風流不
知諸馮禹跡實爲風俗所繫其有益世教乎　十
講書官蘇復跋丁實臣修學記
二年令毛鐸增葺世之爲吏者往往以簿書期會
爲政事之本以剝下奉上爲進身之梯又其下者
飾厨傳以悅過客濫公帑以市私恩至學校則視
爲不急之務而謾不加省夫豈知風化之源實有
在於兹也三衢毛公來宰是邑下車之初即以黌
宇無完爲不可後於是夙夜究心营葺有序又得
承佐諸公一時之賢皆好文善士樂贊而成之曾
未期凡昔無者今備一日公登眺慨然曰先聖之
宫學者肄業之所可無俎豆絃誦聲乎邑里士子
欣從其化爭先掃治齋几布袍帛帶翕然至濟濟
詵詵有魯鄒之風矣時邑之先達鎮江通守貢公
克舉因出示慶曆中丁公初興學記贊公之盛美
命鐫諸石以示源流所自後之來者皆能以公之

心爲心如公之不忘前人信斯學之不廢矣復淮
墻隤人誤當讚頽觀事回書其後紹興壬戌四月
望日

跋

乾道九年簿江濤尉謝深甫新之邑人周汝士記

簿括蒼江公尉臨海謝公視事之初謁夫子廟歷視傾
欹上漏下濕諸生無所歸因慨然曰政孰先於此
同心之言其應如響於是定規摹審材用聚糇糧
命徒庸弊者葺之壞者新之課有限試有法誘掖
不倦發於至誠諸生激昂日進於學剡之文治熠
然一變蓋數十年未有也古之仕者以其所學後
之仕者以其所不學古之學者一毫未信而使之
仕雖聖人有所不能後之學者幸而入政往往視
所學爲空言謾不知省曰從事於斯吾知爲政而
已矣不知所學爲何事也昔魯修泮宮從公于邁
無小無大蜀起學宮邦人向化爲儒奇士間生特
起異時掞藻天庭淵源四海如漢夏輩可不知所
自耶

嘉定七年令史安之以故學址湫隘更徙而西　楊芝

居山之嶠以迄今在繼錦坊惠安寺左剡錄云嘉定七年史安之行尹事三嘆舊宮荒隳士失肄業相攸剡山庚兊之間樂其崇峻敞開山水明美如杜子美所謂剡溪秀異李太白所謂剡水石清妙者迺匠新宇轆轆巍巍士志於鏗風教琢翹楚也嗚呼作學非難也繼難也繼非難也知爲難也然豈無知者乎晉湛方生修學教曰嶺舉雲霞之標澤流清曠之氣山秀水清荆璞在兹剡山水有之魏曾植孔子廟頌曰修復舊廟豊其甍宇莘莘學徒爰居爰處王教既備末作憲矩剡學者圖之前殿後堂四齋曰居仁由義達道養蒙東有

秀異亭國子司業袁燮記嵊古剡也剡溪蘊秀異欲罷不能忘杜少陵之詩云爾夫秀異之氣周流磅礴鍾爲人物必有資稟英粹爲時翹楚者其可輕哉燮庀職成均日延四方士相與款語觀其爲人品彙雜然未易枚舉人才之生何地蔑有今猶古也維古盛時待士厚長養磨淬良心德

怡日孫舜者明於是乎皆為令士郎令之士類而以
奇人長養陶淬之道與之周旋遲以歲月則亦嘗
有不可勝用之才任是責者不可不勉四明史侯
之為嵊宰也悼學宮之壞棟撓柱欹傍夯弊業無
所欲一新之役夫而費廣節浮冗塞滲漏稽財之
原用由是丞主簿余君原議用不合事由是集舊
學在城之隈境非爽塏氣鬱不舒周覽以求勝處
延得令地經涯負山而勢宏傑經始於去秋而告
成於今春殿堂齋廡序倉庫庖湢凡屋百間堅壯軒
豁而纖芥不擾士業其中雍雍愉愉有雲飛川泳
之適侯及主簿君皆奉有書來稱紀之義不敢
辭侯太師之孫令丞相之從子生長金玉淵海之
閒盜角而礪不爲豪習而留意於學宮可謂知本
務矣夫諸生何以報稱亦惟靜觀此心與天地同本
與聖賢同類充火然泉達之端謹桔亡蘖塞溥蓄
之戒更相磨厲儒風大振則侯之至望也哉
八年令永丘袁復加繕修以事去尉施復孫竟廸

任成

工邑人周發記元元貞二年尹余洪命儒士率衆重葺

殿堂後至元二年尹張元輔增葺至正五年尹冷

瓚復增葺邑人王蕭記九年尹趙琥修明倫堂作御高

亭二十一年燬惟堂不燬二十三年守郡周紹祖

建廟命尹邢雄建廡學儒學提舉楊翮記余謙增□立至正龔諧龍侯當兵燹餘公署學

顛沛必於是者學者勉之廟宇繼先陳臺人明興制因設為新前文廟斲

木構土為先師及四配十哲像廡前左右為兩廡

甬路而南為戟門戟門南為泮池池外為欞星門

門左為儒學門廟之北為明倫堂三大宇左墉翁

筆堂兩夾室左神廚右祭器庫祭器錫花瓶壹對錫香爐五箇銅爵一百四十箇錫爵一十二箇竹酒海一箇木簠簋八十箇竹籩豆四十箇木磁香爐六十九箇木燭臺二十六箇帛匣九箇羹碗一十六箇黄絹帳八頂堂前東爲修德齋西爲凝道齋兩齋後爲號房諸生肄業焉廟之東有碑亭故文昌祠址西有學倉堂之東爲射圃教諭廨在堂之後兩訓導廨一修德齋後一堂之西修德齋南爲宰牲房洪武二年十月　詔重學校及鑄設科分教令式于學仍降卧碑制書三年　詔頒鄉射禮儀于學宮十一年　詔頒鄉飲禮儀于學

宮二十七年教諭湯輔修明倫堂訓導施璽記正統間
知府白玉視學令知縣孟文闢泮池及櫺星門前
地地民所義捨郡守漢中白玉至嵊觀戟門外窄狹櫺星門逼通衢無道地係民業
命知縣禮請業民應溫遠售以直辭弗受退謀諸昆弟舍之地凡袤二十有七丈廣十八丈姪尹孫
地爲庠生二十四都人成化初知縣李春教諭戴士雍增闢之
地亦民舍傍爲三十四都樓秉直地時欲售之直辭弗受與其弟克剛謀舍之後戴公之
姪廷節來守郡知其義命識之明年修兩齋四年縣丞方玘更闢
學門外之壅者民義捨以地民二十三都裘守良守儉二十九都裘彥
功同捨地當學門前已上捨地俱有碑記迄今頒胙爲常五年知縣許岳英修

明倫堂教諭陳烜記十六年知縣周磨修號房弘治元年提學副使鄭紀過嵊謁廟行釋菜禮低回顧視謂制隘弗稱仰止且棟柱就圮命知縣夏完改作廟拓而大齋廡多所增飭建咏歸亭于泮橋會饌堂于廟西詳具記中

莆田鄭紀記嵊紹屬也學宫舊在剡山之麓尋徙于縣治東南宋慶曆間沈令振又徙于西南嘉定間史令安之又徙于鹿胎山即今基也夫一學而屢徙意者以風氣之不完與基址之不廣與生徒升散道里之不均與弘治改元予巡學至嵊謁廟登堂縱望山岡雄峻地勢軒昂兩浙所未有也因緬叩而靜觀之盖座玄武而案白雲轄四明而邇西白林巒吐吞江流繞護氣之完也自外門而入步高一步至廟堂殆百步有畸濶亦半之地之廣也去縣

治未半里舟楫來往于前民居轉鱗于下道里之均也惜廟貌門廡隘陋傾側有弗稱焉迺問策於今縣令夏侯完復曰往者分巡僉憲鄒公霧曾與是念已發白金五十兩以市材矣因改他巡而寢近者郡推周進隆亦曾區畫矣竟奪於賢勞向完到任亦曾禮諭義官袁熙等之有力者樂助有差又無上司以爲綱領今大人先生舉此殊無難也於是因其山之勢別畫廟圖而與造之責悉以付之既而慮材料之不足迺拆圖超等廢寺以裨益之又慮邑政之劇又令典史趙鉞與訓導方輿以董助之原廟基逼近明倫堂今則前其三丈原戟門逼近廟墀今前其七丈又半廟五間高四丈七尺闊倍之深七丈五尺堂廡之上五之四廡之下一廡高七寸聖像配哲俱在堂上其下則容祭執者之周旋也墀闊九丈準正廟也深半之容兩廡也戟門臺基高一丈四尺新闢築也門屋高廣因舊規也門之階下爲泮池中結以亭題曰味歸梁於池上以通亭也聖賢塑像增以高大冕旒章黼

飾以華彩臺基几案幃幔之類皆甃繪堅鮮稱厥宇也明倫堂兩齋櫺星門鄉賢祠號舍會饌堂射圃庖湢之處皆易腐爲新稱門廡也始事于弘治元年十二月畢工於四年六月是爲記五年訓導王洪建璞菴于西廨有璞菴八味其秋夜青燈詩萬里秋空濶西軒爽氣生恣窮今古典愛就短長檠花爨銀釭熱光寒玉漏清飛蛾莫相撲留待養虛明明年改訓導西廨爲教諭廨而訓導西廨以西號房爲之十年知縣臧鳳重覆廟尾飭其榱桷廟貌一新更增建教諭廨宇十一年知縣徐恂修兩廡遷味歸亭于明倫堂後曰應奎亭建觀德亭於射圃作新號房凡九十楹飭舊凡五十餘楹夏雷記天下之治系

人材人材之出系學校學校興廢系有司之賢否故　朝廷責以守令六事此爲之首銓考守令殿最此爲之先也則居是職者孰不欲舉是職哉顧往往頹垣敗壁於榛棘中使諸生肄業無定處政坐才賢之弗逮爾弘治戊午秋嘉定徐侯尹嵊三年而度民可使矣於是以學舍朔望之所視所當修繕而增創者校於懷中暇日偕邑傳相度首謁聖廟環視兩廡前顧泮池曰咏歸亭壅聖道非古之制且悉其餘曰祭器不足齋舍不立衙宇不宏射圃不葺皆今日之所當急者也侯翌日發帑市材鳩工斲削展石甃砌運甓堤覆斷大木數章支廟梁遷亭豎樓凡十楹增置祭器爐瓶凡三爵凡二十卓凡十二乃　作抗塵樓于訓導東廨訓導涓日告成而落之

周依居之自爲記　嘉靖七年建敬一亭于明倫堂北立石刻　御製敬一箴五箴解十年　詔去聖賢

像用王袞像于廟東北百武曰孔像基存焉僅覆
其間不稱封爵曰先師以文廟曰先師廟是年知
府洪珠視學大令知縣呂章遷先師廟于明倫堂左
泮池櫺星門等俱徙廟左制一切如故以明倫堂南
爲門曰道義門以故泮池外地爲射圃十三年奉
制建啓聖公祠于訓導西廨之西故寶林寺址知縣呂章廢寺
爲之爲會饌堂于啓聖祠東故寶性寺觀音殿隆慶初訓導
夏廟北以會饌堂爲廨大年教諭王天和議遷儒
學門于道義門南道射圃直達莊衢廢射圃舉人

喻恩化捐貲爲之九縣十四所知縣朱一栢修廟廡以
觀櫺周垣凡數百丈許萬曆二年教諭王天和建
聚奎堂于櫺內明十一年知縣黄克昌修先師廟
訓導傳遂董之僉都御史吳…部之有學在山之麓既以自上患其之山
之嵩高山故受雨於木易處惟高受風於尼易毀
自嘉靖初一修之迨今六十年以故棟撓三柱連
陵萬曆八年用徒長侯克昌來爲縣令於是即諸
生周王所列學之圮壞狀以呈聞之三臺王公
戒報可而督學使山西劉公東里守紹興郡四川
傅公誼皆深於勸委計時則侯延蔭計其工費千
侯乃慮索諸賦歲編所積若干不足益以學租米
寺田價又不足益以金火之贖所以學傅沈慎而
有以計爲綜理之伏與教諭章木訓導王汝源以
時視其勤惰先正嫡後寧六柱以石爲之避雨也

次廊廡次戟門次泮池神座故用木易以磚經始於萬曆九年三月戊寅落成於十年五月丙寅諸博士以朝覲之曠有年賴侯以漸煥於邑中得有瞻依惟士暨民靡不樂觀厥成於已與有榮侈相與礱石命諸生尸紹元王嘉士徵余爲記夫爲政孰不用民惟用其所不得不用民亦罔有不信者嵊之學勸相而丞於成若此所謂悅以先民者耶文學子游之爲武城不聞他政以所聞夫子者聲之絃歌欲使君子愛人以成其爲君子小人易使以成爲小人其取人行不由徑非公事不入室歸重於子羽學校賢才政之首務也侯之是舉得之矣諸博士與弟子日游宫墻戴侯之功思以服侯之教將所學何道夫避席危坐稱天語聖世每嘗以爲虛談無補治理若所謂升堂入室舍天與聖又奚稱豈聖天爲道外語歟兹越諸生所聞於鄉先夫子者孰也其宜自致之以終侯絃歌之意侯爲嵊救偏補敝節冗費以惠窮乏事多可記即修學其弛張先後可槩也

十三年知縣

王云刊

萬民紀重建儒學門近號房及覲德應奎亭俱廢

周汝登曰余嘗觀士在諸生時朔望旅進觀殿宇頹蕪不治輒忿邑見顏色惟當事之非乃其身一旦當事他邑則視學頹蕪多不問有告者曰姑置之吾且有政此爲志以境遷者也邑學不至其頹蕪則今昔諸君之不忘其素也與乃學官所掌祭祀鄉飲用以交至聖激世風率典禮之大而或者忽之祭齋戒省視不必虔蠲豆籩不必飭鄉飲在座者不必盡淳篤而視若典弁髦然蓋禮幾以

廢禮廢即崇其殿宇獼文已夫世見上官則折節
禮賓薦則隆施而忽茲兩者謂神宜賓而賓無位
耳徇勢而闇于理悖甚矣馬邑先有王公天和加
意兩者今賢者在前所稱諸弊庶幾以祛余不忍
夫所在積習廢禮而惧後來者或復斯弊其爲侮
聖賓典傷教化不細故著于篇使當事者不得玩
且將以聞諸握風紀爲廣大教化主者
又曰郡縣具立啓聖公祠届期同文廟舉祭始自
嘉靖間稱甚盛典云顧祭祠廟後先所在不一傳

曰子雖齊聖不先父食先廟者非情非情則非禮
先祠者同日兩祭則誠竭竭則懈懈不可以共神
國學先期遣官祭啓聖公丁日祭先師乃其制不
達之郡縣使人得以私臆自後先則督學之任哉
或者又曰先期祀祠則孔鯉得以先夫子可乎然
統於尊姑弗論乃祭爲夫子設禮隆所重而反後
之可乎故莫若即日同時舉祭文廟主之正官而
以他官從事啓聖公祠則精誠各殫而且無妨于
輕重後先之等此其說或足采書之以俟議禮之

君子其將有財焉

書院 曰二戴書院在縣北一里故戴逵及其子顒讀書所元元禎二年浙東僉事完顏貞尹余洪建院以祀集諸生肄業其間至正五年令冷瓚重修餘姚州同知宇文諒記至正甲申秋進士膠東冷侯瓚來尹于嵊越明年既修縣庠顧二戴書院撓棟飄瓦莫可枝梧復謀治之迺詢學院之創在元貞丙申浙東憲僉完顏公貞行部以戴氏父子深於經學事聞省部列于學官額以今名以邑士之登于籍者充弟子員用入羨租五十餘石以增廩稍廟學之設垂五十餘年矣敝宜也侯乃度土木陶冶之用計工徒庸僦之直重覆禮殿作新兩廡朽蠹既易陶甓甃比墻堵外周丹堊炳煥由長巴西周宗元董其治始於至正五年四月畢工於其年之

十又一月適監邑也速迭兒侯至克相落成嵊之人士以書院創始迨今未有記之者俾以本末而次第之稽諸史二戴譙人而居于剡嘉遯當世歷晉而宋著書立言其問學理義之歸朊清談之習謂深經學者千載之下饗祀夫子之宮有以也夫自侯之爲是役也將使居是學而讀其書於隱而知顯之理於藏而知行之具不惑乎晉人之高絜而一遵乎聖人之中正是侯興學之政而所以爲教也若遯焉而釣聲名仕焉而溺利欲豈所願於多士哉

二十年燬于兵二十四年守帥周紹祖重建

邑人許汝霖記皇元混一區宇郡縣既皆有學又做昔賢遺蹟做前代書院成規得以始事而創置焉百年以來遐陬僻壤騷騷乎鄒庠衎序之盛自海内繹騷學院多罹兵變二戴書院在縣北余間過其所未嘗不踟躕浩嘆昔之隆然起者將何日復見乎至正二十四年夏嵊士董時亮懇辭來曰二戴書院創建顛末子固知之詳矣詎今僅七十載

不意一旦之地于兵也三數年間守土者居不恆
席安恤教養前年冬濮陽周君紹祖以僉憲東元
帥來鎮茲土下車即進士類謀所以輯民者未幾
邊壘少警農漸復業君屬邑官曰當茲用武之日
未能遽興文事而聖賢妥靈之地牢落弗祗然民
力未可用廩資空匱計將安出宜姑起廢以倡後
人於是既葺學宮即考院田遄入捐已俸爲助士
以材木輸者聽之首作禮殿東西兩夾室中像聖
容及四侑又東爲二戟祠四楹外儀門三間繚以
周垣傍爲守舍君曰妥靈有所矣蠲吉日釋菜奠
幣如式夫元帥責在邊備迺移心至此請書以刻
石垂示將來余聞學校者所以尊崇聖賢維持世
道之大具也兵興以來宮墻化爲榛荊通都名城
藩臣鎮將有不知所重者不知天理民彝不可斁
忘世之擾擾至於此極政以本根之地失陪養耳
用武力而不反其本將何以靖天下之多故哉今
周君於窮山之陬擐甲胄以問俎豆其所見必有
過於人者此則剡士之所頌說也乎况二戟當晋

室不競之日繼世嘉遯毋域所在歷千百年人猶展敬而護存之我朝又以其炳靈祠於聖人之宮不惟高風峻節有足感動乎人亦其學術之懿出處去就之宜有關於世教者蓋愈遠而彌彰也七十年來塹圯遽起自茲以往必有慨復其舊者矣此又剡士之所宜記也余之無似將與同邑之士求前人遺躅以進乎聖賢之學或出或處不失其當然以俟天運世道之復其尚有在於斯乎君字繼先嘗鎮錢清作劉寵廟人稱之其來嵊多美績非學校所係不復書　後復燬　國朝成化十年知縣許岳英重建春秋祀焉今廢邑訓導王洪記爲之辭曰鳳凰遠舉兮遺鷇雛羽儀文采兮能相符和鳴應瑞兮協禮圖鳳窠零落兮雲模糊瑶琴碎兮荒碧梧不有賢令兮將何如荊榛莽蒼兮爲芟除美哉輪奐兮屋渠渠功與金石兮同永居載歌此詞兮酌醁餘凌風噫噫兮迴飈車

曰**慈湖書院**在北門內

桃源坊嘉靖三十三年提學副使阮鶚檄知縣吳三畏爲楊簡立從邑舉人周震胡采生員胡樂尹應奎等請也曰鹿山書院在城内鹿山之椒萬曆十五年邑士建知縣萬民紀扁先是隆慶丁卯邑諸生袁日新袁日化丁則綬周汝登宋應光趙志伊張希軼袁日靖爲鹿山八士文行合一之會贊貲爲會所有年矣繼而王應昌李春蓁等與焉亦各助貲以建請諸邑侯更捐俸以助屋成而命以茲名蓋不特以處諸士而且以待邑中之凡有志于學者皆得以來集于斯斯立院之公心云書院志其公者他一家一人所私置見風物考中曰社學舊志隅都凡六所今莫考曰姚景崇義塾亦廢景崇字唐英號自愛翁晉溪人宋開慶元年資政殿大學士徐

清叟記自愛翁州書塾一區於所居之傍延聘儒碩以陶育四方俊乂負笈石倚喬林天光互照真絕境也講塾之制建聖殿于中素王之像儼然垂衣後曰自愛又其後曰書室樓賢列其左迎賓居其右如舒而翼如拱而立名扁秩然此位置之正者也堂之前翼以數楹乃會勝之所堂之後各數十楹乃肄業栖息之地義井可汲也靈源可濯也環以門墻羅以花木與俯號起之客吾伊絃歌之韻激拂于耳目第覺春風溢於宮墻而物爲之丕變初不悟其爲何地也夫塾所以寓教也教所以爲道也苟於是有見奚啻珎羞翁獨見而獨愛之獨愛之而不能推之又豈忠恕之道翁之是舉果能俾斯士底厥德造以廣是心若修撰葉公非明驗歟余恒憾弗獲早登翁塾徒抱棄德之慚姑述以爲吾道淵源賀○葉公相傳爲寧海名應嵩者幼在景崇義塾中若景崇所謂富而好義者非與

周汝登曰往時相蓋毀天下書院禁不得講學矣

曰吾以疾夫僞者僞者即廢學不講何所不僞僞者畔學學不能使人僞况彼真者固道所由寄也而安得槩視之疾人越學疾僞越真是以噎廢食惡莠而并除苗也余邑余慮夫講之不盛而書院之不日以擴即僞者吾猶以爲饋羊然而何可禁其真王通氏曰吾願見僞静詐儉者斯惓惓之心其珉昭之市馬者與雖然學必講書院必擴而僞終不可長彼蔬斯稗胡不自替而以禍吾真

學田

學故有田即碑存廢久不可復弗紀紀其所見

存其爲知縣薛周置者五十四都度出盈田壹拾貳畝貳分地貳伯陸十柒畝玖分陸厘貳毫山壹伯叁十柒畝玖分陸厘玖毫塘壹百壹拾畝陸分八厘四毫俱坐一啚塘壹百畝六分零坐二啚其田地收糧差鈔差銀每年約該叁兩壹錢六分五厘納學濟貧見隆慶四年均平錄其爲民義捨者十九二十都田六畝三分租柒石二斗內除粮差九斗七升嘉靖四十年生員尹紹元以易官山者土名水塘坵坐八里洋坂三十六都田十畝租玖石七斗外除粮差一石六斗隆慶元年民鄭廷誥捐二十六都田三畝二分二厘後岸坂歲字二百八十四

號四十九都田肆畝柒分玖厘壹毫一來字一百四十三號一二百十九號共租伍石叁斗外除粮差貳石肆斗地共叁畝貳分陸厘捌毫租銀壹錢捌分叁毫外除差銀壹分玖厘陸毫五絲巳上田地俱民覬國濟捐四十六都田玖畝捌分租玖石外除粮差叁石民王世儼捐其爲知縣姜克昌置者十六都田捌畝叁分陸厘五毫租陸石壹斗外除粮差壹石伍斗貳升五合一陳家塢八十一號一風簾坂三號一六號一九號一十號一十一號一十二號一十三號民王僊討王積實唐生告爭入官者五十三都田貳拾肆畝捌分柒厘柒毫二畐東山坂一談字九十六號一八十一號并三十二號一湖塍坂二百五十三號一董姑坂一百四十

門號起至一百五十一號止凡八號無號田肆畝玖分貳厘五毫湖塍坂四址 共租銀貳兩伍錢外除根差壹兩壹錢陸分伍絲共尚春告爭入官者
五十三都地柒畝租銀壹兩柒錢伍分外除差銀陸分叁厘
二啚凡二址湯希文入官者 五十三都田壹畝叁分伍厘租貳石伍斗外除粮差陸分貳厘董姑坂吳中貴入官者萬曆十年邑人知縣
王嘉猷捨石紀田樹之學宮餘姚尚書趙錦記古者自公卿以至庶人無不授田之家士生其時不惟其出於公卿大夫之後而其發於畎畝之中者亦無不得其養內之無饑寒以亂其心而外之有庠序之教師儒之聯風俗之美以磨礲浸灌之故其成德之盛濟濟[illegible]講貫與之典書不乏其人人人不愧其書嗚呼士生其時抑何幸也井田廢而兼併行於是民始失其

養矣民失其養而士有不免於饑寒者矣庠序之教師儒之職非古也禄利以爲榮而詞章以爲尚外無所以厚其成而内有所以奪其志士生其時其卓然自立而不受變於俗者盖千里而一遇之矣孟子曰無恒産者有恒心惟士爲能以之立教而勵士則可非爲人上者所以養士之道也古之學校其可詳已未聞別有田也學之有田其昉于後世書院之典乎宋仁宗時嘗賜兖州學田其後有司者間亦置田於其學以濟餼廪所不及嗟乎古無養士之田而士無不養後世嘗有田以養士而士猶有不遂其養者然則學田殆衰世之意也非古之所以養士也雖然居今之世而欲望隆古之盛使天下匹夫匹婦無一不遂其養者而士典於其中不可得矣有士焉而不知所以養之又使不免於終窶之嘆其可乎故有能体念乎學校而優爲之制者賢有司也知其所重者也嵊學舊未有田萬曆初始有田十餘畝今令尹卅徒姜侯克昌來視邑事慨然以興起斯文爲已任踰年政修

徐安五百六四

而人和始新文廟已又爲置田五十畝有奇以聞
於學使劉公東星郡守傅公寵咸加允之而學博
章君木傅君遜王君汝源弟子員胡生夢龍尹生
汝陽輩以告於余請記其事余固惟古之所以養
士以明姜侯之賢俾後之吏茲土者有所考鏡且
以告嵊人士其必知所自養而後足以奮公田之
養云

周汝登曰田以廩士於叢而免士于厄者也可少
哉學故田僅餘數畝何興之艱而廢以易也薛侯
周以所度盈田地几百計贍貧生用心殷矣已義
民繼捨而姜侯充昌又以入官田益之田益以富
夫姜侯益田修廟兩者實勞于學就勞劇勞誰宜

捨之余獨異夫朱侯一栢羅俊髦數十輩課之學宫而時其既廩經歲有常不斁迄今人口其勞不習而久且彌以思旣不田不乏而勞不石不磨吾不知其所由然

典籍

四書大全五經大全十三經註疏五倫書性理大全資治通鑑文章正宗大禮集義孝順事實爲善陰騭大獄録　憲宗皇帝醫書右皆頒降及救時書五經大義三卷老子音一卷纂要一卷竹林七賢論戴逵集十卷俱戴逵著中庸傳一卷月令章句十二卷逍

逵論俱戴顒著王羲之集九卷經論三卷注老子十一卷俱秦系著

周汝登曰稽掌故邑所爲典籍蓋其寥寥哉好古者宜廣收博購使士得貫穿今古而稱博雅邑固不乏彊記士也若鄉先達及岩穴之士所撰述亦往往不少然自戴王後率堙滅不傳所謂非附青雲之士無以聲施後世者也悲夫間有存者附著名氏下或傳中

嵊縣誌卷之七

祠祀考

壇壝　祠廟　墓塚附　寺觀附

壇壝　社稷壇　舊在縣西南一十步一云在縣北一百一十五步宋嘉定八年令史安之遷置縣西二里昇平鄉五[illegible]十四都[illegible]上元至正間重修許汝霖記古者諸侯建國各有社稷雖附庸縣鄙皆五十里之國皆與齊晉等不獨諸侯也有民人則有社稷矣故一邑之小亦有之魯之費楚之豐皆邑之有社者也宋朝之制縣社稷祠祭與郡同縣與八邑皆有社稷嵊社在西門外其祭法會稽志云社以句龍配稷以后稷配自京師達于郡邑歲再祭春以春社秋以秋社前一

月擬舉闕所屬前祭三日散齋宿於正寢不弔喪不問疾不作樂不行刑不書獄不與穢惡致齋一日質明赴祭宋政和間祭用大晟樂賛者引初獻行禮則寧安之樂作八成止引詣壇盥洗則正安之樂作詣神位前則嘉安之樂作送神則寧安之樂復作一成止自建炎後樂器多亡遂不復用國朝之祭率因宋制以損益之其詳有司存焉　國朝因之成化九年知縣許岳英修葺弘治十二年知縣徐恂建齋房三間及宰牲房三間繚以周垣凡一百有五丈今俱廢

風雲雷雨山川壇在縣南五里方山鄉一都弘治十二年知縣徐恂建齋房及宰牲房俱三間繚以周垣凡百一十丈今廢　興社稷壇俟春秋兩祀

邑厲壇在縣北二里仁德鄉二都　歲

凡三祀清明七月十五日十月初一日弘治十二年知縣徐恂築周垣十丈凡六里社壇鄉厲壇制每里一百戶立壇一所各一百三十四所今廢

廟祠

廟在祀典者

城隍廟在縣治右創不知始至元六年尹冷贊修邑人崔存記畧余聞諸故老南宋時邑人以元日賽禱廟間廟中語曰令歲丁旱或又曰詹義民作宰尚旱爲門啓而入始知其爲神也夏果旱則禱君寔求雨隨車而注至正二十四年燬守帥周紹祖同攝尹事邢雄建　本朝洪武三十年知縣江瀾新之成化中知縣劉清重建弘治十一年知縣徐恂增葺訓導周琛記

萬曆四年知縣譚禮建二門及東西廂宇後廟漸圮十五年知縣萬民紀撤故易建拓而大廟貌一新縣丞吳鶚鳴董其事其士人因覩遺蹟以思而自爲祀者

舜廟在舜皇山

禹廟在餘粮山其顯靈蹟而受先代之封額者

嶀浦廟宋嘉祐七年七月鄉貢進士何淹爲知縣高寔作嶀浦廟記縣北曰嶀浦有廟神曰上善濟物侯告人吉凶若谷答聲雨暘罔不應祈謝諸廟宇得石胥天福告敕即侯始封侯姓陳氏爲仙君令始過此目山水之勝絕有志而宅焉官休繼舟遠爾覆溺靈氣發越使吾民祠天福初中原擾蕩干戈不息侯有神兵之助生以美政字吾民既以靈德福吾民復能陰兵助敵安固社稷功烈若此之盛豈無銘刻以傳信後世具綴所聞以刊于石慶

元元年乙卯詔賜額曰顯應廟四年重修六年咸
嘉泰三年十二月顯謨閣直學士四明樓鑰撰記
曰剡壯縣也邑城之北山圖平野谿行其中至四
十里所兩山相向愈近剡之水易於暴漲者以此
然水口氣聚所以爲壯縣也西曰嵊山巨石突踞
水上其下曰嶀浦岩壑奇聳尤爲勝絶潭淵渟滀
澈不知爲幾尋丈相傳中有神物無敢觸犯上善
濟物侯廟夙著威靈據山瞰谿稱其爲神明之居
舟車所經無不致敬駱氏世爲廟史有吳越時公
牒稱陳長官祠何滄作記云云然酈道元之注水
經出於後魏已言嶀山北有嶀浦浦口有廟甚靈
驗行人及樵伐者皆先敬焉若相盜竊必爲虵虎
所傷則廟以古矣况台州樂安縣景德四年始改
爲仙居不應石晉之前已有此名豈侯實爲永安
縣令後人誤承仙居之名耶幽冥之事不可究知
傳記亦有謂靈祠間有以剛方之士代之者惟其
血食有素授職于朝故封爵之報與臣子不殊也
建炎虜騎入越而叛兵欲犯邑境以神之威不戰

而退乾道嘗賜香茗之奠今丞相大觀文謝公布衣時由丹丘赴南宮神已告之富貴之期既登科作尉此邑事之尤謹公既登樞筦修繕魏君必大率邑人以卹封爲請慶元改元賜廟額曰顯應公之力也魏君年及八十新其祠而鑰之子濡爲丞介以請記乃爲記之嘉定十三年五月趙彥慱撰重修記畧曰彥慱慶元六年夜夢謁一廟見神人語曰吾廟君爲我修之覺而不省所謂嘉定丁丑偶嵊邑闕令承乏之次年旱荒繼而巾稔友人李燾舟宿嵊浦夢神告之曰爲我語令君可以爲我修廟矣燾以夢來告始瞿然自省曰二十年前得此夢今其應矣於是再爲建立僧法具題廟詩自從投組踐鼇瀛民到于今仰盛名祠宇幾經尸祝老江波常作長官清我覩俗物憧憧活誰似英風凜凜生已嘆祈禳足靈應聞君扞敵顯神兵

顯應廟　在永富鄉〇赤烏二年建神嘗爲今此邑尸而祝之宣和時寇起夜見神兵自殺不勞官兵撲滅永富崇仁二鄉以全詳見災異其下大觀二年紀

其蹟紹興十一年上于朝賜額顯應乾道九年姚憲爲諫議大夫率鄉往陳府上之省寺封靈祐侯宣教郎黃倫記

靈輝廟　縣北三十里水旱所禱輒應民謂之靈感王封不知何始乾道八年賜今額

其里社所叢祀者在城

東鎮廟　東門外嘉靖十六年建邑人尹鑾捨基爲東隅會社之所

西倉廟　縣治西南蕨脂山前西隅會社之所

溫元帥廟　縣治前

武安王廟　北門內祀關羽

五顯廟　東門內

蔣方堂廟　縣治墻東

晏公廟　北門內

黃姥岑廟　輿地志曰東門外有黃姥神祠民多奉事之

太祖廟　西門外一里

在鄉東

白岩廟　嶀山禱雨輒應又有嶀山廟

東石鼓廟　孝嘉鄉俗稱周靈王廟

仙姑廟　孝節鄉相傳石師姑凡六人

潭遏廟　昇平鄉

阮廟　剡阮肇宅何淹撰碑邑人張胃詩春溪溶溶春水滿兩岸桃花連不

斷違看彷彿武陵源曉色晴熏洞霞煖花深樹密別有村青山叟絶無塵氛參差樵舍依林住窈窕漁家傍水濱當年劉阮曾居此採藥天台遇仙子靈境那知難載逢塵緣未斷思鄉里歸來但見七世孫舊遊零落嗟誰存人間歲月等飛烏浮生頃刻何須論我來弔古尋遺跡祠廟荒涼翳榛棘逝水東流去不廻桃樹年年自春色

南天岳廟縣南十里

西響王廟剡源鄉

陽和廟長樂鄉元末盜起曾顯靈異洪武錢則敬修歷天順錢氏世葺之

武肅王廟剡源鄉錢宇之建祀其祖錢鏐

西石鼓廟崇仁鄉始于赤烏神稱護國越王

烏猪五龍廟烏猪山相傳有五大豕居岩中自道猷飛錫望山有黑氣狂風猛惡用法降之化為五龍

三文廟縣西二十五里後有三大枯塚塚中磚皆大同年號

溫泉廟富順鄉

楊廟清化鄉

上蔡墅廟崇安鄉邑人夏大有捨基重建

朱尚書廟

桃源鄉士名上

朱祀朱士明

祠在祀典者

鄉賢祠成化六年教諭陳煊創建在明倫堂前之東南隅訓導王洪記鄉賢祀於學宮所以尊崇先哲激勵後人豈無故而然哉越之屬邑爲古剡溪山川鍾靈名賢世出在晉若會稽內史王羲之車騎將軍謝玄處士戴逵暨其子顒在梁若追贈齊忠貞公張嵊在宋若太師姚舜明及其子編修寬參知政事憲國子録許應榘定成尉張愨或隆德業或懋功名或以氣節著或以學術鳴是皆剡中表表之尤者心迹昭然載諸方冊奈何千數百年祠祀尚闕非闕風教者之咎而誰歸三山士華陳先生來掌學事首以此舉爲務乃與余暨同官者福安連先生謙以建祠各節俸羡爲之倡復募諸生及邑之好義者助資有差積若干緡遂相基于廟學東南隅市材鳩工爲祀堂三間中廣二仞旁各如中之半深如

廣倍之高如深之再例經始于成化壬辰之三月畢功於是年之五月規模堅樸足稱神棲自王謝以下群賢奉以木主而像設弗事叙以世代而名爵弗拘既奠酒絜牲諏日告成矣諸生王輔張鼎揚浩裘鈴周山輩懼其久而無徵爰要余言勒諸堅珉用垂不朽惟群賢之心之迹正先儒所謂太上立德其次立功其次立言者是已然則合祀學宮豈無其說歟考之於禮聖王之制祭祀也法施於民則祀之以勞定國則祀之以死從事則祀之懋群賢之心迹而律之則祀之享皆無愧矣繼自今能俾嵊人咸興仰止之心思奮匹休之志其有功於世教兟甚巨焉於乎舉千載之闕典著一邑之表儀徵士華先生吾知其或幾於息矣先生名烜號南窓余既歷述建祠之由仍俾刻助資姓氏于碑之外內庶嵊人益知勸云

今徒先師廟之東萬曆三年知縣朱一栢重修

名宦祠 隆慶四年教諭王天和創議

朝請爲之祀張稷楊簡然亦有特祠即暨祠而中

間之爲兩制且未備後必有繼而崇飭之者陳侯

祠在縣東門外迤而東百數十武　國朝嘉靖二

十三年詔有司春秋祀之邑人裘時獻具奏趙世瑞佐之祀之期

春以三月十六日爲侯所生辰秋以八月十八日

爲江潮之候故有祠在浦橋洪武十七年增建于

邑之南門成化二年知縣李春重葺十三年縣丞

齊倫拓大之教諭陳烜記嘉靖三十四年知縣吳三畏

徙今所樹石坊以表之萬曆三年知縣朱一栢置

任成刊

香田碑朱一栢記畧正德丙子五月邑令林誠通考績北上早行迷道忽一老人引之斜行得脫寇害老人忽不見林及從者憶其貌酷類陳侯塑像知其爲神由是林令悉其前後之功奏請祠祀准查未報至甲辰乃祀今邑士民捨置香田立神戶慮其久而無徵爲之請記余書其事於石十五年知縣萬民紀以石坊低下壅蔽廟門更高大之門外闢地使吏曠治其事者爲縣丞吳鶚鳴他所在私祀稱陳侯祠者不可勝紀

王貞婦祠在清風嶺元至治元年縣丞徐瑞鑿石爲屋樹碑表之

元秘書監著作郎永嘉李孝光傳至元十三年之冬王師南至貞婦夫舅姑俱被執師中千夫將見婦色麗乃盡殺其舅姑與夫而欲私之王婦憤痛即自殺千夫奪挽不得死責俘囚婦人雜守之

歸欲死不得間自念當被汚即佯曰若殺吾舅姑
遺夫而求私我所爲妻妾者欲吾終善事主君也
吾舅姑與夫死我不爲之衰是不夭也不夭君焉
用我爲願請爲服朞月苟不聽我我終死耳不能
爲若妻也千夫長畏其不難死許之然愈兼置守明
年春即還挈行至嵊守者信之滋益懈過青楓
嶺上婦仰天竊嘆曰吾得死所矣乃嚙拇指出血
寫口占詩山石上已南向望哭自投崖下而死或
視血則血漬入石間盡以化爲石天且陰雨復見
血墳起如始日當是時后妃嬪嬙不死之三公九
卿不死之郡國守邊大吏不死之而貞婦獨守死
下從舅姑與夫獨何人也夫秉彝之性靡不有乃
匹夫匹婦出之遂以驚動萬世苟人人聽此則金
湯不足喻其固矣鈎戟不足喻其利矣勇士不足
喻其强矣何有亡國僨家之憂彼貞婦何爲者顧
奮爲烈丈夫之所不必爲彼且爲而有不爲悲夫
會稽嵊丞徐瑞爲起石屋樹碑廟中以旌其鬼焉
余曰始吾見長老言貞婦所從死不能悲也後身

過其地見拮血化爲石追念貞婦決死時傍徨悲
傷不能去豈其鬼未泯尚猶感人耶嗟夫匹夫匹婦
顛沛流離誠能動天如此天豈遠人哉天豈遠人
哉○貞婦所題詩君王不幸妾當災棄女抛男逐
馬來夫面不知何日見妾身還是幾時圓兩行愁
淚頻偷滴一對愁眉怎得開遥望家鄉何處是存
亡兩字苦哀哉後五年僉浙東廉訪杜秉彝爲木屋四楹
於石屋之南至正中旌曰貞婦十八年屋燬守帥
周紹祖重建始豐徐一夔記　國朝詔令每歲春秋之仲
有司致祭正統元年參政俞仕悦姑蘇人命邑令建
復祠宇自爲記其畧曰予因考察官吏道經祠下見祠址沒於荆榛不能不爲之慨嘆肅至
其縣首責有司之怠事慢神繼立父老於堂下號
以大義咸皆感發願捐貲重建後囘過其處而祠

已落成矣斯邑之民可謂厚篤而易化與後知府白玉重修有記成化七
五年知府戴琥命縣丞徐倫重修員外上虞陸淵記弘治
十二年知縣徐恂新之萬曆五年知縣譚禮修前
殿扁曰元貞婦祠十三年推官陳汝璧按剡道出
祠下爲詩以吊更扁繫貞婦於宋命知縣萬民紀
崇飭其祠大學士新昌潘晟記畧曰嘗觀國史與郡志貞婦特宋祚既移元運將啓則此千
夫長者乃提兵招郡縣之夫雖多殺戮而上下名
分畧定非復昔日犬羊馳逐之悍也以故烈婦諸
所哀懇之辭於俘婦中得以自達防守雖嚴而驅
逼少懈遂得乘間嚙指出血寫詩崖石間從容自
墜而死否則一時憤激身被汚辱輕死於白刃其
心何以自明哉嘉靖間余以南司成謁禮歸拜

瞻祠下見老父能言容美尤兵追討倭奴若烈婦神驅使之入祠者幸一舉而盡殲之余觀四壁血漬殆滿獨烈婦几座尋丈間無纖滴點汚是烈婦貞心勁節雖數百年後猶凜凜然使腥羶不敢近而況當時生存孰得而犯之乎此烈婦所以有祠也祠堂廡傾圮郡憲汚陽陳公過剡謁祠慨然符諸夢寐乃即囑邑尹南城萬君式廓而更新之徹其舊額改題曰宋殆與綱目書文陸諸公死宋者同時萬君初蒞任樂成公志遂捐俸率鄉人之慕義樂助者高其棟宇易其朽腐祠前爲軒又其南爲廳三楹文以桂石繚以周垣丹黝堊雘所不備庶往來瞻仰者一時改觀而歲時伏臘亦稱其崇祀矣陳公以名進士素持風紀萬君雅有清譽其共成此舉實扶植綱常表正風俗之一機也余故樂從邑人之請歷闡其幽以記之石○陳汝璧詩有序剡蓋有王烈婦祠矣至元十三年元兵南下烈婦死之語具記中余過剡父老爲余談烈婦題詩投水事余爲之愴然低徊者久之觀其額曰旌

烈婦之祠夫烈婦而臣元也彼何以死哉善乎王元美先生之言曰臣元而人者行禽也乃烈婦即偉丈夫何加焉余改題而系以詩道傍遺碣自覺然灑血千秋尚可憐嶺上清風垂異代溪流嗚咽似當年一詩色借蒼崖潤九死心同白日懸知汝美魂原不散額題吾爲洗腥羶○萬民紀詩有序

烈婦王氏有祠其來久矣向額其門曰元王烈婦祠司理陳公按剡過祠下瞻拜其像讀所遺嚙指詩而尚論其世謂元兵蹂宋渡淛入台烈婦爲虜義不受辱至是死之是烈婦固宋婦也安得繫之於元哉遂徹其舊額而改題之此春秋綱目書意也且屬余新其宇焉余以其有關於世教者甚大廼肅將厥事功聿告成於乎余深嘉烈婦之爲烈也當與文陸諸公死宋事者並傳矣又聞諸父老譚烈婦在嘉靖間嘗誘倭夷入祠一舉而麋之其神功尤爲奇異因追憶元兵營淛沙許之時使海若有靈如烈婦然以應皇太后之望祝則元兵且一洗而空之矣安得遷殄宋祚哉即烈婦亦不爲

虜也余故爲之詩以寄慨云亂華蒙古正縱橫烈女忠臣志不更柴市臨刑天地老厓山抱溺水雲清赤城俘婦芳聲並刻崗留題嚙血明　爲士民所江海無靈潮故止何如遺像掃倭腥

建奉者

文昌祠　宋時建桃源觀內後災元至元二十三年守帥周紹祖尹邢雄徙之學宮邑人崔存記今萬曆初重建在明倫堂東

它山祠　南門外嘉靖初建

英濟祠　南門外即陳侯祠故址邑民改建祀張陳二侯

仙君祠　謝岩山仙君爲謝靈運

白雲祠　白雲洞爲王子晉立

石真君祠　孝嘉鄉

胡公祠　繼錦鄉郡志云兵部侍郎胡則永康人也嘗奏免衢婺身丁錢民被其賜廟祀于二郡之間無慮數十胡發於慶曆中廟初未有封爵永康之民因宣和中封方巖神爲祐順侯奉合以爲胡侍郎婺州稱祐順侯祠據亦承之

葛仙翁祠　太白山許岳英詩斷崖崔嵬天驥騰虛明倒影勢欲崩太陰生寒激山籟微茫

烟水涵青冥遠峯堆擾摶霄漢芙蓉賦高錦雲亂
殘紅稚緑春尚濃綺戶雕甍掃林半當年仙子遊
無方釣車足跡名殊鄉世傳得魚化龍去千年遺
事歸渺茫雲烟蔽虧張芟顯斷碑龍文近卌灶偶
來乘屐步山椒兩袂風生謾吟嘯

陳令祠　四十都地名小溪古靈先生因訪邑令錢君至此遂祀之○錢悌詩千載古靈廟鄉民作社壇聲鏗奔小磵香薦掇芳蘭素壁描青雀晴光逼畫欄鮮襟盤夕薄嵐靄迫人寒○林世瑞詩有序先生閩人也予忝邇先生家纔二十里許世有姻好造祠拜謁題云盛德薰人澤不窮剡溪重見古靈宮于今四海尊皇極盡入先生教化中

周汝登曰邑祭典統自秩宗者一廟兩祠故論次爲獨詳賢宦祠主之督學使者爲厲世大括是烏可忽他廟不經顧里社所奉按舊志姑著其名不

側抑于於賢宦祠慨焉世所祀鄉賢往往稱濫以故主者鄭重不易于獨于邑與他邑異濫生于有權力者而于邑鮮權力者賢者以寡援卒卒不得聞聞矣以無資輙中廢夫士有曾參閔損之行而無所宂容不能使人信則寡援者湮上有楊綰包拯之公而煩以文檄不能使無費則無資者阻以故他邑病濫余邑病遺濫則僞者倖使人不恥不修遺則真者沒使人不貴能修濫與遺其爲教化傷等耳持衡者宜於文檄外詢之周一獲其真斷之

臬既防其濫更慮其遺卒能使不濫不遺斯人文
教化之大籍也已邑賢若前代而遺有周公汝士
本朝而遺有王公鈍不肖先君子諱讓喻公聚杜
公民表德學事功炳人耳目余從兄夢秀又業有
成議茲六七君子者詎可少哉而且更有未盡者
存若名宦之遺亦類是前代有賀侯齊丁侯寶臣
過侯昱史侯安之　本朝有臧侯鳳朱侯一栢是
德與功俱懋者而專語功則有吳侯三畏專語德
則有裴侯暄林侯森學之諭有王公天和以是求

之儁邑欲賢與宦之遺若是夥者蓋鮮矣夫　國朝以來二百餘年入賢祠者堇堇兩賢晉以來千四百年入宦祠者堇堇兩宦則烏得不遺且夥若是也余慮夫遠益無徵私心痛焉揭其名以俟持衡者按名而審諏其或有信乎余言若不肖先君子有其實義不得掩故不避而筆于篇

墓塚

漢

朱買臣墓在縣北六里石羊存焉舊志云買臣吳人墓在此姑以傳疑

晉

阮裕墓在縣東九里

戴顒墓在縣北一里王僧達吳郡記曰顒死葬剡山石表猶存王十朋詩

千載戴顒墓三字道傍碑宋紹興二年令范仲將爲作亭堂墓下嘉定三年四明樓鑰爲書本傳立碑道左八年令史安之重建墓亭以修時祀亭左右繪刻中先賢像元至元二十一年縣丞汪庭作雪溪精舍于墓左置田八十畝以供祀事今舍廢田亦民僣本朝弘治十三年知縣徐恂重建墓亭

邑人周山記畧邑令嘉定徐侯尹吾嵊幾三載政通民和百廢具舉訪求先賢遺跡得晋處士戴公顒之墓於城北通越門外顧瞻之餘爲之喟然太息迺與僚寀丞王公薄沈公蓮幕蔣公謀諸戴公清名高節著於當時而聞於後世不幸饋蕪無主而其墓在斯土鞠爲茂草又如此實吾長民者之責也欲爲之作亭於墓前以棲其神可乎僚寀皆曰善於

是度匠作工徒之需備木石陶甓之值作亭三間卅壐炳煥前峙大門外繚崇垣工肇於二月之望日不百日而落成焉嗚呼亭之或興或廢後先不一蓋天理有晦明人心有敬怠故耳使此亭常固不廢不有望於天理人心之常存不死者乎吾固言之以爲後之繼尹吾嵊者○邑人費嵩詩清風高節冠群芳遺塚纍纍古道傍琴書自樂名猶在猿鶴相呼客重傷○夏雷曰一墓亭屢興屢廢不知其幾田亦爲民間有久矣而三字之碑則巋然獨存因碑而修墓因墓而立田是又存乎其人焉

王羲之墓在金庭山即所居葬焉僧尚杲爲作墓誌

山桐公墓在故港世傳爲謝氏祖郡志稱小許相公墓

玄度墓在濟度村孝嘉鄉亦即所居以葬

南宋褚伯玉墓在白石山即西白山南史云伯玉居一樓及卒葬

爲南齊宋士明墓在烏榆山桃源鄉宋姚參政墓在縣北靈芝鄉許汝霖曰按舊志姚太師舜明墓在諸暨長樂鄉子參政憲附焉上世居剡後遷諸暨葬宜在彼此或爲祖墓生參政者故人呼爲參政墓云宋元忠墓在蓮花山宋多見墓在書院山俱禮義鄉蓮花山石獸猶存近將有鬻而泯之者心恐未安而於理亦恐未宜志以示不可泯王夢龍墓在峨眉山五十一都寶溪其祖迥墓在五十二都鳳凰窠夢龍仕至平章俱新昌人新昌又有石公弼墓在仙山今無此山石麟之墓在昇平鄉不可考高文虎墓在金波山吳大有墓在縣北戴顒墓左上三墓俱流寓陳賢墓在浦橋縣西十里去其居一百步德祐十二年其孫爲立墓亭監察御史俞浙記剡之浦橋有神曰陳侯諱賢者生

於乾道戊子歿於紹定庚寅既歿神功禦災捍患所在響荅至端平甲午以水戰助王師殲金人于蔡州封靈濟侯淳祐壬子以厭殺浙東西大水浸淫加善應景定庚申借潮浙江航貴人鑾輿加協惠此其事卓異載在祀典人所共知也而詎知又有甚異者人歿而爲神有之矣未有生能爲神從事幽冥以濟物也侯生稍長不問晝夜遇假寐輙神遊江海間拯護舟楫或爲人驚寤則嘆曰壞一舟矣人每設祭潮神侯輿馬寤則哇所享牲肉是所謂生能爲神者錢塘行在所恃堤岸以捍江潮嘉定庚辰潮怒嚙堤由候潮門抵新門潰突不可遏漂廬舍汨城郭日益甚朝廷命有司起徒卒勠力畚鍤隨築隨毀相顧無措召神問計侯呼江神祭以三牲喻以關係利病手一竹植沙塗上誓之曰神有靈無使潮越吾竹以爲神羞潮至望竹伊邇即勢伏迤邐折而東行未幾西岸擁沙成阜畚鍤就緒而長堤屹若山繞矣水之爲潮天地呼吸升降古今往來東西不敢自恣而聽命於侯人之

生也必稟五行之秀侯盖鍾夫水行之英靈瑰琦
不斷喪其神氣氣類感召無幽不達人見其蹟之
似怪吾見其理之爲常也嘗欲傳其始末一日剡
之鄉老以湘公炎來道侯之孫某竊慕古人顯揚
先祖之義將築亭墓上奉時祀求文爲記吾方遜
謝若有物觸其衷者蓋吾少時舟行浙江中流浪
湧幾覆篙工仰天呼侯數四浪輒平舟獲善濟吾
時嘗有祈禱之詞久未克償今之觸吾衷者侯其
速吾文以償其愿歟遂爲侯記之侯墓去家百步
而近第其嗣焉子九人第三子無作神功濟物稚
者父風又以見英靈瑰琦之神氣人間得之於天
子嗣得之於父信非修爲方術所可與能也因併
記且求質於世之君子云

蔣志行墓在北門外一里有石碑

國朝

高孜墓在星子峯下上二墓俱邑令

義塚舊在東門外今水衙塌宜嗣置之旦四面爲

四所乃倫是在伎義之君子

寺觀

寺在城者有惠安教寺 坐剡山晉義熙二年南天竺國有高僧二人入金華師道深弟子竺法友授阿毗譚論一百二十卷甫一宿而誦通道深遂讚法友曰釋伽重興今先授記遂往剡東峁山（今屬新昌）復於剡山立般若臺寺唐會昌廢咸通八年重建改法華臺寺十道志曰西臺寺今法臺寺是也陳惠度所立惠度者彌士也射麋此山麋孕而傷既產以舌舐子身死而後母死惠度棄弓矢出家每日受一食苦行以悔先罪日誦法華維摩經諷味響聞四方歸戒者數百人遂開拓所住曰法華臺麋死之處草生曰麋胎草山曰麋胎山天祐四年吴越武肅王改興邑寺宋大中祥符元年改今名有應天塔灌頂壇增勝堂幽遠菴元至元寺廢 本朝宣德中僧文彬及其徒永寧會首劉文敏重建景泰中僧建源修應天塔建山門有棲雲宿雲房弘治二年僧

翠寒亭嘉靖十七年殿燬十八年僧道玦智方等重建三十五年僧惠宗造山門隆慶三年僧智珊等建觀音閣僧原昭原祥等爲石蹬闌干及更衣亭萬曆二年僧惠鏡復幽遠菴在二都又浄土菴在渡南三里○唐張繼灌頂壇詩九灯傳像法七夜會龍華月靜金田廣幡搖銀漢斜香壇分地位寶印辨根芽試問因緣者清溪無數沙○趙嘏早發法臺寺詩暫息勞生樹色間平明塵事又相關吟辭宿處烟霞去心負秋來水石閑竹戶半開鍾未絶松枝靜霽鶴初還明朝一倍堪惆悵回首塵中見此山○宋王銍增勝堂詩心是華嚴境圓機更善根一塵猶可見十勝不爲繁放鶴歸松徑呼猨開竹門妙高峯頂住客到亦忘言○僧擇璘幽遠菴詩得意幽深觸處真何須丘壑密藏身愛玆殊勝園林地非彼等閑花木春白晝杜門人莫到清談絶俗世難親紛紛閙市逃山脚獨有此中無點塵○國朝錢莊遊寺詩欲識招提境相將策瘦藤風高鳴鴈塔幡影暗禪灯鍾斷鶯聲細香銷瑞靄

張　得

凝浮生駒過隙何必羨飛騰○徐恂棲雲房詩氤氳斛石起坤垠疊閣層樓巧樣新却笑紅塵飛不到無心常伴老僧身○夏雷翠寒亭詩無酒不妨清話久有錢難買綠陰多○胡淮詩喜對山僧供咲語勝遊蓬島聽笙歌○張元澄詩天開南國真圖畫人住西方小涅盤○餘姚楊撫詩小趺偶爾借蒲團高樹脩脩落翠寒山鳥

實性禪寺在縣西二百五十步唐乾元中建號泰清院會昌中廢後晉天福七年重建宋大中祥符元年改今額弘治三年僧福榮重建嘉靖十六年知縣呂章以例查廢䞨寺院會寺僧不法廢之改正殿爲啓聖祠舉人周震佃殿西空基及山構屋爲居萬曆二年捨復爲寺更建獅子菴在獅子岩爲實性下院尚書平湖陸光祖修撰山陰張元忭助成之○本府知府彭富記按一統志嵊諸梵宇獨載實性寺以邑之官師於此習儀祝聖壽也又閱郡志寺創自唐年有賜田饒甚甲於諸山嘉靖中邑令呂章毀寺而寺之

隙地爲舉人周君震倡而得焉周君治爲宅盎買
傍地廣之居三十年矣周君後爲衡州判歸謂其
子夢秀夢科等曰晉唐名賢如王內史陸宣公皆
捨宅爲寺予乃佃寺爲宅汝必復之而平湖陸司
寇杲與周君同年厚善聞而義之數移書貸決命
子大理卿光祖捐金以助贖寺之廢田遂以其宅
并盎買地請復爲寺以狀來上予懼然嘉嘆即召
寺僧還寺如故得田地若干畝僧於是始有香燭
饘粥之費余惟弘德以前士大夫無毀寺爲業者
畏國憲而謹儒行也近世始有借口異端之闢以
恣其利便之私周別駕毅然改決陸公成人之美
二公之行事古之人哉夢秀夢科克承父命自其
困苦是皆足以敦勵末俗而障頹流者也
表章以垂永久非我有司事乎乃詳記之

圓超講寺　在惠安寺東南舊在縣治西北四百步剡山之
巔高平處曰靈岫菴奉觀音大士祈禱必應晉
天福末年號奉國院宋大中祥符間改今額治平
間國子博士鄭某來宰剡感觀音靈異崇寧五年

承務郎鄭雄飛紀其事於石　本朝洪武二十四年廢香火猶存永樂十一年僧會法濟重建半嶺有挾溪亭嶺側有俯山堂昔有近離城市不多里高壓樓臺無數家之句弘治元年提學副使鄭紀命徒于今所而空其址○宋王銍詩松間清月佛前灯龕在危峯更上層犬吠一山秋意靜敲門知有夜歸僧○盧天驥挾溪亭詩孤亭瞰平野双溪分兩腋野闊春草香溪清照人碧我來亭上天欲春溪聲野色爭趍人胷中丘壑相映發悠然便欲乗飈輪借無妙手王摩詰半吹鵞溪重畫出溪山應喜得賞音盡遣烟霞供落筆我嗟吟髩犯車塵一凭危欄眼界新奇謝溪聲與山色他時來作箇中人○王十朋詩路入剡山腰風生王川廢孤亭物外高双溪眼中碧山僧作亭去幾春賞音端的逢詩人自從妙語發丘壑遂使絕境多歸輪我來首訪維摩詰問訊双溪自何出發源應與婺溪同賦物慚無沈郎筆凭欄一洗利名塵入眼翻經客感新出城重重水如帶何能挽住思鄉人○本朝

錢莊詩清時薄宦廉山椒寄胸臆攬衣謝寅上寅躋攀歷決皆欲無遺群峯居履鳥川原走延廣瀟木澀雲脉鳥弄向日華狐奔避人跡僧歸象鼻低樵唱康臺寂取樂倚有時童冠初未識笑談避芳塵細語相嘖嘖禪房不久居儒彦毋與逆頓足拂菁茅短歌記疇昔○邑人丁哲和同知黄璧詩别駕廵遊爲胗瘝公餘乘興訪名山蕭林嵐氣蒸衣濕一徑苔痕染展斑石壁插雲天路近藤蘿過雨鳥聲閒江南行樂知多少罕有登臨到此間○釋懷讓詩香閣俯孤城登臨敞竹扃水流雙澗白烟散萬家青華雨迷蓮座松雲護石屏何當來借住重著息心銘

在鄉東有晉安教寺去縣二十里八九十都南宋元嘉二年建唐會昌中廢後唐清泰二年重建 國朝正統中復興○邑人魏文傳詩步入招提取次遊無邊風景快吟哦白雲低護經壇冷綠樹陰籠寶地幽夜靜榻留明月伴雨餘泉帶落花流滿懷塵慮消磨盡何必乘槎到九洲○張邦信詩鐘磬醒塵夢風光

任成球

浣客愁鳥聲雲外落樹影月中浮

福感教寺 去縣二十五里六都晋天福二年建名報恩寺宋大中祥符元年改今額 國朝成化中重建嘉靖間殿圮萬曆三年重建

尊聖禪寺 去縣四十里十三都宋永嘉二年建號厚山菴唐會昌廢咸通十一年重建久之廢晋天福二年重建治平三年改今額

寶藏教寺 去縣四十五里十一都晋開福二年茹蘭禪師建名雲峯院宋大中祥符元年改今額 國朝景泰中重建

上乘禪寺 去縣四十五里十三都梁永明二年建名安福寺唐會昌五年廢宋景福元年重建改今額

清隱禪寺 去縣七十里十六都在三峯山唐大中七年建名三峯院宋治平二年改清隱院 國朝爲寺嘉靖中燬萬曆二年僧惠奇重建觀音殿左右三峯兕峙中有龍池池有靈龜金綫文蚍龜蚍見則雨初創寺時塑佛像壓塡池上每風作佛座下湧水泛濫後遷龍神於寺北十里外峻山有池水處至今禱雨

者趨之○仲皎送僧伴入三峯詩上人瞿曇裔律身王無瑕力寃毗尼論汪汪海無涯振錫復何許三峯隱蒼霞堂上大道師靈芝之發根芽想見湧法施鼕鼕鼓聲擂上人從之遊勿憚歲月遐坐待霜露熟香風散天葩○魏瑱詩尋幽遠步到山巔勝境巍峩取次看竹色曉含烟色翠松聲特共澗聲寒禪房寂靜纖塵絕心鏡虛明萬慮安最是遠公能愛客更留清話坐蒲團

法祥教寺

去縣七十里十五都宋元嘉二年建名延福院唐會昌廢後唐清泰二年重建宋大中祥符元年改法朗寺又改法祥寺今為教寺近廢寺有且西有据山山勢秀拔寺之後有峯曰獅子頂

明覺講寺

去縣十里五十都梁大通元年智遠禪師建號禪林寺唐會昌廢晉天福元年重建宋大中祥符元年改今額按舊志寺始營于長安老僧望一處有靈光現遂遷之今謂其地為光明堂在今所北二里後復聞前山有鍾鼓聲又遷之即今所前有燕尾峯右有獨秀峯左有龍潭

後寺圮　國朝萬曆二年僧智崇重建○周汝登詩蕭寺危樓廠竹扉枯藤怪木雨因依臨窗絕壑平堪倚合棟孤雲靜不飛峽石流泉雙鷺起空林落日一僧歸棲遲自覺投閒好未老何妨早拂衣○周夢科詩竹院深深鎖寂寥白衣過此遠煩囂青山碧石無人到惟有閒雲一片飄

顯淨教寺　去縣三十里四十六都齊永明建號清林寺唐會昌廢後唐長興元年重建宋大中祥符元年改今額寺在平嶼中有八池水清美

空相講寺　去縣四十里四十四都宋太平興國元年建號開明院大中祥符元年改空相院今爲講寺　本朝洪武中殿圮萬曆四年僧能震重建

西有

報恩講寺　去縣一十五里四十九都西晉太康中開山後人掘地古磚有大同六年肇法師誌號唐乾寧元年重建號報德寺石晉天福開運閒主僧遇明與其徒新之有開運六年贍鄮鎮杜司空捨芰池公據宋大中祥符元年改報恩院　國朝洪武二十年重建爲講寺萬曆

十年毀燬十四年僧成順重建舊有菊花院閑遠樓雲棲樓○樓秋房題閑遠樓詩四山野樹護修竹天姥沃洲雲徃還中有道人閑且遠前身支遁晉名山○邑人周玄齡詩扶劔來僧刹踈松月下明君親恩未報慚愧此題名

悟空禪寺　去縣二十里後周廣順二年建號保安院即古烏流寺基宋治平二年改今額○盧天驥詩山桂江城欲盡頭招提無處著清幽寒沉水底長留月冷入天圍不剩秋村靜尚遺看鶴尸溪寒只受釣魚舟眼前佳思能如許恨不常爲隱地游

禪惠禪寺　去縣二十五里二十六都齊景明元年安南將軍黃僧成家兩錢數萬億以造寺號錢房院梁天鑑中改禪房寺唐會通中廢咸通二年重建改今額　國朝嘉靖初廢三十年僧惠潭重建又復下院一所曰盧塘菴今二十八都黃氏世修之

大明講寺　去縣四十里三十六都晉天福七年建號資國大明院宋大中祥符元年改大明院一云晉天福四年有姚氏女捨宅爲

魯于信

寺號曰崇明治平二年改今額未知孰是國朝僧抓大宗以詩鳴有幻菴集宣德中重建嘉靖中重造鍾樓西有深坑相傳韶國師所鑿○黄璧詩鍾聲遥出翠微間問是來經獨秀山白社遵香清佛骨紫荆花艷映禪關休論幻相三生事且共浮生半日閒最愛可人清絶處奇峯數點座中閒○教諭陳烜詩大明寺隱竹林間獨秀前人詠此山松盖鶴歸能自庇岩扃雲去不曾關簾垂香裊清風細僧消定堂空白晝閒別駕使君來覧勝儒流喜得共躋攀

宣妙禪寺　去縣四十里三十都宋元嘉二年建號崇明寺唐會昌廢晉天福四年重建宋治平二年改今額洪武中歸併下麻苑寺嘉靖中寺廢惠安寺僧惠鍨重興建殿○宋因方鴻飛詩雲觀烟樓是梵家竹園如洗過寒沙因風緑浪摇晴麦過雨紅香落澗花人鎖晝房聽鳥語僧歸晚塢放蜂衙不須老遠來沽酒只覔天酥爲點茶

定林講寺　去縣四十五里三十四都宋元嘉二年建號松山院唐會昌廢晉天

福八年重建宋治平間改今額○盧天驥詩寒旌隱隱入花村小雨初收水帶昏不障山城尋寺去只將詩思與僧論菱侵水步深藏艇柳暗人家半掩門莫厭禪居蕭冷甚此來一爲訪溪蓀

普惠講寺 去縣五十里四十二都齊永明二年建號安養法華院唐會昌中廢乾符六年重建宋治平中改普惠今爲講寺洪武中歸併報恩寺嘉靖間燬把實性僧殊譎重建○王鏊詩境裏形容水底天定將何物喻眞禪心安便是毗盧界盡日添香伴兀然

上鹿苑寺 去縣五十里三十七都宋元嘉七年有姚聖姑者來赴下康苑梵宮不納遂乘雲登鷲山中曳禪止焉有靈犬隨之遂立寺號披雲院唐會昌中廢咸通七年重建晉吳越王改披雲寺至宋改今額未審何年歸併下康苑寺寺有堂名接山今廢○盧天驥詩有序余嘗愛晉人支遁多在會稽而王子猷冒雪訪戴尤爲一時勝事余以捕寇過剡時方大雪初霽山流暴漲橋斷不可行遂登鹿苑寺憑欄四顧徧

覽溪山來相映發豈真中令嘗曰應接不暇處耶遂名堂爲接山且賦詩以紀其事詩曰故藤老欲盡新春𡎺未來無令隴海覺且遣山禽催雲開古招提鐵鳳翔斗魁單車夜剥啄境净無纎埃修篁舞瘦蛟怒瀑生晴雷坐久談頻風吹我心霧開乃知白蓮社未下黃金臺緬思王騎曹逸韻挽不回且同謝康樂屐齒破蒼苔重遊定不惡林壑富詩材。又拜登詩鷲峯遊屐少我獨住多時僧護翻經石猿攀嘯月枝地寒春到晚山遠夢歸遲尚被浮雲惧吾心信是痴。着地嵐陰撥不開傍閑同到妙高臺老僧只恐泉聲少坐遣飛雲喚雨來。脩蛇細路困車牛公事催人不自由欲到遥岑冷侵骨寄聲歸鴈莫來休

下康苑寺　去縣五十里三十七都宋元嘉二年建號靈鷲寺唐會昌中廢咸通十四年重建宋治平元年改下康苑寺山有龍潭潭洩水下爲飛瀑對瀑水爲玉虹亭有隱天閣後廢萬曆十三年重興。盧天驥登玉虹亭詩巉巖愁攫虎窮冬層巒秀壁撑晴空闕

拖小藤借餘力來看霜岩飛怒虹小奚催呼老款段淪茗篝火烹團龍餘甘入口齒頰爽兩腋便欲生清風悠然千里墮眼界金篦刮膜開雙瞳乃知足力不到處別有天地生壺中國恩欲報已華髮征車未去先晨鍾王川乘雲紫皇家謫仙騎鯨河泊宮聊追二子歸禹穴碧空轉首山重重。又登隱天閣詩欲結愛山人共了尋山債未有買山錢愁聞有山賣小雨濕春風倦雲遮落日不若叫風來吹雲放山出一眼吞萬山寸心貯千里何日上歸舟教人問春水殘雪領春來蹤鍾驚夢去尚憶昔年愁孤舟繫江樹。邑人邢德健詩古寺一荒丘禪房續舊遊種蓮看漸發瀑布不曾收佛是當年供鍾爲此日留喜逢僧共語久矣狎沙鷗。邑人周夢科詩廢苑重興梵宇寛天台羅漢逐雲端雨花石上成趺坐瀑布泉邊悟水觀四壁無隣山鳥待深岩有洞老猿看當時婺嶺龍南去今日還歸護法壇

皇覺禪寺

去縣六十里四十都漢乾祐三年建號仙岩院宋大中祥符元年改

皇覺院今爲禪寺有遥碧軒○盧天驥詩倦枕曾遥夢清溪一繫舡山寒疑有雨樹古只藏烟未了惟詩債難忘宿世緣回頭雲盡處空有鴈書天

安國教寺 去縣六十里三十九都晋天福七年建號太平院宋治平三年改今額

真如禪寺 去縣六十里二十八都晋開運元年建號寶壽院宋大中祥符間改今額元時廢 國朝天順間重興嘉靖間幾廢僧能達智信重興剏録云白道猷行谿而來登山腰居之後人於山坦平處立剎四圍山林蔚茂峯巒峻拔澗溪遶寺○周汝登讀書其間詩青山開北牖況復寺堂清鳥語出深翠僧衣㬥晚晴觀魚咸久坐數竹自開行身世不知有何當更問名

西且北有**戒德教寺** 去縣三十里二十九都齊永明二年建號光德院唐會昌中廢晋天福七年重建治平三年改名戒德

證道禪寺 去縣五十里二十八都晋安運元年建號五龍院宋治平間改今額元末燬郡志云晋高僧白道猷道場

山有龍潭【靈巖教寺】去縣七十里三十三都寺在萬山中有策道者開山山有仙岩上撥雲霄有盤松石洞前有獨秀峯嶺有三井龍潭一澗自潭而下環寺而前兩松合抱千餘年木也夜有猿鶴聲中有茹蘭禪師伏彪歇石岩岩下有龍潭唐乾符三年於古石門寺基建號靈岩　國朝隆慶中燬圮萬曆二年重建【天竺禪寺】去縣四十里二十五都晉天福七年建號西明院宋大中祥符間改今額　國朝景泰三年重建相傳更有道場岩乃西明禪院廢址近爲四十七都民張鋼世業今呈縣別與西明院召僧住持知縣譚禮給匾○邑人王寅詩尋幽遠到梵王家踏薜捫蘿鳥道斜半畝銀塘通石罅滿籬金粉散松花岩前草煖初眠鹿林下烟凝正煑茶老衲心情何所似野雲孤鶴在天涯　北有【瑞峯寺】去縣七十里五十五都剏建莫考【廣愛寺】去縣七十里五十六都吳赤烏二年建號德正院宋改今額　國朝廢正統初重興【佛果

王以道刊

寺去縣七十里二五十六都建廢莫考

龍藏教寺去縣四十五里二二十一都梁天監二年建號龍宮寺唐太和七年重建會昌中廢咸通十二年重建宋大中祥符元年改今額元末廢國朝正統十三年重建嘉靖間廢僧能明復興。唐李紳碑記岁乱地濱滄海西控長江大禹疏鑿了溪人方宅土南巖海跡高下猶存司其水旱鴻爲雲雨乃神龍之鄉寺曰龍宮在剡靈芝鄉嵊亭里地形爽塏林嶺依抱剎宇頹毀積有年所自我三徙始安比地像儀消化鍾磬不揚堵波已傾法輪莫轉老釋修真護念常啓歲月屢遷物力無及貞元十八載余以進士客江瀏將適天台與修真會於剡之陽師言老禪有念今茲果矣後當領鎮此道苹頹建飾以資福履余笑不答師曰星歲有期恩有宜告元和三年余罷金陵從事河東薛公苹招遊境中師以所病約言無易太和癸丑自分命洛陽詔以檢校左騎省蒞察于茲歲踰再紀修真巳爲異物龍宮棟宇將盡命告墳塔因追昔官

以頭陀僧會真部工藏寺捐錢三十萬監軍使手
公承泰亦施馬從事僚吏咸同勝因閭里綦仁風
靡爭施子來之功雲集青京之宇欝興浹旬而垣
墻周逾月而棟幹合奐美真界昭平化城擇象行
僧居之以總寺事翊我后無疆之祚毓龍神水府
之福一雨之施潤洽必同七郡山瀕城邑萬人介
福所安翳我龍德用迴法力來資泉宮刻石紀書
於寺之刹銘曰滄海之隅為亂巨擘維禹功力生
人始籍土壞山嶼濱海之東溟漲空闊漩秘龍宮
貝闕難知珠宮莫測雲雨交昏深沉不隔闢法必
聽依佛必降豈騰溟海亦化長江既資勝因為龍
景福節宣風雨以成播育橦鍾以告三界必闡權
爾龍室昭昭不昏我昔麻衣有僧傳信斯人已亡
斯言不泯敬報前志以垂後功建節儀相昭明有
聯普利群生罔資巳力琢磨記言太和九年四月
二十九日建又自叙并詩此寺摧毀積歲貞元十
八年余為布衣東遊天台故人江西觀察使崔公
以殿中謫官移治剡溪崔公座中有僧曰修真自

言居龍宮寺起謂予言異日必當鎮此為修此寺
特以為仁易之言不之應僧相視久之而退元和
三年余以前進士為故薛苹常侍招致越中此僧
已卧疾使門人相告曩日所言必當鎮此修寺之
記幸不忘志僧偶言寺有靈祇相告耳余聞疾而
已不能對及後符其言而詢其存歿則僧及門人
悉殞謝去更頽毀惟荒墟餘供而已因召寺僧會
真以俸錢為助之累月而畢以成其往願也詩曰
銀地溪邊遇衲師笑拈花雨惜潜知定觀玄度生
前事不道靈山別後期真相有無因色界化城興
滅在蓮基好令滄海龍宮了長護金人舊浴池○一云
李紳遊剡龍宮精舍晝寢有老僧見一黑虵上紳
前李樹食其子復望東序而去入紳懷中僧曰公
聽中有觀否曰夢中登李樹食李甚美似有一僧
相逼乃寤僧知非常延遇甚謹○僧擇璘詩扁舟
一葉繫江湄岸笠風行到此遲吊古有心懷屈李
拂塵無力看豐碑擁門過客難投轄參道居僧絶
置錐相望吾廬如咫尺杖藜來往亦長羈○老倫

宗鑑有道學送僧詩雲去無心鳥倦還笠衝嵐雪不嫌寒千岩萬壑知何處一片家山耐看

積教寺

去縣三十里十八都後唐長興四年建號寶興德院宋大中祥符元年改今額唐永嘉郡護法寺智希禪師善相山自四明行山至此見四圍皆積雪惟中間不積遂築菴未幾邑人錢氏為創寺寺接東驕山詩僧擇琳建高山堂○節度使推官梁佐詩巍巍顛層閣倚雲平一凭欄干醉眼醒霽雨亂山生淡碧若帶風寒竹有餘青孤依傍石來深澗幽鳥銜烟入畫屏却重僧多仙景像蓬萊不獨在滄溟○知縣史安之詩閣憑嵬構蔽軒窗一望塵凡目暫醒岩嶂遠供千疊翠松篁還聳四時青登臨雅愛資吟筆圖畫尤宜作座屏我欲從君游未得壯心方得翥滄溟○內殿崇班嵊監酒王楠詩巧構層巔絕頂平登臨還解俗愁醒雨中佳對千株綠望裏晴嵐一抹青繞檻碧岩鮮深徑倚窗孤嶂長成屏歷愁恣目情無極一水盈盈赴北溟○鄉士過寺新詩層樓寶勢壓禪扃俗眼塵

昏到曷醒千慚樹排車蓋翠萬疊山巔佛頭青夜將溪月登心境春把岩花作面屏我欲期師不湏出世途今嶮甚東溟○仲皎高山堂詩此堂何許覔知音山自高高水自深要見德雲當面是莫勞童子別峯尋講殘玉几天花落定起蘿窗海月沉誰會高人居絕頂一毫端上剎塵心○僧擇璘詠高山泉高山偶喜得佳泉徹底澄清常湛然茶鬥齋廚隨應用竹龍相引任流傳○僧義久能詩孫仲益贈以詩長廊合沓履聲中一笑惟迎得此公定續千灯齊去佛先招一瓣供詩翁

接待法華寺　去縣三十里唐龍紀元年有王時傍捨建後爲接待寺　國朝改印月寺嘉靖間王楙招僧程進居住萬曆二年王氏合族嘉客等告司府勘實重典○邑人胡濬詩沙頭精舍好暫借息塵喧萬籟空中寂三生夢裏論水雲蒸紙帳山月浸松門靜剩令人愛無由覔葉根○周汝登詩禪房曾借榻開戶見江清樹色當窗午鐘聲出殿晴探源時獨往惜蠟更徐行自擽沉埋久

題詩不記名。

明心教寺

去縣三里二都，唐顯德七年鄉民蘇老賓請於錢氏爲僧院，宋建隆二年陳承業又捨宅增建，號黃土塔院，治平三年賜今額。山巔有歸鴻閣、歸雲亭，僧仲皎作閑閑菴，後改倚吟閣。慶元中，翰林學士鄞人高文虎於寺側作寮廬，後卒葬焉。○曾國唐咨記曰：邑北三里，林巒幽邃如城郭，其西北一隴望之蔚然高出於群峯，曰黃土嶺。嶺腰有靈泉，清冷甘美，行者取者賴濟渴吻。顯德七年，鄉民蘇老賓請于錢氏爲僧院。宋建隆初爲黃土塔院，又民陳承業捐山以廣寺。治平三年賜今額。景祐中，僧仁偃甃爲二泓，立廊以昇凡二百級，人至蕭洒，不知人間有暑。惟佛法能轉惑見爲真智，群迷爲正覺，離執著爲圓明，然後逍遥乎真空之里，超悟乎妙道之場，所謂明心者[illegible]曰夫明心之理以告云。○僧仲皎詩：精舍傍修嶺[illegible]心隨眼明。山遺僧偃迹，水作剡溪聲。無雨竹亦淨，有風松更清。上方真可住，不用觸歸情。○王銍題歸鴻閣詩：初離江渚荻生芽，飛到龍荒雪蒲沙寄語不須傳信遠將軍憂國不憂家不向幽林敞畫欄夕陽空伴六朝山故人爲我留歌典絶勝溪魚訪戴還今君有意去來中白日無私物自公溪山莫留戀不隨社燕與秋鴻○仲皎歸雲詩一從飛出岫舒卷意何長作雨遍天下乘風歸帝鄉無心憐洒落到處自清凉縹緲來空碧吟遶帶夕陽

超化禪寺去縣一里二都晉天福七年建號水陸院宋大中祥符元年改超化院舊有鑑軒　國朝景泰間重興○宋石延慶題鑑軒詩一軒曾揭鑑爲名軒下方池徹底清坐客不須頻拂拭主人猶恐太分明一塵不立元無物萬象俱涵豈有情堪笑越湖三百里等閑風浪起曾平○高文虎和曾原伯寄超化寺長老詩文聲宮祉韻鸞和素履冰霜凛節柯鵬翼扶搖鶩斥鷃鳳翔寥廓舞靈鵜參元問學淵源遠支許游從日月多詵袖新篇來此地夜寒不覺聳肩吠院有

法華院在縣東二百步唐龍記元年建今廢

瑞象院舊在縣治東聯

林坊唐景福元年吳越王建廢萬曆四年西隅民黄尚國請於知縣譚禮重興徙五十四都西嶺西捨田地十餘畝大理卿嘉興陸光祖扁

玉虛道院在縣西四十八都元隱士張愉建裔孫張文禮修○邑人朱門元詩山東捨宅為琳宇公子超然趣不群帝足龜蛇交水火將壇龍虎擁風雲花堦晝靜迎仙客月殿香清禮老君何日投閑同採藥松邊坐石許誰分

南岩廨院在縣東二百步唐龍紀元年建今廢菴有

普濟禪菴在縣西七十里四十都三懸岩項洪武三年邑人層氏捨基建

定心菴在縣北二里星子峯下東隅知縣王玉田捨基僧成恩建舊名剡坑菴邑通判周震改今名菴有僧佛身道人應袍來往其間戒行森嚴護持之大理卿嘉興陸光祖有記

棲賢菴在瑞象院之右尼法信捨奉觀音大士僧佛身塑周夢秀像於前殿署嵊教諭程克昌給扁

藥師菴在縣南一都民王廷王捨建

福慶菴在縣

東七都西開楊祖慶捨建

芝興菴　在縣北十九二十都徐廷芝捨建

靈岫菴　即廉山書院之左故圓超寺古菴址廉山八士與書院並建僧佛身仁陽住持

高湖菴　在縣西宣德中建爲惠安寺下院

秀峯菴　在縣西二十八都

石井菴　在縣西三十二都金大海捨建

華家嶺菴　在縣西三十三都僧佛完建

白竹菴　在縣西三十六都

福泉菴　在縣西十五里○大理卿嘉興陸光祖記畧曰嵊縣山谷間有精舍曰福泉菴先有比丘成瑞成昌性藏佛習與道侶楊隆張德保馬義壽求方允八人以同學佛募財置建已而八人者皆順世其徒法成復增置田產居焉里有大姓欲奪而有之因搆訟允更三四官皆判歸法成大姓惏心未已至聞於前撫院謝公下太守彭君覆訊服上其事于今撫徐公命檄縣給帖立石以永將來盖自是始定

康樂菴　在四都故港

靈源菴　在縣北十里十九二十都成化

十三年建○夏靁詩步入招提眼界寬森然數畝碧琅玕層崖滴翠半空雨萬木包陰六月寒活水有源通石竇白雲終日護經壇蹁躚更有成双鶴得食堦除去復還

觀

桃源觀在通越門內唐武德八年建號太清宮後廢乾祐三年重建改今額有山門廡殿層樓剡録云吳越時有東都帖曰桃源觀宮主靈逸大師陸契真乞以錢本回運香油未審剡縣太清宮所彼三清大師作真聖宮北帝院使用則是時太清宮尚存又與桃源觀為二區矣今未詳○宋沈遘贈王道士詩我昔剡溪逢道人一相遇重來十歲餘顏色宛如故顧我命衰早髩毛以蒼然乃知世上榮詭若山中閑道人家東都問胡不歸北北方多風塵素衣化爲黑斯言共所信吾志亦江湖瀟灑會稽守平生欣莫如君恩容苟安願奉三年計幸爾數到城閒談北方事按會稽志云遘宋嘉祐六年十二月以右正言知制誥來知越州七年七月轉起居舍人知制誥移杭州○張嵊之

詩宿雨初收月露文摸糊影動未全分羅衫拂影桃花落黎杖穿雲柳絮紛仙馭珩璜鳴秘翦簫聲琨調閑黎雲郤懷采藥劉郎處一徑箬苔蘚夕曛

金庭觀在金庭山晉王右軍嘗家于此後捨宅爲觀初名金真館又改金真宮唐裴通云南齊永元三年道士褚伯玉啓高宗明皇帝於此山置金庭觀正當右軍之家也又許渾霖云南史齊蕭子顯言褚伯玉隱剡瀑布山高帝召之辭叔於剡白石山立太平館舍之孔稚圭從其授道爲於館立碑今瀑布山在剡西太白山上白石山郎太白山山下有太平御館宜在彼若與金庭觀不相當又與裴通記文抵牾而稚圭之碑無明文可據姑志于此遺蹟詳古蹟下○沈約撰金庭觀碑生靈爲貴有識斯同道天玄及終天莫反故仙學之秘上聖攸尊啓玉笈之幽文貽金壇之妙訣駐景濛谷還光山枝吐吸烟霞變鍊丹液出沒無方升降自己下栖洞室上賓群帝覲靈岳之驟落見滄波之屢竭望玄州而駿驅指蓬山而永騖蓋

三聖駕鸞龍之蛇輿雲車萬乘載旗旆之逶迤此
益徧靈五岳未暨夫三清者也若夫上玄奥遠言
象斯絕金簡玉字之書玄霜絳雪之寶俗士所不
能窺學徒不敢輕慕且禁誓嚴重志業艱勗自非
天稟上才未易可擬自惟凡劣識鑒鮮方徒抱出
俗之願而無致遠之力早尚幽栖屏棄情累留愛
巖壑託分魚鳥塗逾遠而靡倦年既老而不衰高
宗明皇帝以上聖之德結宗玄之念忘其菲薄曲
賜提引末自夏洎周乞還山權憩汝南縣境固非
息心之地聖主纘曆復蒙縶維末泰元年方遂初
願遠出天台定居茲嶺所憩之山實惟桐柏實靈
聖之下都五縣之餘地仰出星河上參倒景高崖
萬杳邃澗千廻因高建壇憑岩考室飭降神之宇
置朝禮之地桐栢所在厥號金庭事昺靈圖因以
名館聖上曲降幽情留信彌密置道士十人用祈
嘉祉越以不才首膺斯任木棄人群竄景窮麓結
懇志於玄都望霄客於雲路仰宣國靈介茲景福
延吉祥於清廟納萬壽於神躬又願道無不懷澤

王天木

無不至幽荒岳際戎貊稽顙息鼓轂烽守在海外因此自勉兼遂微誠日夕勤劬自強不已翹心屬念曉夙晨興飧正陽於停午念孔神於中夜將三芝之而延佇飛九丹而宴息乘鳧輕舉留舄忘歸以茲丹欵表之玄極無曰在上日鑒非遠銘石靈館以旌厥心其辭曰道無不在若存若亡於惟上學理妙群方用之日損言則非常儵焉靈化羽變蜺裳九重瑩光三山璀璨日爲車馬芝成宮觀虹旌拂月龍轉漸漢萬春方華千齡始旦伊余菲薄竊慕隱淪尋師請道結交問津東探震澤西遊瀛賓依俙靈眷髣髴幽人帝明紀歷惟皇纂位屬心崗湖脫屣神器降命凡扆仰祈靈祕瞻彼高山興言覆墳啓基桐栢厥號金庭喬峯迥峭壁漢分星臨雲罫墠駕舄弁開攝禂塗蹇產林圻葱青誰謂應遠神道微密慶集宮闈祥流罕畢其久如地其恒如日壽同南山與天無卒更生變練外示無功少君飛轉密與神通因資假力輕舉騰空庚憑京誘來濟微躬○唐張說金庭觀詩玄珠道在豈難求海

變須教髩不秋他日洞天三十六碧桃花發共歸
遊○羅隱送裴餞詩金庭路指剡山隈珎重[illegible]
自此來兩髩不堪愁歲月一卮猶得話塵埃家遍
曩分心空在世逼逼横流眼未開笑發山陰雪中客
等閑乘興又須廻○宋李易居剡寄鄭天和詩剡余
庭洞在桐栢山山高一萬八千丈中有神[illegible]不死
區郁郁黄雲覆其上透岩流壑繞四旁面面参差
皆意向鷄登天姥有時聞鶴在沃州何待放彩衣
大勝官錦袍白髮奉親仍縱賞異才争[illegible]山翰清朝
奕氣自驚遊碧障古來無位有重名吾[illegible]謫仙魯
陸望平生願到猶不諳知復區區走[illegible]狀桃源康
樂舊鄉存路接風烟[illegible]遠往渡江正謂九[illegible]
笋飛泉歸指掌鸞翔鵠浴傳異時列岫方[illegible]
像剡溪隨處可十居乘輿[illegible]舟正相訪○
金庭詩衛嶽真人稱福地[illegible]齊高士寄山
仙去騎册鳳墨沼人傳詠右鵞一世風流
千年氣象古崔嵬登臨不盡襲人[illegible]唯有石
可磨○仙都太守清叟詩出屬

岫繞靈官雲藏毛竹深深洞鶱長風放
鶴已歸天漢上養鸞無復小池中羽人書飛章
法神與寥陽路暗通○天台金卞詩尋真宮養浩
崇妙路迢迢洞擁峯千疊塵分水二條白雲生石
壁飛閣插崖腰隱隱存仙迹渾疑在碧霄○淮南
馬并詩右軍學業隱林丘世隔年餘景尚幽苔鎖
一泓殘墨沼雲遮三級舊書樓欣逢羽客開金闕
儼覩仙童待玉旒自在今朝脫凡骨飛身得向洞
天遊○羽士李太登詩步步躋山轉幾重五雲深
處敞琳宮峯巒秀擁神仙致門徑清無世俗風晝
靜碁聲深院裏月明琴弄夜壇中丹成仙子無餘
事秪待蟠桃信息通○許薦石鼎訪金庭道士劉
友鶴詩杖扶敲雲登翠微黃菁青蔓牽人衣寒泉
涓涓𥗦底發幽鳥逐逐山前飛路入青雲細如綫
天風吹落碧桃片忽聞白鶴
空中鳴報道劉郎請相見

周汝登曰寺觀興廢興廢不知凡幾然歷千餘年

嵊縣誌卷之八

官師表

秦漢特治剡者莫考表令自三國吳始表令及佐倅校官自宋始年所來間可稽不可得而次元以後乃詳

吳長

卜靜 字玄盛吳郡人

賀齊 傳

晉令

王思賢刻

周翼傳	謝奕傳	李充傳	殷曠之傳	宋 令	王鎮之傳	周顒傳	齊 令	張稷傳

梁令

王懷之

陳令

徐陵

唐令

張子胄

崔　名佚由殿中請治嵊貞元七年任

薛　名佚

陳永

周汝登曰吳迄唐得令姓名具者十三人姓存而逸其名者爾人何寥寥也計其時七百餘年令當以百計而茲十餘人獨著此殆有天幸要之匪賢弗能余綜其事即數語可采置之列傳他具空名與贈送有詩而不詳其故實者皆無從論列悲夫

許渾送剡縣薛明府詩車馬楚城豪清歌送濁醪露花羞別淚烟草讓歸袍鳥浴春塘暖猨吟暮嶺高尋仙在仙署不用費牛刀○方干送剡縣陳永秩滿歸越詩俸祿三年後程途一月間舟中非客路鏡裡是家山密雪沿行軑繁花發別顏古今惟賀監蒲今潔解由還又和陳明府登縣樓詩見縣署

下○劉長卿寄剡中諸官詩訪舊山陰縣扁舟到
海涯故林嗟滿歲春草憶佳期晚景千峯亂晴江
一鳥遲桂香留客處楓暗泊舟詩舊石曹娥篆空
山夏禹祠剡溪多隱吏君去道相思

宋

知縣	縣丞	主簿	尉	校官
周在田	季祐之	文繩世	吳秉	解南翔昌州大足縣人景定二年任
晁 名僕	林通	劉士野	宋易	
陳求古	黃元裔	吳雍	薛鎡	徐應家建德府桐廬人
譚雍	沈昇	陳友仁	韓晝	洪一鶚天台人咸淳七年任
魏琰	毛亶	司馬僐	于閎	
林槩善詩	常禕	蔣鐸	楊炬	

章珣	趙吏	刁駿	程衍
蓋參	許穀	靳擴	侯杞
沈振錢塘人慶曆初任創建學舍	胥總夏志作姓胥誤	蘇林	林懋能
	劉佺	江濤括蒼人乾道間任修學有記	祝溥
丁寶臣傳	呂横		陸釜
過昱傳	毛中孚	鄭圭	杜師顔
胡格	時疇	趙崇規太宗九世孫	吳正國
高安世以給事郎太子中舍來知縣事修嵊滴廟	韓原胄	葉梓	張永
	章駉	趙善恕	魏[illegible]祖

有記
周玭
陳秉禮
謝深甫傳

黃天卿熙寧三年任
吳枏夏志作相誤
鄭伯衍
趙師向太祖八世孫

江相
高津
鄭宰
陳紀

鄭宗冏
陳戍夏志作戊誤
錢覲光
于汝功

劉繪
梁立
邊沂
鍾闓

晏明遠
吳道夫
姜強立
林昇

宋順國景文公祁子
陳彭壽
趙諒夫
向士貴

施仲素
項鶚
李寀
趙舉

侯臨
唐仲義
陳迪
錢聞善

蘇駧	蘇彬	徐愿嘉定七年任贊婺之遷鄉郡學	胡之邵
賈公述宣德郎元豐六年在是年新官制行	陳皐		宋元老
	楊浚	沈忞	趙崇原太宗九世孫
宋廣國景文公祈第四子元祐初年任	樓𤅢四明人參政鑰之子嘉泰元年任	沈文煥	支文
		趙必靠太宗十世孫	趙蓑
錢長卿	俞杭	王孚孫	吳元章
王知元	沈傯	劉龜組	任謙之
吳賁	鮮滋爲	吳松	黃飛
史祈	楊遵	王鎔	姜漸

劉旦	張孚榮	賈煥	邵傑
張諤	應泰之	[illegible]字文	汪之幹
呂必強	趙崇謏太宗九世孫	[illegible]炎	趙善嗣太宗七世孫
俞應之	劉厚南	趙崇曆	孫實夫
符綬	王爚	陳迪	趙時適
程容	高不佀		向儀
張慶遠	章世昌		曹良度
鄒秉均	董夢程		施從孫烏程人淳祐八年任佐水丘衆
孫汝秩舊志作張姓誤	姜琛		修學

宋旅傳	黃履	趙必巽太宗十世孫
孫潮	呂元圭	李補
張誠發宣和間修城	葉發	楊文龍
莫伯輪	汪燁	張芝孫
應彬傳建炎元年任	吳如圖	於珎
楊植	程梓	張德羽
宋宗年傳	朱德藻	劉次申
范仲將傳紹興初任	方士悅	徐淏
姜仲開傳紹興四年任		

錢摭

趙不退

毛鐸 三衢人紹興二年任修理學宮

郭康年

蔡純誠

韓晦

李耆年

趙煥之

郭契夫

趙伯懋

任望之

蘇詡

吳儔

陳嘉謀

李耆碩

張商卿

韓元修

鄭遜民
季光翰 夏志作李如謙
成欽亮
張汪
李柘
陳謀
劉榘
詹文民 傳
葉鞾 [illegible]間任 累官[illegible]城

周悅

滕璘

胡太全

謝絜伯

楊簡

趙汝遇 太祖之裔

史安之 傳

蔣志行 嘉定初任

趙彥傳 嘉定十三年任

魏岠
蔣峴
范鎔
陳厚之
趙師鑀太祖八世孫
王埜
劉欽
趙崇伯太宗七世孫
莊同孫

王濩

水丘袤 淳祐初任錢塘由進士已悌詳明溫恭律己修葺學校輒著政聲

李億

張槃

袁徽

陳自牧

王文子

何夢祥 修戴顯墓亭寶祐間任

俞垓

張必萬

汪懿

周茂青

劉同祖

陳著 傳

李興宗 婺州人咸淳八年任

周汝登曰舊志令籍中無稱楊公簡者近乃祀之宦祠刱立書院以爲簡固嘗令剡此何以稱焉按史簡中乾道五年進士授富陽簿爲紹興司理常平使者朱熹薦之差浙西撫幹軍政大修改知嵊縣丁外艱服除知樂平縣夫是則往志爲疎然剡録去其時不五十年不應疎畧至是豈以丁艱不果至嵊故弗録耶至不至或不可知而令名不宜湮若邑建祠立院則辟之瑞鳳祥麟望者知慕以爲美談而尸祝之即不至曷云非義余固不敢誣

爲之傳而特披史表其名紀祠院于他考盖各從

其實哉

王平父送聶剡縣兼呈沈越州詩剡溪清瀉映檀欒天姥花飛載酒舡憶我少年來蠟屐羨君今日去鳴絃從容人樂漁樵外蕭洒詩隨簿領邉太守相逢應見問爲言多病憶林泉聶名長卿時沈立以右諫議大夫知越州○羅隱寄剡溪主簿詩金庭養眞地朱篆勾稽官境勝堪長往時危喜暫安洞連滄海闊山擁赤城寒他日抛塵土因君擬鍊丹○梅聖俞寄剡溪主簿臧子文詩剡溪無淺深歷歷能見底潜鱗莫若窺塵紋聊堪洗古木潭上陰遺祠岩下啓應識道傍碑因風奠醪醴○參政樓鑰子濇爲嵊丞次子淳爲上虞丞自四明遺二子書我老不復仕行将掛衣冠西子俱二令官職恰一般剡川且書考上虞亦之官人言易捧檄歸奉重親懽我意正不爾期汝政可觀食焉怠其事古訓戒拾鏝汝職去民親籍書當細看一邑無不問政爾良獨難平時固知汝庶謹

無欺謾汝世終未深送汝能忘言故鄉去帝鄉舟馭多往還失已固不可待人亦多端罔求達道沓善遣非意干窮達固有時此理真如舟聚散不足較豈得長團圞閑靜我所便汝其自加餐有時或乘興往來二子問踏雨送汝行浮家當游盤走筆如家書誰能苦雕刻○宋修職郎嵊縣主學解南翔撰校官記理宗皇帝之三十六年改元景定越三年縣立之師曰王學壬戌之秋南翔昉由部選調縣學掾嵊古邑也今豈沛邑也山川人物之秀異爲天下最南翔不敢不職其職以對揚休命三年滿將代進諸生語之曰春秋法始事必書可無以告來者諸生曰何居曰在學言學吾明告子古者大道爲公自王宮國都以至比閭莫不有學春秋以前縣大郡小當時一縣不知幾閭也姑以一閭言之二十五家之中坐左右塾有兩師焉則是一縣又不知有幾師也戰國而後郡大縣小塾教法廢而兼并起漢唐舉法密教法疎郡國之貢士存閭塾之教不復思古君子未嘗不痛恨也國朝

跨蓮鞅唐追三代而從之郡國置學自慶曆始縣置主學自景定始嗚呼盛哉我仁祖四十二年之治先皇帝四十一年之治與三代同風其以是夫有開希創員之首深惧曠瘝上以負天子下以負所學汲汲然不敢怠講說惟精考課惟公非周孔顏孟之說不敢言以薰以陶駸駸鄒魯規模立矣廨宇創矣講會設矣先賢之祠宇建矣繼廩繼庖亦足以養廉矣由此而菁莪以育之采芑以新之棫樸以官之人才其不三代乎今天子聰明仁聖師道立而善人多三代之盛諸生身親見之咸淳二年丙寅七月記

元

	達魯花赤	縣尹	縣丞	主簿	尉	教諭	山長
至元	亦都學	王珪	李德榮			周晉孫	趙偃孫字深甫
	乞思監	党天祐臨海人	何發茂			俞巳千字北山	王通叟字蒙泉

年						附注
	沙的	張顥	閔濟		何翥字平遠吳人	連山字栖碧
二十年		汪庭改戴汾亭爲靈溪精舍置田八十畝供祀戴		張棟	趙文炳字實齋	徐德嘉
					張杰	湯應龍字文叔
					劉倘字叔恭上虞人	葉仲禮
二十一年			董貞		俞揚	朱枋字雲畊
二十六年			程嶸	韓進	張炎發	朱道垣
二十九年	王喜		周敬之	馬驥	李子紹蕭山人	謝履集慶人
三十年	鄒齊民	劉宗益		喬撒里	張蒙亨上虞人	楊瑞字君卿
三十一年	李璠	張弘毅	耿伯通	范天祐	韓倪道越人	周[illegible]

元貞元年	火你赤			劉仲達	孫德慶	潘耄慶元人	趙粲字愿敬
二年		余洪傳	王郁			葉元善温州人	伯顏字近仁
大德二年	麻合謀			楊譓	郭忠	鄭大觀餘姚人	韋庸
三年		宋光先傳	劉信			王瑞	戴惟肅字傳恭
五年				傅光龍	張嗣	楊仲恕慶元人	已上教諭山長俱有先後而無年所
七年	馬合麻別	萬愿傳	劉澄	辛昭		徐鵬學處州人	
十年			張吉	趙與仁	張德温	胡德助字君佐諸暨人	
至大二年	高閭附萬愿傳		魯名佚				
四年				劉乃蠻	茂里	楊至字子才天台人	

皇慶元年	拜降	韓持厚	乞顏答蘭	張華		丁裕字仲容鄞人
延祐三年	烈黨篤	張性亨	劉元輔	魏恭	胡漢卿	黃德允字幹中奉化人
五年	伯都魯迷失		韋安	薛良弼	徐垓	
七年		王瑞				趙復字見心鄞人
至治元年	别都魯丁		徐瑞字祥卿由臺掾調丞奉化有為于民民畏之歷既以舉	月倫帖木兒		趙源
						孔克樵字樵夫鄞人
						項昱字光朝溫州人
						沈讓字則敬
泰定元年	教化的傳	司 名佚	苗暢		列剌沙	

四年	阿里海牙			韓汝楫		
大曆元年		王檜 素有威聲大家俱之用賄以贊名拜見礼滴過卒于官	馬合麻沙			
至順元年	伯顏不花	趙思誠	郭性存 字思道譙人由進士和易近民克修其職	傅偕	羅從善	
元統元年	馬合麻 回回人越王位			諸苟	棐仁	

下官任九年建三皇廟修儒學等後乃縱吏卒百數爲爪牙恣取奸利去之日捆載以歸民力疲矣

二年

于愷 字舜道臨海人由進士初除典丞

謂嵊適暢教爲人稱其能

至元元年
張元輔 能詩初舉戰後隕省無
元大明　謝元琮

四年
呂惟良　郭世英
魏邦凱 慈祥而遂於事

至正年
佚治 傳
伯顏不花 蒙古人　相哥失理

四年
達達兒 字季常蒙古由國子
完顏彥幾 金人宋卒
王光祖 益都路即墨人有能聲
客重沙

監生升司鐸嵊端懿嚴慎人稱長者

五年

冷瓚 字庠常益都縣

王顗祖 西縣人由進士初授江浙省書勾耳調嵊恭多之所興創

沙的 色目人由吏員能以嚴慎自特

七年	尚迷貫海牙			
八年		文彭神 字一飛		
九年	篤憲還貫海牙			
十年		趙琬 傳	儉都剌哈蠻	
十一年	安普 處人由進士初授諸暨州判官歷秘書郎		方埜暹	不別沙
十二年	丁從正 字孫孺		閭 名侯	
十三年	大都沙			

嵊系志　卷八官師表　二十二

十七年

崔彬字文質是年詔遷江南行御史臺治紹興府爲臺下邑事煩劇矣

李伯顏不花

二十三年

陳吉明字仲禮將天下大亂張氏九四據淮浙方氏國珍據台溫明當

蔡哥失理

徐天錫

知縣

縣丞

邢容 省惟寺靈壽邑亂盗王氏糾衆執尹至發州自是朝選官不復至三衣都人或作盧縣事公平有感亂世賴之後與弟歸順國朝

主簿

典史

教諭

訓導

洪武三年			張道安能於立事多所興創	夏璘	王文合由元舉人本邑東林里人	錢莊本邑人由薦舉
七年	高孜傳					施震天台人
九年			康寧傳			胡虞字仲如鄞縣人九載滿秩去
二十四年					湯輔傳	
三十年	江瀾江西廣信人修斈校壇廟系建立					
三十一年	龍淵傳					吴亮仙居人

五年	湯禎直隸蕪湖人由監生初知曲江縣改知嵊時縣事多滯分理有方不兩月代去民德之				黃份傳	
十一年	譚思徵傳	鄒高江西人			劉士賢	
宣德年	劉應祖江西會昌人愛民而威刑不立			舒伸池州人傳		王蘭本邑東林人善吟咏所著有林泉稿
	胡深北直隸人去郡擢滿					

勤於學政以憂去

嚴恪 江西人公明豈易士民愛戴滿去

正統元年 徐雍 傳

徐遠成 清流人質和愛民

三年 嚴獻 昆陵人有才能政尚嚴

五年 單宇 傳

符綽 附符申傳

楊贊晉 福建人

徐嵩 傳

八年 孟文 傳

方顯觀

王琮 識治体有才能事不劳而治

簡 名佚

周詢 廬陵人嚴毅[illegible][illegible]生徒陞均州教諭

景泰五年　王琦　江寧人，修西關好崖，五載以廨宇毀興學去

馮和　福州清流人，誠愛物

馮鋋　甌寧人，以春秋授生徒，恩義兩盡，六載以疾歸，諸生揮淚為別

天順年　敖瑜　新喻人

張祥　隴西人，由上舍

郭斌　北直隸人，性優厚，施為得体

馬興　真定人，剛直有理

陳彪　山東人，公有幹辦

戴委　浮梁人，剛正有志節，得人

鄭亨　華亭人，由舉人，以和

王敏　河南人

成化二年　李春　傳

劉清　山東人，由監生

唐琛　青遂人，處事不

陳烜　附湯鼐傳

李灝　固始人，由舉人

十二年　許嵩英傳　万玘溧水人端慎　静簡易　馬縢文安人由監生　劉雲掖縣人　荀　王洪附黃傪傳

十三年　張鵠銅梁人登第清慎置先師祭器建夏去行李蕭然陞大興令　齊倫山東壽興人由監生興學恤民九年滿去　牛麟永平人　連銘福安人九年滿去

十六年　劉清字之德化由進士勤敏失詔知滁作興士窮來錢公案去　郝遠懷慶人

十八年	周僖字克禮武進人由進士吏民懷[illegible]憂去	程賢四川人監生			顧纘蘭田人	許昌同安人
二十一年	夏完字秉圭華亭人以善撫治民大愛之督修理學校四載致仕			孫敞高郵州人	吳泰傳	胡啓南平人剛方不苟取
弘治元年		師玠建昌人有能聲	鄭瑀惠安人惇葬不修飭	趙鉞壽寧人		方輿廣平人

五年
臧鳳 傳
陳璧 六合人，由監生
周仕禎 莆田人，丁憂去
湯浩 丹徒人，卒于官

八年
何稽 蘇州人，致仕
阮淮 滁州人，由書[illegible]
戴鎬 同[illegible]舉人

十一年
徐恂 傳
遲銘 高郵人
張京
俞成 海陽人，由鄉貢舉　優教勤
林世瑞 閩縣人，由舉人　博學洽
閒

十二年
王謨 [illegible]人，由監生，勤慎　剛直
沈瀾 [illegible]人，勤慎[illegible]　休
蔣進 平江人
周俅 莆田人，行學俱優

十八年
李吉 四川合[illegible]進士[illegible]生辭
房子節 金壇人，由舉人
歐陽英 太和人

正德元年
李昆
張鵬
許選 漳浦人，由舉人

五年	張萱傳。或作暄	霍鏵		貢悅		
六年	林鐵道傳	許鋑		吴榮	葉欽德興人，由歲貢	胡顒辰州人
十一年	鄭旱清而有才	王希當傳	王通	鄒焜		何隆邵武人，卒于官
十五年	姚惟賓江陰人	何鳳		劉玉		
嘉靖元年		黃知常	韓椿			王佐臨川人，陞蒙陰教諭
五年	謝秩分宜人，由舉人	許錦	朱組華亭人，由監生	韓景宣鳳陽人。捷[illegible][illegible]强勦除盜賊，地方賴以	王崑宜川人，由舉人，陞國子助教	

寧靜

王貢 泰州人

七年 譚崧傑

八年 鄒顯民 濟南人由監生
符廷[illegible] [illegible]人由監生
馮容 淮安人
武胄 溧水人由舉人 造士有方勤飭不擾卒于官
曾俱宗 [illegible]人由[illegible]

十二年 呂章 歙縣人由舉人 居官勤敏綽有才能陶鑄[illegible]
馬鏌 上海人由監生
盧崑 莆田人
黃仁 歸善人由歲貢
鄭珠 [illegible]人由歲貢

十三年 [illegible]佳
秦錫 [illegible]人由監生
鄭鉞
許[illegible]

年

游　倫　□□人　由貢

程有卿　福建人

劉以賢　安福人　由舉人

石泰　長沙人　卒于官

十八年

楊晏　□□人　由舉人

張東陽　□□人　由貢士

許佑　嘉定人

徐綬　常州人

黃積慶　金溪人　□□□嚴待士仁恕所著有樂律管見行於世

緣事

去

陞□城知縣

二十三年

譚潛　太平人　由舉人

陳德明　□州人　由貢士

張大興　山西人　由監生

蔣銀　湖廣人

蔡子蕃　仙遊人　由歲貢

謝恪　當塗人

緣事

去

不能

二十六年

鍾大猷　嵩明人　由舉人

張綸　上海人　由吏員

王昆　南平人　初授本

張德輝　□安人

時郡守以非罪寘于獄憂憤卒士庶悲之

府訓導 堅秉義 由歲貢

二十八年 姜周 太倉人由舉人選已 愛民八月以憂去 去思碑

林文芳 龍溪人

潘學曾 青陽人 傳

三十年 溫易 桂林人 由舉人 學博識宏邑有感愛之踰三月憂去

朱顯 [illegible]人 慷慨有才佐邑有儒林入政之碑精新縣存

李大節 虞城人

訾

二十一年　吳嘉長　傳　孫汝明　徐鑾　上饒人憂去

二十二年　李晄　上虞人由監生　性老成有幹節　夏金　張楩　傳　韋崇　江浦人陞祥符教諭

二十六年　姜儒　林朝卿　江陵人由舉人　陳偉　廣德州人

二十七年　朱資　莆田人由舉人　譚章　喻曉　潛江人由舉人　李瑚　□泉人陞□州學正

二十八年　陳家慶　傳　陳文標　福清人

二十九年　王廷臣　人由監生　剛正勤勞著□　羅世哲　閩中人由舉人　車軒　湖廣咸寧人長者之度善接引

得民

後學李
于官

四十一年　林森　傳
華希舜　人
徐紳

四十三年　張特　晉江人舉人陞推官
王言　傳

四十四年
不獲
王蕃　豐城人由歲貢　有才能
宗之鳳　建安人由舉人
陳周
徐鐸　南城人陞鄒縣教諭
華國章　陞

隆慶元年　薛周　傳
吳偉　揚州人由監生
韓天衢　由舉人

二年
郭璘　贛州人由吏員
郭克昌　人陞
吳天和

四年
童夏 傳 附栢
吳祺 傳
張惟表 長樂人由歲貢

五年 朱栢 傳
何欽 ■

萬曆三年
黄衮 通州人由監生
汪鳳 羅田人由監生
周守陽 永新人
王天和 傳
曹文儒 永慶人陞諭

翟譚禮 新淦人由舉人陞經歷愼官箴約己節用無濫罰無酷刑無非禮之餽以繼朱
林濟卿 福建人由吏員陞經歷
鄭軫 南城人由監生
潘愃惧 昌寧人陞諭

侯民不見德去乃思之

八年
姜克昌　丹徒人，由舉人，巡撫論去
張羅[redacted]人
羅位[redacted]人
王振漢　贛州人，由歲貢
傅遜　蘇州人，博學能文，所著有春秋辨誤

九年
李時春　華亭人，由監生
楊慎春[redacted]人，由監生
王汝源　傳

十一年
陳嘉謨　南城人，由監生
李陽[redacted]人，歷陞
章木　鄞人，由歲貢，風采有李

十二年

十二年

萬長□ 南城人 由舉人

林顥 晉江人 由歲貢

陳□□ □汶人 由歲貢　樂易可親

趙棟 武康人 由歲貢

十三年

吳鴻鳴 □□人 由舉人 □□□ 陞皇陵□ 令 戕

十四年

邢誠 高淳人 由歲生

傅兼伊 上高人 由歲貢

楊朝 內江人 由舉人

陳賓 連江人 由歲貢

十六年

林岳僖 晉江人 由舉人

嵊縣志　卷之八　官師表　二十四

嵊縣誌卷之九

選舉表

選舉目凡四曰薦辟曰歲貢曰鄉舉曰進士薦辟所從來遠　國朝弘正間猶下薦辟之令近數十年間始廢不舉歲貢自　本朝始鄉舉歌鹿鳴而舉於鄉若成周所謂造士者然所以舉不同要之實唐宋始進士亦隋唐始嵊由是四途進者蓋自昔稱盛顧典籍殘佚名氏多湮沒不傳余既詳覈近代而更稽書史及縣故牒得宋齊以來名氏之僅

存者合類而表之以俟將來其他所附著三曰例貢曰武職曰材諝是獨 本朝而宋時有以隆入仕籍者附薦辟下

【宋】薦辟

阮萬齡 傳

【齊】薦辟

朱士明 舉茂才後仕梁天監初授儒林博士官至吏部尚書封漢昌侯今桃源鄉有朱尚書廟其地曰上朱蓋桃源鄉人

【梁】薦辟

宋　宗

薦辟

張嵊 傳

蔭附

鄉舉

進士

史綸 天聖五年丁卯王堯臣榜官屯田員外郎

史叔軻 可綸之子景祐元年甲戌張唐卿榜官至侍郎

茹約 慶曆二年壬午楊寘榜

茹開 皇祐五年癸巳鄭獬

神宗

周忠和字誼嘉，秀開元鄉人，少通文學兵略。熙寧丁巳薦授度支使，紹興乙亥贈三司大將軍。

哲宗

榜

姚酌　嘉祐四年己亥劉煇榜，祭酒，傳。

史安民　綸之從子，熙寧九年壬戌徐鐸榜，官中大夫。

黃特　二十八都人，顯之子，元祐六年辛未馬涓榜，官[illegible]

哲宗

州知府

趙仕實字若虛祖宗諤為南軍節度使開府儀同三司豫章郡王父仲營為崇信軍節度使開府儀同三司安化郡王仕實後于建炎間攜二子南渡既到行在以母在剡自行在來省挈君于剡官至開國侯

求移忠字許國五十二都人紹聖元年辛未畢漸榜靖康間累官吏部尚書轉朝議大夫以疾乞歸贈祖從吉父顯如其官

姚舜明紹聖四年丁丑何昌言榜官待制傳

徽宗

王弘基字亓本孝嘉鄉人大

錢奎本臨安人宣和間以

求元忠移忠之弟崇寧二年

觀間舉明經授亳州教授宣和間為國子直講遷秘書省正字

祖蔭任越州司理叅軍避靖康之亂徙于嵊之剡源璠田里

高世實字若虛高韓王五世孫由蒙城避地家剡父公著而上皆以官顯世實受世賞累遷至訓武郎凡五任紹興五年卒

癸未霍端友榜初任仁和簿知義烏縣後知衢州紹興八年改知臨安府賜紫金魚袋致仕贈通奉大夫

姚棐忱字天迪同前榜永康知縣

過卓昱之子大觀二年賈安宅榜

黃唐傑二十八都人宣和二年何

與榜官鎮江通判

高宗

姚宬 舜明子傳

姚寬 以父舜明廕補官傳

周汝士 見進士

馬佐 紹興十三年陳誠之榜

呂祖璟 字大誠傳

裘多聞 字守約以父移忠廕補將仕郎寶應縣簿

周世則 汝士從兄

周汝能 見進士上三人鄉舉聯名俱以內舍生中式

茹紹庭 紹興十五年劉章榜

裘多問 字守端故復廕補承信郎監常熟縣商稅務

裘多見 字守道以父元忠知明州恩補將仕郎累官溫州知府太僕寺丞左朝請大夫致仕贈正議大夫

黃昇 前榜

錢守之 字光嶙太安人靖康之亂侍父奎避從剡源鄉紹興間應賢良方正直言敢諫科授國子助

周汝士 紹興十八年戊辰王佐榜

傳

裘多譽 字守寧以父元忠溫州知

茹驤 昇平鄉集賢里人前榜

周汝能 汝士弟紹興二十七年

教追念先德立
武肅王廟

府恩補將仕郎除
淮南轉運司幹辦
致仕以子暘祖貴贈
朝請大夫

丁丑王十朋榜授
勤縣主簿主管睦
宗院

姚鎬 前榜

姚廷褒 紹興三十二年壬午梁克家榜

趙師仁 隆興元年癸未木待問榜

高宗商 改名商老乾道五年鄭僑榜

孝宗

張俁 字仲碩性穎悟窮心墳典
隆興中以獻策補
迪功郎後連領漕
薦除龍泉縣簿
當官廉勤吏不
能欺轉發州法曹
內翰洪邁李顏

求之奇 字仲穎多聞之子以
祖移忠蔭補將仕
郎未及銓卒時乾
道四年

費元亮 字文明乾道二年由
明經發解補太學
生越三年薦名試
禮部初授江山尉歷
樂平推[illegible]平

任惟寅 前榜

彥舉保獻議平恕轉儒林郎致仕賜銀緋

趙不忌　字德容仕寶之姪父任補為左承議郎不忌以祖仲營恩補忠翊郎官至武德大夫

呂諭　祖璟之子以蔭補浦城縣丞諭之子慶亦以蔭補南豐主簿

紹明決以恩陞江州太守引疾歸隱築室于秋山之麓秋湖自號湖山居士

姚憲　舜明子是年八月賜同進出身傳

王瑀　孝嘉鄉人舉進士在乾道不詳其年官至衢州知府

周之綱　汝士從子淳熙二年詹騤榜官婺州教授

唐琦　前榜

桂森　前榜

白公焯　字仕優淳熙十一年衛

涇榜授丹陽縣
丞

姚一謙 前榜

石宗萬 淳熙十四年王容榜
官至兵部侍郎

周之瑞 之綱弟前榜官荊門
軍學教授

應變 縣令彬之子前榜官
至翰林承旨

郭綽 前榜翰林
承旨

寧宗

周俊字景威博涉經史嘉泰己巳薦授兩淮總幹有政聲贈嘉議大夫

周之祖字有道以父汝士蔭補將仕郎積官鄂州觀察支使承直郎開禧丁卯卒于鄂州

周興祖字子發以祖元忠恩補將仕郎累官通直郎溫州司法

周承祖字子紹以祖元忠恩補將

朱叔壽紹熙四年陳亮榜

石宗魏宗萬之弟慶元二年鄒應龍榜

王復明慶元五年曾從龍榜

茹騤前榜安福縣丞

石孝浦前榜按上宗魏宗萬并孝浦考他志為新昌人舊志載剡姑從之

任必萬開禧元年毛自知榜官

錢揚祖　守之之孫嘉定中應博學宏詞科拜廬陵令陞吉安太守○按此據夏志及考許志則以爲揚祖之父植植之父守之植自天台始徙剡長樂鄉揚祖由鄉薦魁南宫未知孰是兩存之

仕郎遷監察御史賜緋魚袋歷朝散大夫兵部郎中賜紫金魚袋知湖州除沿海制置司叅議

王叅議

過文煥　前榜通判

盧禰之　前榜

申宋說　前榜

田庾　前榜

周之章　之瑞弟嘉定元年鄭自誠榜

姑戢　嘉定四年趙建大榜

樂闓辰　前榜

邢宜 三十八都人性資明敏識達經典嘉定中應博學宏詞科仕至婺州通判子景望為趙王郡馬

求昭祖 字子明以父多見恩補將仕郎累官福州司理致仕

求揚祖 字仲壎以祖元忠恩補將仕郎除御史臺歷朝奉大夫通判澧州軍事知台州致仕

理宗

張愁 由獻策授定成尉有傳

商日新 字道夫又新之弟博

史仕通 字國用鄞人父必裕開禧三年鄉舉官至金華知府秩滿道嵊

錢難老 前榜

姚鏞 字希聖嘉定十年吳潛榜授監丞所著有雪蓬稿

周宣子 之綱子前榜

過必榮 嘉定十三年劉渭榜

周浴孫 宣子之子嘉定十六年蔣仲珍榜

任貴 必萬之子紹定二年王朴榜知縣

通經史理宗時薦
山張秋岩薦授太子
學任翰林學士度
宗即位二年議論
不合上疏致仕聖駕
躬餞錢塘門外賜
之金帛舉朝榮之

史昱字廡夫紹
定中薦任
两淮轉運幹辦
公事兼提刑獄以
伸理冤枉有功陞
大理評事

胡岳字伯仁花
嵺人授台州
路學教授陞定
海知縣

爰山水佳麗因家于
積善鄉仕通以祖
文侯恩補承務郎紹
定四年知贛縣卒
于官

求師說字岩卿與
祖之子以
祖多見蔭授成都
提舉司幹官再
任淮東制置司幹
辦

求偉字漢倬以
祖多見蔭
補將仕郎改授仙居
主簿遷文林郎撫
州軍事判官

張松卿俱之子前
榜累官承
議郎沿海制置司
參議致仕

張飛卿松卿之弟
前榜

勞崇之前榜

王鵬舉紹定五年
徐元杰榜

過亮符前榜

趙汝崖前榜

王景壽前榜

過正己嘉熙元年
周坦榜官

錢弼 字之之曾孫 景定末詔崇 經術者德行累官 至嘉興軍節度使 簽判

求作德 字德夫以 父揚祖蔭 補將仕郎累官 承直郎奉化縣 丞

商惟新 又新之兄以 祖蔭授台州 司戶

求得宜 字行父以祖 承祖蔭補將 仕郎累官岳陽節 度推官

叅軍

屠霄駿 字聲伯前 榜觀察使 朝請大夫主管建 昌軍仙都觀

朱元光 淳祐四年留 夢炎榜

楊光之 前榜

陳省孫 前榜

李士特 前榜

史亶協 仕通子淳祐 十二年累官 兩淮安撫總幹正議 大夫沿江訓練士卒與

商又新 淳祐十年方 逢辰榜官 至紹興撫叅

妻王鑄鍾于空相寺今見在儒學

費九成 字師古淳祐十二年九成與陳碩毛震為友仝受春秋一日夢鷄入鵲巢震以九成當登科以乙酉生也已而果然開慶庚申授永康尉轉信州司理秩滿赴京時賈似道專權會鄉友吳大有訴其誤國害民遂歸隱

李應旂 寶祐六年省試經魁

許㮚 景定二年省試第二

董元發 前榜

毛振 寶祐元年姚勉榜

應瑜 前榜

陳碩 字台輔開慶元年周震炎榜先世東平人南渡時徙縣以儒傳家授春秋于新昌石宗魏官至臨安府判以忤賈似道罷

劉瑞龍 前榜

許㮚 景定三年方山景榜傳

虞周天祥字麟之行誠一故憲稱誠一由汝南徙于杭咸淳末薦授臨海教諭元至元三十一年爲教諭如故是年弃職歸剡爲剡人

求循字良夫得宜之子以曾祖承祖蔭補將仕郎累官承直郎僉判衢州軍事致仕

喬偘字文子孝嘉鄉人薦授河陽尉轉保寧軍節度推官宣城知縣

張霆前榜

趙炎字光叔咸淳元年阮登炳榜任義烏簿累官刑部架閣兼權員外郎與平章王爚爲故交責其從賈似道失大臣体爚因劾似道似道坐貶炎爚亦罷

趙汝鐩前榜

俞相前榜或名德

高子埜前榜

張子龔　嵊之後，父文叔，號清簡老人。子龔由漕貢進士，官至秉義郎，差監右縣驛院。

王侑昌　字公盛，孝嘉鄉人。累官沿海制置司參議。○已上三人不知其歲次，姑附于此。

張　槃　子龔之子。鄉舉士，補上舍。生不詳其年。

朱士龍　咸淳四年陳文龍榜。

朱得之　士龍姪。前榜。

商夢龍　前榜。初授梁縣簿。一日有犬號于庭，夢龍曰：此必有異。乃令人隨犬去。犬入徐員子家新種牡丹花下爬之。隨掘土，見以草束一童子，氣未絕，救之得甦。曰：我陳家子也。夜出，頭有金珠等飾，員子欲奪之，以石傅我，暈而死，埋園。員子服罪，郡上其

事歷梁縣丞後
仕元爲廬州路
治中錫靁龍叟
歸

相起巖 舉進士不知其
年德祐元年補
訓武郎後仕元爲
福州知府

元

薦辟 制科附

至元
錢澣 字與祖宋僉判
璐之子應求賢
詔授諸暨州學教諭
改江山學

胡宗道 東隅人宋尚書
璟之後戊寅仕

鄉舉

進士

江西貴溪主簿當閩越之衝以勤自勵愛民如子而民亦戴之辛巳解任歸

至大

夏推字勉誠聰穎博學三年薦授江西龍興路稅課司提舉時權利太急引疾歸

周承祖字紹立宋教諭天祥之子四年薦授將仕郎浙江等處儒學提舉

至治

費述二年以春秋發解見進士下

泰定

費述字允明元年張益榜仕慶元路鄮山書院山長

後至元

上可壽　西隅人三年丙寅應舉

甯崇　字志高薦授漳州路提領

至正

喻子開　以才譽薦授四川副使

許汝霖　十年見進士

許汝霖　十一年文允中榜有傳

宋鐵　字秉心集賢坊人宋令宗年之後學優才贍善屬詩文薦授蕭縣訓導

王文合　一名天合字應時十六都東林里人二十二年亞魁

王原皐　字彥弘邑東大約里人與文合同年舉授餘杭縣學教諭元運衰歸杜門謝客寓意詩歌尤長於古體所著有剡溪吟稿今讀之猶見其風致云

王機　字吉甫孝嘉鄉人薦授汀州路學教諭

舒奎　字文昌西鄉人博學能詩薦

諸暨學訓導

王　碩　字景蕃孝嘉鄉人任蕭山縣學教諭

王家孫　孝嘉鄉人以儒術任贛州大使時翰林學士趙孟頫書六偈以贈今猶存

錢　晁　澥之孫元季舉孝廉任本府經歷後洪武初復起官博興知州

皇明薦辟　成化以後無人　歲貢　鄉舉　進士

張思齊 以孝廉薦授觀察使改

三年庚戌

張翰英 以懷才抱德科授知縣

董時亮 見進士

龔文致 字志端人物見崖以人才薦任河南按察司經歷

四年辛亥

王美 以孝廉薦授襄陽同知

董時亮 吳伯宗榜三都竹山人任臨邑縣丞初爲諸生建議重興二戴書院稱義舉

喻顯中 以人才薦授榆次縣

典史

王璹 字公玉以文學名初元季李公平薦授慶元路儒學教授辭不仕洪武初以名聞召至金陵復授前官又以母老辭所著有玉峴集

五年

周佳 字原美以材諝薦授福州府同知

單復亨 字陽元邑東晦溪人博通典籍尤善詩歌素讀杜詩自爲

之說化乙卷日讀林邊傳行於世洪武初薦任濮陽知縣

十三年　竺滄舟　四十八都人薦任福州知府

十五年　王文銳　字以仁以文學薦任侯官縣丞

十六年　王佐　字子恭以人才薦授合浦知縣陞恭甘職

十七年甲子　應均立　宋邑令彬之後薦授

胡觀

王壽生　舊志作繼生誤

廣東塩課提舉

錢琎 字則敬 以懷材抱德科薦任本縣訓導

十八年乙丑
朱思義 由人才授洪洞知縣

盧允中 以人材授西寧衛知事

十九年
竺班 名得義 以孝廉薦任淮安知府

王文奎 應天中式 霍山縣丞

王壽生 丁題榜累官雲南布政

二十三年
張原輝 四十八都人由耆老薦授延州同知

高如山 五十三都人 任四川道御史陞湖廣僉事除

二十年貢

二十四年　喻克銘由耆老[illegible]任涇縣知縣

二十五年　丁弘德西隅人以耆老薦授山西監察御史　毛道德五十都毛家埠人任刑部主事

畢季元復亨之弟以明經薦授處州通判

二十六年癸酉　屠任了溪人有傳　袁道溢五十三都人任丹徒知縣　王惟謹字謹言原暐之姪舒城縣丞陞靖安縣

邢汝餘以才諝荐廣州同知

二十七年　應彥昌以明經薦授嘉興典教　王谷保

授

二十八年　劉大序由耆老舉賢良方正任典史陞荊州同知　宋莊字以端西隅人任貴州同知改除工部主事

二十九年　尹克成國子監學錄　李恒更名常西隅人同知有傳

三十一年　單斯泰海康知縣　張得壽

三十二年　沈信年西隅人舉經明行修任廣東叅議　俞騮五十三都烏岩人兵科給事中正直不阿頗盡言責　史道志字孟禧西隅人大寧都司斷事改四川都司操綏端瑩擧止鎮重賛軍政明察剛決用刑欽恤上官奏其能將遷伕會以疾卒

己卯　史進賢以秀才薦任萬寧縣丞

王澎字施道茬，任宣城縣丞，所著有宣城稿

黃彥道以人材薦任新會縣丞，檢給事俞騮復以節操舉之

永樂元年癸未

高時澤以文學薦入國子監，母老乞歸

史鯨道志從弟，望江知縣，卒于官

張孟韜四十八都清化鄉人

三年乙酉

張遜字宜中，以經明行修薦任谷府紀善，遷長史，攻篆隸

王可彥

沈廙交趾路州同知

四年

宋純西隅人，邢臺知縣

五年
王復阜　西隅人有傳

六年戊午
袁均正　五十三都人由人才薦授江西萍鄉知縣
郭顯名　二都人寧國典史
史原信　四十九都清化鄉人任直隸新河教諭
張玻　字宗儒西隅人長沙府訓導守卒于官
李回　字希顏西隅人徙八九十都

七年
袁道距　道溢之弟

八年
笪原轤　十三都人

九年		王恕敬山東濵州知州
十年		張謙
十一年		俞克新騶之姪
十二年		胡德潤字廣心東隅人居八九十都
十三年		陳士基二十六都人
十四年		史成尹西隅人教授
十五年	王貫道十六都人以楷書薦	施重同知
十六年		馬欽字敬夫

年	進士	舉人
十七年	張琮 字玉温，三十三都人。興化知縣	
十八年庚子	吳文	龔璉 文致之子，見進士 韓俊 字用彰，十四都人。永平知縣 唐津 字要夫，十七都人。表州府學教授，遷伴讀 王仲賓 字光治，五十四都山頭人。仕經歷

十九年

二十二年甲辰

任倫 五十三都人

汪宗顯 字克光二十三都人

龔璉 字廷器六都阪田人登刑部榜未仕卒妻以節名

宣德元年

婁希賢 三十四都人福寧知縣 傳

二年

俞機 字伯慎二十二都人長樂知縣

四年

李克溫 二十三都人貌偉讀書知

姚子章 十三都人

律薦授當隸驛丞

五年	王允祥二都人海州訓導	
七年	張宗義東隅人	
九年	王玉田東隅人仕永豐知縣	有政聲
十年	黃孟端三十一都人同知傳	
正統二年	王蘭字元芳十六都人以經明行修薦任本學訓導	史浩傳四十九都人武驤衛經歷
四年	張士服四十九都人讀書好古	趙斌東隅人授山東青州

通諸琴書曆
授錦田驛丞
術經歷卒于
官

六年
韓啓 字景明 俊之子
舉經明行修
授秀水訓導
遷德府長史
王以剛 十六都人 任南京
部主事 贈父母
封妻致仕

八年
王□ 蘭之弟
門縣醫官
方正 授南清縣
丞
王鈍 十四都人
訓導 學
以子貴贈郎中 有
傳

十年
竺時達 十五都人
韶州推
官

十一年
陳昱 三都人 平
樂府照磨

十二年丁卯			謝濂 四十九都人 錦衣衛籍 順天中式 見進士	
十三年		江鍊 東隅人		
景泰元年庚午	韓昇 字景暘 啓之子 舉賢良方正 任蒼梧知縣	胡鉞 字廷威 東隅人 任上杭知縣 築磐城池 起譙樓 以才幹稱 未幾卒于官	張[illegible] 孟儒之孫 [illegible]選司同知	有傳
二年		王貴升 西隅人		
三年		相承忠 十八都人		
四年癸酉		陳勲 四十九都人	張政 字以仁 東隅人 任中[illegible]	

書舍人遷王府審理贈父子堅如其官　繼遷贛州府通判居官廉能性鯁直處事公平卒于官

五年甲戌

黃珝字叔圭西隅人任延平衛知事居官勤慎陞武進縣丞

謝濂孫賢營有傳

六年

王樞十六都人推官有傳

天順元年

尹儀字鳳翔西隅人任

四年

六年

清江學訓導改除新建學

致仕

史杲字國通四十九都人以賢良方正薦授侯官縣丞

劉蘭三十二都人以府學貢仕揚州府同知民懷其德

陳租字允揮二十六都人仕嶧縣丞

錢濟字汝舟東隅人天資聰敏過目成誦授宝應訓導歷唐府紀善所著有教經集

七年

精篆隸

馬良　字士賢東隅人授晉州訓導陞安平教諭卒于官

胡昱　字克昭西隅人平凉訓導

謝翰　字克通五四都人新淦訓導

劉篪　字本陽西隅人懷遠主簿

宋郁字文盛西隅人昌邑訓導陞龍岩教諭

[illegible]洛倉大河縣學教諭

宋敏字克修西隅人癸[illegible]州府訓導○已上六人皆應例歲同貢

八年

張軫字器之世軒從弟癸[illegible]州府訓導

成化二年

王昆字怡甫鈍之姪

四年戊子

楊綺字蘊夫東隅人[illegible]

王宜鉞之子見進士

六年

京龍江遞運所大使張性字克循寧憲知縣改陞安罷

周泰承祖曾孫都事有傳

八年壬辰

馬政字廷治二十六都人古田縣學訓導

王暄字時暘任南京禮部主事遷郎中南昌知府卒于官

十年甲午

史晞字國賜四十九都人見鄉舉

應尹字天民二十四都人有志古道任南康府通判

嵊縣志　卷二六選舉表　三二

興白鹿之教
改南昌府勤
慤有功居官訢
至勤慎

十二年

張昇字廷高四十三都人泉州訓導

十三年丁酉

史脩中應天鄉試金州知州

楊素字尚文贛榆知縣

杜傑五十五都人順天年

十四年

王輔字廷佐二十都人陵縣訓導所著有寓陵集致仕

十六年

學

婁克剛字以柔三十四都人希賢之姪新泰訓導卒于官

衛籍知州傳

丁哲二十三都人見進士

周山泰之子知州祀鄉賢有傳

陳珂見進士杭州軍衛籍

鄭如意字允錫五十五都人授司務累官知府

十八年

楊浩　字本洪四十九都人蘄州訓導有賢名所著有澹齋稿

十九年癸卯

豐儉　洛陽縣籍河南中式通判

二十年甲辰

李穆　字敬之三十二都人夢雲訓導

丁哲　字以賢任刑部主事遷郎中會權璫李廣姪犯法咸推避不敢訊哲任之寘于法卒忤旨下獄屬吏徐珪疏諍

欽自例覬下給事羅洪[redacted]論救得釋閑注數年復起濮州知州時有芭苴二火之議陞蘇州府同知致仕進階知府

二十三年

裘鈴 字弘振 二十三都人 建安訓導

聞士克 五十五都人 永泰知縣

弘治元年

張濬 字原哲 琮之子 景陵訓導

二年己酉

張[illegible] 四十四都人 [illegible]府學

夏雷 西隅人 知縣 有傳

三年
五年
七年
九年

教授

王荃　字德馨　瞻之姪

過誼　字正之　四十都人　絳縣訓導

應旭　字以陽　丹之姪　郴州訓導

張俠　字克廉　四十八都人　郴州訓導

韓華　字克熙　十四都人　丹徒訓導卒

于肯

陳珂　錢福榜　累官大理卿

十年

周嶧字魯之山之從弟端厚有學初任寧縣訓導士率其教一生坐誣罪爲力白之還鄞縣教諭教澤益溥引年家居絕迹于囑縣令張瑄性寡合獨加禮所著有右愚集

十一年戊午

張曜字克輝四十八都人監利訓導

周棨四十二都人神武中衛軍籍順天中式見進士

十二年己未

韓顒字克洪四十四都人

周棨字國信蕭縣知

瑞昌訓導

縣

十三年

裘芝字德馨二十九都人長沙訓導

十四年辛酉

姚士榮字仁夫十三都人教諭

十五年

趙岑字用之東隅人任作林推官性鯁直慎守官箴家無蔽廡貧

十七年

鄭軫五十六都人邵陽訓導

十八年
正德元年
二年丁卯
三年
四年

樓懷孝 潮州府訓導

胡淮 東陽人教諭傳

裘孔華 字實夫二十九都人訓導

鄭燧 字文華五十六都人深州判官

裘策 字獻夫二十九都人訓導

張邦信 二十八都人見進士

吳公義 五十五都三界人任景東府通判性質實無機

械家居絶跡城
市

五年庚午

金鯉 山東中式見進士

六年辛未

金鯉 楊慎榜臨清籍副使

七年

黃榮 字克仁東隅人壽州訓導

八年癸酉

鄭蒙吉 嵓嵐知州

王朮 外籍歷御史終

僉事

九年甲戌

謝樓 字克高五十都人任

張邦信 唐皐榜字德宇

雲南府知事

初任刑部主事歷陞廣西僉事好名義不下於人以尤衛巡按歸善詩多所吟味

十一年丙子

馬雲鳳　三十六都人訓導

杜民表　傑之子應天中式見

十二年丁丑

進士

杜民表　舒芬榜御史有傳

十三年

姚仕朝　仕榮之弟字弼夫

十五年

鄭經　字廷濟五十六都人

嘉靖元年

馬輝　字文曜五十四都人仕

瑞昌知縣居官知才一清不染陞慈祥致仕

三年

應暐 字以光二十四都人仕崇善知縣

五年

鄭堂 字汝升五十六都人金溪教諭

七年

黃懌 字穗甲孟端之孫仕邵武訓導秉氣節正學作士無何乞休士論重之

九年　婁懷奎字仲光，克剛子。嵊縣訓導，以父卒于官，傷之，遂棄致仕。

十一年　馬充字克美，由選貢，東隅人。德安知縣。性質直，絕干謁，明敏博覽，有馬書廚之稱。與朋友有言不諱，居官恪守官箴。致仕。

十二年　周晟汝士之後，東隅人。知縣，有傳。

十三年甲午　裘仕濂二十九都人，見進士。　胡采字原素，東隅人。城步知

縣改會昌縣少穎敏舉禮經遊程爲鳴東閣之累若鄉邦德之城步化服苗夷會昌剪除奸宄所至有功居鄉有志問學

十五年

邢舜祥　字時鳳三十八都人見鄉舉

十六年

周震　山之從姪孫通判有傳

邵惟中　雲南籍仿正之後見進士

年	進士	舉人	歲貢	官
十七年戊戌			王烱外省中式	
			王朴外省中式	
		高瑞字國賢四十六都人		王烱茅貴榜不詳其籍同
				知
十九年庚子		張鏵四十七都人	俞聚見進士	
		尹奎字世文東隅人		
二十一年		鄭韶字德夫五十六都人		
	訓導			
		鄭文字用章五十六都人		

二十二年 癸卯

教諭素稱長者
有古風

裘仕濂 應天中式 見進士

杜德孚 民表之子 順天中式
弋陽教諭

王念祖 貴州軍衛籍 仕新寧
知縣改保山縣

二十三年 甲辰

胡槃 字克用 含山訓導

裘仕濂 泰明雷榜 御史
有傳

二十五年 丙午

袁旻 字秉仁 四十六都人

邢舜祥 應天中式 性耿介植

蕭縣教諭莊以持己端以率士立名節明年上春官覩楊忠愍下獄慷慨形詞色擬登第當為論救遘疾卒瀕死猶言之其義氣類如此用不克究士論惜焉

二十六年丁未

江憲臣 字維翰八十九都人新鄭訓導

邵惟中 李春芳榜授行人遷南道御史累官行太僕卿今方致仕家居雲南

二十八年

鄭宸 字敬夫五十六都人訓導

二十九年庚戌			喻聚 唐汝楫榜主事有傳
三十年		喻一貫 字繼曾西隅人聚之從叔建平訓導	
三十二年		周謨 震之從兄訓導以子汝登貴贈主事有傳	
三十四年		胡樂 字濟英采之從兄教諭有傳	
三十六年		竺該 字文廣十八都人魚臺教諭	

三十七年		王煉 貴州籍
三十八年	裘汝洪 字時範 二十九都人 江夏訓導	
四十年	鄭應元 字仁甫 五十五都人 和州判官	喻思化 聚之姪 應天中式 知縣 有傳
四十三年	裘日恩 汝洪族弟 海門訓導 迪士先行誼 難干以私	
四十四年	尹不中 字孔和 東關人 奎之族姪 濟寧州訓導 陞肅府教授	

苦貧不能卒人所不堪論經史時有卓識特不狥下俗俗多訊之

隆慶元年　鄭大輅　五十五都人

二年　邢德健　字汝行選貢三十八都人舜祥一子蘄州同知陞審理

三年　王嘉相　字汝良東郊人王宙曾孫惠安主簿陞通山知縣

四年庚午　董子行　紹興衛籍特先之後見進士

五年

趙漳 字克濟 東關人 運州判官

六年

吳禮 字道之 七十九都人 忠謹質實 與人處其厚不厭 其薄人人服其爲長者 初授寧德訓導 繼遷潞縣教諭 引年歸 撫按重之 歸而封拜遠祖 創立祭規 有追遠之孝焉

萬曆元年癸酉

裘仲初 字大意 西關人

周汝登 字繼元 譔 壬子見進

隨□□□重厚儉樸言動不踰率恂恂自守士也以視豪華縱恣之輩有逕庭矣居數有紋卒于官

士

王應昌字家文十四都人鈍之族見仕郎武知縣

張希秩先改名向辰字惟序西隅人嵊之後

三年

笑衡字時登八九十都人仕歙縣丞

四年丙子

周兆復見進士

五年丁丑

周梧字鳳來昭之子建德

董子行沈懋學榜字明卿教

訓導循謹謙退温然可親事叔如父至老敬養不衰居建德官況貧甚猶屡却門生之贄卒于官

侯官知縣陞御史兩巡按山陝見仕贈父和如其官封母姜氏太孺人母以節聞妻何氏孺人

周汝登前榜南京工部主事贈父謨如其官封嫡母丁氏太安人

七年己卯

麦大恒字仲徵仲初堂弟定海訓導陞常山教諭見仕

王大棟字子隆五十五都人豐縣教諭陞

八年庚辰

周光復字元禮紹祖之子授

行人歷工部主事見仕

九年

周紹祖字仲思晟之子海寧訓導見仕

十年

鄭甲五十五都人於潛訓導見仕

十一年乙酉

鄭玉政五十五都人

李春榮字邵秀西門人

十五年

周學斗字繼韓之曾孫

例貢　間有就他途者以出身儒學故附見焉

武職

材謂　不經朝選者例不登名

洪武

周景初　四十五都人有勇畧二十三年補前衛軍勦叛有功陞虎賁右衛百戶永樂初征交趾卒子通襲

君正善　東隅人八年任芮城典史

李輔仁　十二都人二十八年任黃梅縣丞

姜彥彰　從山西平陽衛戎伍征南有功累陞本衛副千戶

黃隹二　東隅人充永平衛軍以征進有功累陞千戶子玉龍襲永樂調武城衛弟源襲改景陵衛中所封武畧將軍

永樂

王　敏　昇平鄉人征進有功授清平衛指揮僉事子聚襲陞貴州都司子溱襲

王季六　元年以軍士擒獲奸叛陞校尉尋陞龍驤衛百戶

厲文義　西隅人授吉水縣丞因解皇木委修宮宇有功陞刑部主事

謝　通　四十九都人性敏嘗學十七年補錦衣衛校籍嘗從征討有功授鎮撫捕獲僞號大王者遷左所正千戶封父母

正統

夏　時　字希正西隅人少英偉補庠生娶尼塲屋以事謫藩司通掾仕南京豹

商　源　七都人沅州衛戎伍四年調征雲南叛寇有功授本衛副千戶弟洗襲

呂　忠　三十五都人本縣醫學訓科

呂　聲　忠之弟本縣醫學訓科

韶衛經歷封父母如其官夏歸居喪有禮

景泰

邢應麟　元季擾亂糾集義兵捍衛鄉里　太祖天兵臨婺率兵投降授海寧指揮使世襲千户

邢越童　襲應麟千户坐與藍玉通姻自縊爵絕○按此兩人係洪武間武職補遺附于此以俟後正

楊子溫　四十九都人泰興縣丞子浩

訓導

王疇　三十五都人漳浦縣丞

何昂　二十四都人福建武平典史

天順

謝榮　四十八都人山東臨朐主簿

楊琰　六都人歷究平文安典史素

一　之父

周宸　五十四都人南京皮作局大

使陞巡檢

孫平 八九十都人丙字庫大使

尹政 東隅人福建龍巖縣丞

魏鵬 四十六都人倉官

單思浩 十七都人福建同安典史

成化

張僴 字克大四十八都人通同軒之子十九年入監

王玘 四十五都人錦衣衛百戶爲人謹實

宋微 四十七都人陝西長安縣丞致仕

周南 字遵化四十二都人十九年入監贛榆縣丞

錢輔 四十一都人直隸阜城縣丞

李俊 八九十都人巡檢

謝儒　灝之弟本縣陰陽訓術

楊榮　五十三都人徐州倉大使

戈剛　四十七都人池州倉官轉湖廣河泊

杜瑠　三十九都人福建清流主簿有才委署縣事

求與成　五十二都人福建白石巡檢

江應時　八九十都人白石巡檢

張昱　四十七都人淮安塩課大使

王昂 十六都人典史

吳滄 四十七都人常州河泊

王皎 十四都人贛州衛經歷 瞻之族兄

馬雍 十四都人倉官陞巡檢

吳文 四十六都人倉大使

徐敏 二十五都人邳州倉大使

應昉 二十四都人廣西巡檢

陳豪 五十二都人雲南斷事司吏目

弘治

王温 五四都人補庠生試都利充瀋司掾仕福建寧化縣丞

張河 四十八都人廣東倉大使

姚順 十三都人巡檢

竺翰 十八都人倉大使

邢伯韶 三十八都人通州衛知事陞開州判官

何泠 二十四都人貴溪驛丞

史琥 四十九都人四年任江浦宇濟

史培 四十九都人四年仕南京龍江驛丞

史葭 四十九都人福建清流主簿

俞晐 五十二都人湖廣應山典史

屠昱 十七都人江西廣積庫官

葉[illegible] 十五都人江西長樂巡檢

裘[illegible]信 四十七都人倉大使

李河 西門人授泉州知事善隸書

張時通 四十七都人崇明倉官

袁英 四十六都人南京草場大使

葉景 十五都人江西倉大使

正德

丁偉 哲之子南京兵馬

孫諫 五都人山東諸城縣丞有政聲

王淵 玉田之孫仕京衛經歷贈父如其官封母妻孺人遷福建永春知縣性儉約循謹自守作邑清白得上官之譽致仕歸建杉瑞潭義渡

王椿 温之子歷任遼東雲南四川等衛經歷性鯁直居官分俸養親

周沛 山之子任河南伊府經歷性嚴

陳叔遷 三都蔣家塢人縣丞一

陳叔權 叔遷弟典史叔遷合傳

李時通 懷寧典史

裘巽 蘇州太倉衛經歷

周泮 山之子任南京衛吏目

周浩 泮之從兄廣西巡檢暨倉官

施洽 五十二都人巡檢

袁雷 西隅人本縣陰陽訓術

毅慎重四委署縣有聲

委捕賊有功

周昭　西隅人梧之父謹實有行

求詔　澧之孫本縣醫學訓科

周簡　謨之兄江西新昌縣主簿居官六載慎守不苟

鄭本恩　甘肅右衛都事

鄭應期　吏目

嘉靖

唐福　東隅人直隸建平縣丞

夏思明　西隅人益府典膳

鄭瑀　東鵬人

王邦侯　十四都人廣東番禺主簿

周用　泮之子任福建柳營巡檢

鄭朝新 直隸崑山主簿
張組 邦信之子十四年以廪生入監任四川廣安州判官
周譜 昭之堂弟四川江安主簿
杜德輝 民表之子十八年入監四川銅梁主簿
宋鶚 西隅人順國之後二十三年入監性伉慷知書法
孫性晟 名國昌以字行諫之姪

廉直守法不合時罷
袁存達 雷之子十七年任福州府知事
裘鳳翔 二十九都人海門主簿
汪宗明 五十五都人德安所吏
王杷 淵之子釆石驛丞
俞秉遠 五十二都人豊城典史
董泮 五十六都人順德縣丞

孫　瀾　經歷　陞經歷

尹惟直　東隅人二十六年入監湖廣漵浦縣主簿

尹良望　惟直從弟揚州府巡檢

王　梃　淵之子吉水驛丞陞陝西倉大使致仕

董　策

邢舜禋　舜祥之弟

葉世鍔　五都人四川吏目

尹良逢　奎之子吏目

韓撫民　十四都人巡檢

邢公璽　三十八都人

孫國治　諫之姪仕廣西巡檢

葉世鎬　五都人二十年入監

王　道　見武職

尹如玉　惟直之姪

胡　栴　采之堂弟仕饒州千戶所

喻思化　見鄉舉

尹如泉　如玉從兄

喻思信　思化之弟

胡　璘　栩之子　直隸涿州判官

應載道　二十四都人

宋　奎　鵬之子　庠生　改納廬陵巡檢

孫　賓　五十五都人　庠生　改納太平獄官

周汝殖　謨長子　庠生　援例以親老改納仕南京贓罰庫大使　將改官卒　性

王　道　二十一都人　初以吏員授廣東平海吏目　委勦山賊有功　陞瀧川守備都指揮使　文官改武自道始

吏目

裘嘉棐　仕濂之姪　黃岡巡檢

聰敏彊幹有遠志節舉子業亦殫精科第數奇不獲遇善書琴棋悉能精詣尤善詩詞以志弗獲展托爲四賢記以舒憤尤膾炙人口云

袁大志 大恒從弟由庠生援例亦以親老改納授京庫大使

隆慶

喻思儉 思偁之弟

宋允仁 西隅人五年入監

丁僅 東隅人

王蓁 十四都人鵝湖驛丞陞倉大使

鄭亭 湖廣七寶倉官東隅人

萬曆

尹如度　奎之孫

竺一治　八九十都人

尹如阜　良望之子五年入監

張志穆　邦信之孫五年入監

孫渙　五十五都人

尹立禎　東隅人

鄭國賓　東隅人

裘紹燧　嘉棐之子十五年入監

俞世隆　六都人紹興衛指揮僉事

茹日章　六都人庚辰科武進士兩中鄉举代鎮撫守備以都指揮行事

錢大德　五十五都人宜興縣巡檢

李燮　西隅人

蔡桂　十八都人倉官陞巡檢

吳有守　五十五都人鳳陽吏目

嵊縣志

卷之九選舉表

四一

嵊縣誌卷之十

名宦傳

縣官　學官　留績

縣官

（吳）賀齊字公苗會稽山陰人守剡長縣吏斯從輕俠爲奸齊立斬之從族黨糾合千餘人攻縣齊開城門突擊破之轉守太末長民反期月盡平之後領都尉事爲新都郡太守加將軍從孫權征合肥權幾危殆齊率兵迎權封山陰侯累遷後將軍假節

領徐州牧剡縣治舊在江東齊徙今所城亦齊建

晉 周翼郄鑒之甥少遇饑亂賴鑒相濟得存翼爲剡縣令鑒卒辭職歸心喪三年後歷青州刺史少府卿

謝奕字無弈安之兄少有器鑒辟太尉掾爲剡令有一老翁犯法奕以醇酒罰之乃至過醉猶未已安時年七八歲在弈膝邊坐諫曰阿兄老翁可念何可作此奕於是改容曰阿奴欲放去耶遂遣去累遷豫州刺史

李充字弘度江夏鄳人也祖康父矩皆有美名充
初辟丞相掾記室參軍嘗嘆不被遇殷揚州浩知
其家貧問君能屈志百里否充荅曰北門之嘆久
矣曾聞窮猿奔林豈暇擇木遂授剡縣令
殷曠之祖融父仲堪並事武帝曠之有父風
宋王鎮之字伯重瑯琊臨沂人父隨之爲上虞令因
家焉鎮之爲剡令還歷上虞山陰令並著殊績補
安成太守居官清潔爲御史中丞執政不撓百僚
憚之出爲廣州刺史蕭然無營去官之日不異初

至鎮之善於吏職嚴而不殘遷祠部尚書

周顒字彥倫汝南安城人嘗隱鍾山宋明帝頗好玄理引顒入殿內親近宿直帝所爲慘毒顒輙誦經中因緣罪福爲之少止元徽中爲剡令有恩惠百姓思之歷山陰令國子博士

齊

張稷字公喬母疾時稷年十一侍養夜不解帶每劇則累夜不寢及終毀瘠過制杖而後起州里謂之純孝永明中爲豫章王嶷主簿以貧求爲剡令會山賊唐寓之作亂稷率厲部人保全縣境

宋丁寶臣字元珍晉陵人少以文行稱第進士爲太子中允知剡縣首重學校興殿舍肖孔子像治民聽決精明賦役有法民畏信而便安之政令諸暨民思之恨不可復得寶臣用治剡者治暨大有政聲選編脩校理秘閣英宗每論人物屢稱之其卒也歐陽脩王安石表識其墓陸經贈元珍中允宰剡詩壓土官曹幾處閒君今作邑好閑顏落帆直上剡溪口入境先登魚鳥半和風俗處處雲霞多雜簿書閒雪牆安道不興盡還

過昱字彥專皇祐三年以秘書丞來知縣事時歲

大侵流莩千里集於城下昱勸閭右得米二萬斛賑之明年薦饑出常平錢萬緡請糴得羸米數萬斛以給流民隨刻俸麦七十斛爲種假超化院左田十餘頃役饑民耕種之明年得麥五伯餘斛民賴以活熈寧巳酉昱巳云劉燮過故院覩所耕田與僧追誦嘘唏見民有談過公者無不泣下作悼賢詩題之院壁艮田十頃接晴夤曾假過侯就旱年俸麥一車開德濟流民千里荷生全人嗟逝水令亡巳俗感遺風尚浤然獨對老僧談舊事斜陽

春色漫盈川先是昱在邑或過之亦志以詩賢哉
過令尹德政是吾師萬事無鋒穎一心惟愛慈其
爲所傾慕如此夏志作過公彥蓋緣劉夔序中有云過公彥尊句遂讀之訛若前唐令陳永因方干有送陳永秩滿歸越詩遂以爲陳永於昔誤今俱正之

宋旅字廷實莆田人宣和中令剡方臘連陷州郡
且犯越越盜群起爲應縣吏多遁走旅遣妻子浮
海歸閩獨繕城同守以忠義激勵士卒誓與城俱
存亡俄而賊擁至旅躬率壯士冒矢石禦之屢有
斬獲終以力不勝戰死太守劉韐以聞詔贈朝散

郎錄其四子

宋宗年祁之孫建炎中令剡時金人攻越守李鄴以城降屬邑俱潰宗年柵守獨堅民賴以安官至中散大夫因家于剡子孫元特居集賢坊今若一都愛湖之傍

范仲將蜀人姜仲開緇川人紹興初相繼爲令仲將雙明高爽健於立事而仲開剛明蕭肅政在總吏寬民性行略相似仲將先斥大孔子廟崇廊廡脩像設創戴顒亭歲時致祀仲開復建學堂移殿廡與門南向皆重學崇儒建監偉然蓋先後稱

二仲云

謝深甫字子肅臨安人乾道初進士尉嵊歲饑有死道旁者一嫗哭訴曰此吾兒也傭于其家遭掠而死深甫疑之廉得嫗子實匿他所嫗驚伏曰某與其有隙賂我使誣告耳皆抵罪自是人不敢欺爲浙曹考官一時士望皆在選中曰文章有氣骨可望而知調知青田侍御史葛邲顔師魯交薦之孝宗召見深甫言今日人材枵中侈外者多妄誕矯訐沽激者多眩鬻激昂者急于披露而或隣于

好夸剛介者果于植立而或鄰于太銳靜退簡默者寡有所合而或鄰於立異故言未及酬而已齟齬事未及成而已挫抑於是趨時徇利之人專務身謀習爲軟熟因緣攀附遂至通顯施施自得氣熖凌人一有緩急莫可倚仗臣願任使之際必察其人其人果賢則涵養之以蓄其才振作之以勵其氣栽培封植勿使沮傷上嘉納之除大理丞江東大旱擢提舉常平講行荒政所全活甚衆累官右丞相致仕有星隕于居第遂卒先是深甫布衣

時由丹丘赴南宮嵊有嵎浦廟神告嘗貴以期既登科來尉事神謹甚入樞筦請封神爲顯應廟至今存

詹乂民剡令初邑人以元日昧爽謁廟聞廟中語曰今歲丁旱或又曰詹乂民作宰尚早爲門啓而入始知其爲神也夏果旱詹來雨隨車而注

史安之字子由四明人浩之孫嘉定初來令剡安之性剛敏有爲而愛民始至清訟剔蠹豪彊屏息度田土稽版籍役賦乃平貧民有兩稅不能輸者

絹綿錢穀凡數千計安之以俸代輸奏免和買錢二千餘貫絹四百餘疋百姓懽呼載路流蝗入境禾不爲傷食草木之葉人誦德政所感卜爽塏地徙敎學宮拓其制既廩士于程課不輟修一切城郭倉庾祠廟百廢以興民不告勤以其餘作面山堂于治北累石爲山注水爲池雜樹卉竹映發臺榭參錯時時引客觴詠其間風致洒然求高似孫作剡錄剡文獻百世籍之

陳著字子微奉化人登文天祥榜進士初監饒州

商稅改白鷺洲山長景定初吳潛等以著才可大用相繼薦於朝時賈相當國諷其及門著曰寧不登朝不爲此態遂出授福安令咸淳四年改知嵊先是宗室外戚有居嵊者持一邑權前令率以譴去闕令者十有七年貴豪布兇徒僻地剽劫行人至家胥靡役之歲終復攫行人代乃紓去謂之奪僕造白契結連證左占人田屋著至秉風裁設禁治之諸豪乃戢且相戒毋干縣政民賴以安七年遷通判揚州代者至民乞留不得去嵊距著家僅

五舍民自東郭道中至城固嶺數十里祖帳遮道不忍舍因更名嶺曰陳公嶺以志去思代者李與宗謂著何以處民著曰義利明而取予當教化先而獄賦後識大體而用小心愛細民而公巨室如是而已累官監察御史台州知府

元　余洪字仲寬益都人元貞初來尹洪廉介明決為民蘇困補偏邑夏稅絹準鈔過重洪請得減其半謂田科粮役而山與地不科非制倣史安之例酌步以均之秋粮以布代輸爲疋凡萬有奇民既輸

其半在稽會淮郡旱蝗復令改徵米所輸布鄰邑俱退若之洪力陳不便邑獨免退尚得起米三千有奇洪又陳邑灘險嶺峻民疲請留備本邑春歉民大稱便新廟學創書院舊多以儒充里胥曰非以崇儒其令除免洪以儒起家知好學故儒飾吏治民愛之邑人爲立道愛碑

寨也先一名節大德間爲邑尹操履凛然一介不苟取政多惠愛上下和合調奉化知州陞監察御史

高閭蒙古人至大二年爲達魯花赤政尚嚴肅裁

吏卒胥濫者若干人才名籍甚鎮守千户縱戍卒擾民閭閻繩之千户與閭抗閭白帥府置諸法仍請革去鎮守司民獲安堵時尹萬愿嚴毅有守勤於民務與閭相持以正一時並稱循良

教化的怯烈人泰定元年爲達魯花赤絜已愛民以糧税輸郡道路艱阻請折以布民感其惠爲立石志思

仇治字公望以薦幹著聞至元初宋尹首定役法細民稱便時達魯花赤馬合麻縱吏卒暴民治悉

逮捕械府論罪縣境肅然于何竟爲馬合麻所中
傷罷去治明於吏事務折豪扶弱嘗曰手執鈍斧
斫無名樹樹盡山空樵夫歸去其疾惡如此
皇明高孜洪武初令莅政敏明愛民如子三載卒于
官丁壯號哭老人兒啼亦如喪厥考爲瘞北門外
星峯下歲時展拜
康寧洪武初爲邑簿行己力自澡雪政務恤民民
懷之凡賦役民自子來不煩勾稽遇事明决庭無
留訟

龍淵字景雲洪武末令廉不苛節撫字有法政在寛猛之間識者謂爲得體秩滿陞監察御史轉淮慶知府

譚思敬湖廣人永樂間仕爲令政先教化時以孝弟格言告諸父老使歸訓其子弟邑民景從無少長咸親附之日誦所訓曰教我孝者譚乎因呼爲孝譚九年秩滿民奏留復任九年不忍舍民去民亦不忍舍遂家于禮義鄉子孫世爲剡人嘉靖間令譚紘德化人簡靜和易一意拊循百姓人有譚

外公之稱二譚庶幾一轍焉

舒仲池州人宣德初典史姿儀俊竦通經史喜接賢豪長者非賢豪長者過之即過賢豪長者每留止經旬張飲不輟視一切聲利澹如也又十餘年

有符緯不知何許人正統間爲典史性嗜詩酒詢能詩者羅致幕下日與揮毫舉白迭咏爲樂緯出口即能驚座善詼諧有淳于優孟之致令長知其志不禁以政而緯亦跅弛不檢人或以爲酒顛云

單宇南昌人由進士正統來令政識大体先學校

重農事創義倉以備旱暵民不告勞善吟詩所著有菊坡叢話

徐士淵定遠人正統間知嵊時值旱蝗力請于上得米八百石以賑已而荐饑憂皇成疾卒于官橐空無以爲斂先二年有令曰徐雍吡陵人潔己愛民勞問民疾苦憂勞遘疾子彥華刲股以救弗愈卒百姓先後兩哀之

孟文潞州人正統八年仕爲令居官廉能亡害民庇藉之時方縣丞徐主簿符典史民乃謡曰孟青

天方索錢徐老實符酒頭十二年處州賊爲亂奉
都御史檄率民兵往勦甫一載寇平滿考引年去
李春成貢人成化二年來令性嚴毅寡言吏卒畏
悚不敢爲奸才名籍籍士民歌之勸課農桑民樂
業作興學校士登科謂爲實録丁外艱解職去行
李蕭然
許岳英潮陽人成化中知嵊清慎警敏爲政以教
化風俗爲急當春出郊視農事民爲立勸農亭比
之甘棠擧行藍田鄉約崇獎節孝率諸生習射射

國開社學教民子弟建廟學齋廡及豆籩罍爵等一切省視修飭嵊田土舊多詭冃賦役不均特爲丈田均賦宿弊一洗盖嚼然稱能吏云

臧鳳字瑞周曲阜人第進士弘治中來令操守粹白器量平恕而力能任事有鄉民至堂下誤上堂觸公案隳地民叩頭不知所措鳳嘆遣之鎮撫郭榮犯法營善結權要訊者咸推避莫能决鳳立鞫之寘于法邑治臨大江舊惟土堤洪水暴漲則嚙堤漂屋嵗爲民患鳳相基壘石周遭若干里石堤

屹然迄今賴之三載擢監察御史民送之莫不流涕累官南京兵部尚書

徐恂字信夫嘉定人弘治間來令勤敏有吏幹百廢具興翻刻學庸冠冕續編清風祠集求夏霄作嵊誌尤能以文飾吏治

張瑄正德間任彊毅英明清操凛凛時謂之張彊項時中官横肆使者下邑誅求莫敢誰何瑄立笞其使中官識瑄名置不問童校尉還里挾勢玩法瑄懲之上官以所不便檄令諸邑奉檄不敢後瑄

牒封還或反論駁見者吐舌瞠不爲意上官亦嚴
憚終瞠身徼不敢妄下民賴以寧
林誠通正德間令貞廉絕俗入　覲逢盜啓篋僅
數金盜曰廉吏也還金而去誠通恬澹厚重與人
嚬咲不輕假或謂才不稱德擬之公綽然爲邑申
裁冗費數事民以寧息又才者難之官至參議
王伯當北直隷人正德間丞持身清白請托不行
數年如一日擢令去邑人繪氷壺秋月圖以贈
吳三畏莆田人嘉靖間令時倭夷倡獗所過殺掠

慘烈三畏觀邑無城曰嗟乎不城是以其民棄也余誠不能苟一日而食周遭相度則城故有址多屋於民令撤去即懟怨不避計費當巨萬緡徒當數萬衆或有難色進難者曰城務民不城無民則奚擇難者悟翕然惟命三畏晝夜省督食寢爲廢數月賊自天台突入境相望五里三畏曰城即半嶠愈無城率民兵上半城燎火燭天呼譟動地賊益備乃宵遁明年城成賊復至三畏乘城守禦賊林敢近於是邑士若民謂保障生全惟城之功爲

碩且鉅云三界短小精悍敏慧穜幹絕人遇事無
悍錯盈庭訟牒口決手判如馳民千百在前一日
不忘善大書遒勁有古法五年陞廣信府同知
陳宗慶金谿人嘉靖間令爲人慷慨有大度方直
不阿至邑勞問民瘼上書論列兩事其一謂協濟
東關爲嵊重役不均累苦萬狀竊計曹娥東關兩
驛隔一衣帶水耳誠併一費得減十之四五而嵊
協濟當首免其一謂嵊例食台塩乃里道險阻經
年塩不一至而私塩禁且厲是使民卒不得食塩

甦且復肩販窮民捕獲多者靡吏延緝不獲則逋竄不還僉之流瀕看得姚會稽鹽場與嵊接壤宜以彼鹽令商人告稅截發抵嵊仍罷禁私販使窮民得以商鹽展轉貿易官民兩利書上皆不報頃之改官去至都下猶持所上書徧謁諸貴人卒無信者去之十年兩驛併又十年商鹽通其言大驗而嵊協濟卒不得蠲鹽禁卒不得弛則以無宗慶民益悲思之官至通判

林森長樂人嘉靖末來令森早孤事母孝嘗語人

曰吾幼母憂吾不得長今長又憂吾老何以慰母惟當爲好官耳舊有糧長常例金森至首革之即一切公資謂非分拒不受其政務恤困窮抑豪右定圖均役吏胥束手然不能曲意上官竟坐調象山瀕行止餘贖金數十曰此嵊金宜爲嵊費發修縣譙父老醵百金爲贐曰必槖中無一錢我心始安卒還金去上官署其考曰氣高如山心清如水人以爲知言官至知州

吳祺無錫人由監生隆慶初簿嵊常爲塾師糊口

至爲簿嘆曰簿所得俸視塾師不啻過之於分足矣久之又曰其子曰兒癯不勝衣與過其涯將階之禍吾當以清白全汝五年常俸外終不索一錢祺老成練達剛介不撓清而有用蓋近世卑官之麟鳳擢邑丞不就致仕

薛周壽州人由歲貢隆慶間任爲令精沉有心計搜奸剔蠹老胥不及催科立條鞭法絕無侵攬其大者在度田均賦民永賴之語具賦役考中

朱一栢寧國人弱冠舉於鄉爲鄉舉士者十餘年

循謹若處子隆慶五年除知嵊奉法循理人疑無
治幹甫月有胥玩法懲之不數日一老胥抱牘陳
公事間徵言欲中以利又懲之人大信服糧里役
于公者月有限非限令且去各得所便而公事亦
畢舉兩造設平心而聽鮮不當情然往往諭其自
解後訟日簡堂下蕭然嵊士三十年無舉于鄉以
問令昔盛衰之故於是諸父老文學言宋盛時溪
流環邑若抱今南徙風氣用澌然故道可濬復之
人文幸甚即民灌溉亦利賴是曰苟利士民吾其

肩焉乃計曰興役鑿渠增埠引流歸故道命丞董夏董其事不數月河成星子之峰宋故有亭爲建亭其上又曰地道耳孟修人道乎群士子于學宮厚其既廩月凡三試身臨之寅至亥歸終歲無惰容由是士斌斌興于文行而是科舉者三人令且駸以起皆遡其功不衰云一栢外恂恂内井井質任自然絶無城府初至不矯飾以立名而瀕行亦不稍縱弛行事如一日事有智巧之士所退托不肩者獨秉義不讓不知世機械爲何物待人無踈

昵不作愛惡閭閻得伸其情而左右無所偏聽破觚斵雕政緩禁止吏絕其奸民樂其生以方三代循良真無愧色迄今士庶稱乂彌以思彼謂無治幹者是聞道大笑者哉五年陞南京光祿署正廣信府同知改廣州府轉長蘆鹽運司同知童夏歐寧人由監生隆慶四年任傴僂短小而性率直所操執即豪貴人不能奪以慎褆身收糧一無所耗督河工蚤夜省視謗怨不避竟以勞瘁卒于官凡本朝令不傳出身者皆舉人云

趙琬字仲德河南人元至正間尹剛果有爲務抑豪強扶細弱吏卒知畏大有政聲累遷台州路總管世運改自經以死義若不食周粟先是其兄璉爲淮上參政治行嚴毅淮寇張九四起高郵亦以節義死稱二難云按此係元尹次宜在仇治之後今補遺聊附于此以俟後正

學官

皇明湯輔字師尹弋陽人洪武間由進士除教諭講經授徒士類傾心學明倫堂頹圮令不爲意乃與其寮施震胡愚及諸生謀捐俸廩修飾倉庫庖湢

具爲一新成化間陳烜字士華閩人由省魁除教諭有志操訓迪不倦以邑無鄉賢祠爲掌風教者羞乃節俸以倡諸好義者創爲堂三楹祀晉以來名賢若干人既自舉其職而更相有司所不逮彼有司者愧此兩論矣

吳元亮仙居人洪武間訓沉靜方嚴動必以禮講明正學以開後進及卒與僚友諸弟子訣整衣拱手端坐而逝

黄份字原質不知何許人永樂間諭王洪字宗

江寧人成化間訓两人具能詩胸次洒然份自呼
埜雲子舍後編籬爲圃圃有孔氏泉陳公石鳳尾
竹虎鬚蒲胭脂桃翠絲柳玉帶水寶塔鈴校士之
暇盤桓圃間一物一咏稱埜雲八詠手植松檜蒼
翠夾道至今手澤猶存洪構居爲竹林蘭砌敦朋
叙寮鶲翔自縱扁其居曰璞菴自謂官閑心静境
隨意會不知天地間何物足易此樂亦有八咏八
者蘭窓琴操竹院棋聲秋夜書燈雪天畫意石罅
茶烟金猊香靄欹枕詩懷圍爐酒興盖皆菴中物

云

吳泰江陰人以舉人除教諭志趣恬澹不逐勢利兩上春官不第遂飄然解職去士論韙之

黃積慶金谿人嘉靖間由貢授訓導布袍蔬食不溺紛華以端嚴律已而待士子則盎然和易士樂親之博學好古所著有樂律管見行於世

江學曾青陽人由歲貢嘉靖間訓受業王文成公至嵊以致良知啓迪多士士率興起能踈財取與不苟且善屬詩文

張梅字元卿句容人嘉靖間由舉人除教諭少閑肆於文章以親老就養能以禄娱其親與人無外飾惟率真意振刷學規督厲諸生諸生非公事不得履縣庭有以贄幣進者問其家裕否受卻之時多曲意令長梅獨曰我賓師也與之亢不少貶損而令長亦不能屈更爲加禮其介特如此

王言長樂人爲諸生時鄉邦重其行卒以行充歲貢嘉靖間由武康訓陞嵊諭古貌古心動循禮法雖跬步必謹耄益精明與諸生談五經四書究析

微與陞教授去

王天和吉安永豐人由歲貢隆慶間訓導萬曆間陞教諭在邑凡十餘年所蚤遊鄒守益聶豹之門刻意問學砥礪名行至嵊一意振作踔厲首以冠婚喪祭古禮誨導諸生著全禮纂要使遵行之其居喪用酒肉之禁尤嚴時無敢不齋素者舊鄉飲賓多富無行而清貧篤行之士無聞天和獨慎重匪人即富有位不得與布衣表榜有志操慕古家貧獨延禮之他所請賓率類此由是人人有所激

勸諸生貧不能喪葬者捐俸爲助崇奬節義引拔
後彥更所拳拳與邑令議建名宦祠遷學門增置
廟器創造良多委署邑事數月廉能著聞當道奬
檄交馳然卒爲忌者所中不獲薦用遷南安府學
教授嘗修邑志未就今究覈賢宦名實尤以其言
爲折衷

王汝源烏程人爲其邑唐樞高弟也以歲貢除邑
訓談學不事口耳務敦實踐動循繩尺蚤喪偶不
復娶與人小東長牘必手書點畫不茍其小物克

謹類如此爲諸生講授性理亹亹不倦廵撫蕭廪不妄與可獨稱其學淵源行高古時謂知言所著有貢選二約性理圖書二述陞義烏諭教績益懋先是王諭言人稱行素先生而汝源亦號憶素兩人姓號同而學行又同乃狀貌亦酷相類云

周汝登曰　國朝令凡四十七人所表注者幾人傳述者十有九人賢者列而他可想見矣以問閭閻老稚亦能口其是非不爽故傳者筆其口者也余又覩夫令以賢名者往往位通顯惟自敗喪者

卒以沉淪直道凛然在上下可畏哉而或者乃謂嵊令難令嵊而起殊聲者不易誠以質諸十九人者吾不知其誠然否彼佐倅校官能其職亦罔不譽語曰欲習爲吏視已成事嗟乎嵊官師是非升沉之故往跡犁然方來者亦可以鏡矣

留績

宋黄由字子由長洲人淳熙中進士第一通判紹興至嵊督行荒政收糴爲賑擅發米五萬石與民不取直嘉定初以正議大夫知紹興府聞嵊有虎患

訛言虎有神變化叵測或爲僧或爲猨狙倏忽莫可蹤跡由禱於神募人捕之虎患除官至刑部尚書兼直學士院贈少師

【元】游偰紹興路府判官泰定甲子越旱饑剡邑尤甚偰奉檄來賑初發官廪食餓人四千八百有餘口不足募諸富民又不足市米他邑隨在裹米給發防疲民蹂踐間徼行較斗斛察吏弊絕無乾沒所活人以億萬計郡士嚴光大請諸山陰韓性爲之記

國朝

李寔四川廣安人由監生餘姚縣丞成化乙巳
來署邑篆慎有吏幹先是歲丙申水決獄墻乃移
囚儀門左偏數歲囚多露處時竄亡爲守者累寔
至築垣百堵建廳事以視獄建囚屋以處囚徒未
閱半期去民德之

龐尚鵬廣東人浙江巡按御史嵊東關力役苦累
尚鵬改爲差民大寬省雖惠政槩全省而嵊所
被德尤至百姓仰之如句老蕭然

蕭廩萬安人巡撫浙江都御史釐嵊弊數事民用

以甦詳其賦役考中百姓爲立龎蕭二公祠而廪且懷念嵊東隳役曰吾以是不平者屢屢顧其事未易言終不可無言姑須之無何入爲兵部侍郎卒民聞之淚下先是嘉靖間有覿廷對者宦浙中奉部使者委往來台紹間過東關間夫廪多輸自嵊邑而入嵊復供夫廪廷對愀然曰柰何一邑而兩役之民必不堪受之者能[illegible]晏然已耶作尹湖者議以[illegible]其害[illegible]云云

嵊縣誌卷之十一

鄉賢傳

列傳　孝義　列女

列傳

晉王羲之字逸少司徒導之從子也家世貧約羲之少有美譽風骨清舉不類常流恬暢樂道未嘗以風塵經懷朝廷公卿皆愛其才器爲右將軍會稽內史雅好服食養性不樂在京師初渡浙江見會稽佳山水便有終焉之志時孫興公與支道林共

載往逸少因論莊子逍遥遊作數千言才藻新奇羲之披襟留連不能已遂並築室東土嘗修禊山陰之蘭亭自爲之序以申其志晉祚中替重以敦峻鼓亂羲之知時事不可爲稱病去郡於父母墓前誓不復仕與東土人士盡山水之游弋釣爲娛徧游東南諸郡嘆曰我卒當以樂死嘗遺謝萬書曰古之辭世者或被髪陽狂或汚身穢迹可謂艱矣今僕坐而獲逸遂其宿心豈非天幸頃東遊還修植桑果今盛敷榮率諸子抱弱孫游觀其間有

一味之耳劃而分之以娛目前雖植德無殊邈猶
欲教養子孫敦厚退讓彷彿萬石之風衣食之餘
欲與親知時共懽讌語田里所行故以爲撫掌之
資其爲得意可勝言邪常依陸賈班嗣楊王孫之
處世甚欲希風數子老夫志願盡於此也年五十
九卒葬剡金庭觀乃其故宅有書樓墨池基亦在
焉隋大業間沙門尚杲爲誌其墓永樂間張推官
樹碑墓在祀鄉賢祠山陰有宅稱別業即今戒珠
寺

戴逵字安道譙國人以剡多名士因居剡祖碩父綏並有名位逵少博學好談論善屬文以禮度自處深以放達爲非年十餘歲在瓦官寺畫王長史見之曰此童非徒能畫亦終當致名恨吾老不見其盛時耳武陵王聞其善鼓琴使人召之逵對使者破琴曰戴安道不爲王門伶人孝武時以散騎侍郎國子博士累召辭父疾不就郡縣惇逼不已乃逃于吳會稽內史謝玄慮其遠遯不反上疏請絕召命帝許之逵復還剡王珣爲尚書僕射復請

爲國子祭酒竟不至時郗超每聞欲隱者輙爲造
立屋宇在剡於桃源鄉爲逵起宅甚精整始往與
所親書曰近至剡如官舍所著有五經大義三卷
纂要一卷竹林七賢論一卷文集十卷别傳一卷

祀鄉賢

謝玄字幼度少穎悟爲叔父安所器重及長有經
國才時符堅數犯邊境朝廷求文武良將安不避
親以玄應舉郗超素與玄不善聞而嘆曰玄必不
負所舉吾嘗見其使才雖履屐間亦得其任徵拜

建武將軍監江北諸軍事大破符堅加都督七州
進號前將軍封康樂縣公後上疏求解職又以疾
辭前後表疏十餘皆不報久之乃轉授散騎常侍
會稽內史輿疾之郡初玄父奕爲剡令樂其山水
有寓居之謀玄因歸剡嵊山東北太康湖於江曲
起樓樓側桐梓森鬱人號桐亭卒葬始寧有文集
十卷三子曜泓徵皆歷顯仕

戴教字長雲逵之子爲散騎常侍與弟顒並高蹈
俗外三葉肥遁世稱清風家盈素氣故使貧頼重

輝夷皓疊跡爲海內所稱焉前後辟命不就

戴顒字仲若年十六遭父憂幾於毀瘠因此長抱羸疾剡多名山故世居剡與兄勃並受琴於父父殁所傳之聲不忍復奏各造新弄勃製五部顒製十五部顒又製長弄一部並傳於世中書令王綏嘗攜客造之勃等方進豆粥綏曰聞卿善琴欲一聽不荅綏恨而去桐廬縣又多名山兄弟復共遊之勃疾篤藥不給顒謂得干祿自濟乃告時求海虞令事垂行勃卒乃止桐廬僻遠乃出居吳下吳

下士人共爲築室聚石引水植林開澗乃述莊周大旨著逍遥論釋禮記中庸篇宋元嘉中徵不就來止京口黄鵠山北竹林精舍復還剡文帝每欲見之常謂黄門侍郎張敷曰吾東巡之日當宴戴公山下也年六十四卒葬剡墓在縣北一里祀鄉賢祠按史稱顒世居剡下則顒始終爲剡人若逵則自譙國銍邑來徙王羲之自瑯琊臨沂來徙雖卒於此而實生於彼宜以屬之寓賢乃舊已祀在鄉賢祠今姑從之謝玄本居始寧始寧與剡嵊山接壤其地亦嘗改屬嵊州今已屬上虞而猶系之剡亦從舊志

宋

阮萬齡祖裕左光禄大夫自陳留尉氏徙剡父寧

黄門侍郎萬齡少知名頗有素情永初末自侍中解職東歸謝靈運稱其辭事就閑纂戎先業浙河之外棲遲山澤如斯而已旣遠同羲唐亦激貪厲競元嘉二十五年卒時年七十二

［梁］張嵊稷之子稷初爲剡令至嵊亭生子因名嵊字四山雅有志操能清言父臨青州爲土民所害嵊感家禍終身蔬食布衣手不執刀刃起家秘書郎累遷湘東王長史王嘏曰玄言因爲之筮得節卦謂嵊曰卿後當東入爲郡恐不得終嵊曰貴得其

所耳還爲太府卿俄遷吳郡太守太清二年侯景圍京城率兵赴援授嶸征東將軍嶸曰天子蒙塵何情復受榮號賊行臺劉神茂攻破義興遣使說嶸嶸斬其使逆擊之破神茂神茂退走侯景聞神茂敗乃遣中軍率精兵二萬人助神茂以擊嶸嶸爲所敗衆軍皆土崩嶸乃釋戎服坐於廳事賊臨之以刃終不爲屈乃執嶸以送景景刑之於都市子弟同遇害者十餘人時年六十二賊平世祖追贈侍中開府儀同三司謚忠貞祀鄉賢

宋

姚勔字輝中第進士初授永康令重親猶在父母每以榮其親爲言勔乃請納祿以太子中允致仕遇郊封父母父母請回官封及勔祖父母特從之元祐初召爲秘書丞數日爲左正言奏御史中丞趙君錫雷同俯仰無所建明累遷寶文閣待制國子祭酒請外補知明州紹聖初言者論其阿附呂大防范純仁謫知信州論不已再貶水部員外郎分司南京卒勔以孝行著稱每省先墓素衣步出城門且行且涕至墓左哀慟見者爲之感動祀鄉

賢許志云勳舊稱山陰人而嵊進士題名石刻有勳名則勳又爲嵊人未知孰是

姚舜明字廷輝第進士爲臨漳主簿歷平午崑山華亭三縣令遷河南經略安撫使宣和二年睦寇連陷杭睦衢婺處歙六州以舜明通判婺州方之任城已被圍遂招集士卒數千人突圍入城引兵出戰賊衆亦潰又賊將洪載衆四十萬據處州不下舜明請于其母妻縶之令載所厚往諭載解甲來降平賊之功於時爲冠欽宗卽位擢監察御史僞楚之變舜明挺節不污高宗時除知江州兼本

路安撫制置使劇賊李成擁衆三十萬至城下舜明布列将士晝夜接戰賊衆斃者不可勝計隨開門奮擊生擒其將王成等賊攻益急舜明輙以計襲破其營然援兵道絶賊圍卒不解經冬及春饑餒枕籍将士至食妻子守益力勢漸危困遂舉兵決戰大破賊砦以出時謂舜明藐然孤壘制賊横潰使不轉入東南其功居多頃之召爲右司員外郎復以秘閣修撰充江淮都督府轉運使湖湘賊曹成馬友反側未定命舜明往招撫遂以二賊入

朝韓世忠劉光世駐軍江上朝廷以舜明計且俾置司建業以總經費調發犒賞百須以給總領之置自茲始焉閑除集英殿修撰進徽猷閣待制中大夫文安縣開國男贈太師所著有詩文十卷奏章三卷補楚詞一卷祀鄉賢子宏寬憲

姚宏字令聲少有才名吕頤浩薦爲删定官時秦檜當國嘗語人曰廷輝與我靖康末俱位栢臺上書粘罕乞存趙氏拉其連銜持牘去經夕復見歸竟不僉名此老純直非役檜者聞皆宏之謀也或

以告宏宏曰不然先人當日固書名矣今世所傳秦所上書與當來者大不同更易其語以掠美名用此誑人以僕常見之所以見忌已而言達于檜檜大怒欲害之會宏調江山令適歲旱有巡檢自言能以法致雷雨試之果驗民告妖術秦檜竟逮下大理死獄中先是宏在上庠有僧能知人休咎語之曰君不得令終俟端午日子胥廟見榴花開則禍至矣以故宏赴江山不經吳山子胥廟走諸暨值大風雨亟憩路旁小廟見榴花盛開詢云此

子胥廟也其時乃端午日宏慘然遂罹其禍
呂祖璟字大誠敏而果勇通曉師律紹興中薦授淮南安撫幹辦尋陞安撫使訓兵撫士恩威明信兩淮盜賊不警上聞論賞以疾告歸子詢孫慶俱以蔭補官
姚寬字令威以父舜明任補官少有才望筮仕之始一時名流爭禮致之秦檜以私怨抑而不用寬亦不屈後累陞樞密院編修官寬博學強記於天文推算尤精完顏亮入寇虜衆百萬中外震慄云

惟有退保耳寬獨抗論沮止且上書言今八月歲
入翼明年七月入軫又其行在巳巳者東南屏蔽
也昔越得歲而吳伐越吳卒以亡晉得歲而苻堅
代晉堅隨以滅今狂虜犯歲滅亡可待又推
太乙熒惑所次皆虜必滅之兆未幾亮果自斃從
上幸金陵以其言驗令除郎召對上首問歲星之
詳寬數奏務畧復論屯田要務奏未畢疾作仆榻
前後一日卒年五十八上甚念寬其一子所著有
西溪集十卷司馬遷史記注戰國策補注五行秘

嶠錄記□考之王綱寶大傳
記一卷西谿叢語一卷玉璽書一卷注韓文公集
未畢作古樂府流麗長思超越漢魏近體詩絕去
尖巧全造古律但爲當世推重詞章外更精篆隸
及工技嘗謂守險莫如弩乃以意增損爲三弓合
彈弩矢激二里所中皆飲羽論大駕鹵簿指南車
皆得古不傳之法按姚宏亦注戰國策稱得古人□龍機之意凡事用意此書所未盡者
周汝士字南夫上世姑蘇人避五代亂來家剡至
大父瑜貲產甚裕族聚千餘指闔舍數十楹市書
數千卷捐重幣延名士訓子若孫及宗姻有志於

學者汝士天資穎出紹興間與從兄世修世則及
永嘉王十朋同游太學世修試太學首中選補內
舍生明年汝士與世則及弟汝能試鄉舉聯名薦
禮部汝士遂登進士授右從事郎永康縣丞太常
簿進左奉議郎主管台州崇道觀以憂去先是汝
士既及第即招致王十朋爲賓師使子弟益勵學
居數年汝能中乙科十朋爲倫魁當時稱爲盛事
周氏一門登科者七人與鄉薦者十數人文物之
盛爲邑首稱由汝士發之其行義卓越亦可想而

知也家有淵源堂塑先聖十哲像列七十二子傍
爲五齋蓋古家塾之遺意云
姚憲字令則以父舜明任補承務郎監臨安府糧
料院歷海鹽龍游宣城三縣丞知臨安府仁和縣
車駕駐蹕臨安仁和事劇甚憲資強敏日未晡吏
已散去囚圄亦空秩滿知秀州土豪錢安國居大
澤中重澗深阻舍匿亡命爲奸盜州縣莫敢詰憲
至部擒安國及其支黨置于法焚其巢穴州里遂
安浙西大水餘常爲甚憲請輸粟萬斛以賑之上

嘉其能賜勑書獎諭除知平江府群盜毛昂等出
沒海道不數月悉擒之改知臨安府進直顯謨閣
入權戶部侍郎賜同進士出身不一歲間累遷左
諫議大夫御史中丞遂拜端明殿學士叅知政事
監修國史俄以端明殿學士知江陵府卒年六十
有三先是江陵帥治盜嚴猛憲繼其後常語客曰
故帥得賊輒殺僕至必付有司問訊多所原宥而
當誅者卒亦不得倖脫僕平居雖雛卵不敢妄殺
今寧以罷軟不勝任去安忍濫及無辜哉人以此

益推長者祀鄉賢

張愻一名景說字欽甫紹定間由獻策授廸功郎光州定城尉奉憲檄攝麻城縣事會賊攻破沙窩關深入麻城兵不支被執欲脅使降愻叱曰吾氣吞若曹顧力屈耳吾從汝爲不義耶遂遇害事聞淳熙八年贈通直郎祀鄉賢

許臬字古道一字養浩詢之後父鵬飛字圖南深於易臬遂以易舉於鄉爲亞魁明年試南宮第二授金陵教授除兵部架閣陞太學國子録時丁大

全用事諸附麗者皆通顯有沉翥者爲之腹心藉勢輒禍善類太學六館士以上書被禍徙他州時劉黼寓越在遣中橐往見之義形于色作書切責翥翥怒將併置於法人危之橐怡然曰吾以此得罪夫何憾時謂橐不以生死禍福爲秋毫顧累志操卓然惜未究其用宋亡避居東陽卒葬焉祀鄉賢子薦

許薦字伯玉居東林里氣宇剛直談論宏壯弱冠游庠序以文詞雄行輩然試輒不利婦翁胡某嘗

覽所試詞賦曰中選必矣後以複韻黜胡執薦手一嚬而卒薦嘆曰知造物所以處我者矣因放浪江湖以詩文見志作石窗瀛洲等記飄然物外學者因稱爲石窗先生又自題其像云竹杖棕鞵幅巾野服意氣不仙而仙形狀不俗而俗田無五畆詩有千軸安命不憂守道自足此其所以爲石窗之福石窗爲誰姓許名薦而字伯玉

許瑾字子瑜薦之弟博極經史明於理學鄉先生俞析嘗狀其行曰子瑜學博而正行峻而和文麗

而則君子人也學者從之隨其資禀皆厭足所欲稱爲高山先生宋亡元初徵辟不就家藏書千卷至老手不釋後喪明以口授後學所著有春秋經傳解十卷文稿若干卷

吕大有字有大寳祐間入太學升上舍居賓序以詞賦有聲率諸生上書言賈似道奸狀不報遂不復有仕進意遁迹湖海與林昉仇遠白珽等六七人詩酒相娛時以比竹林七賢宋亡返剡更名嵊號松存元初辟爲國子檢閲不赴卒年八十四葬

戴顒墓左所著有雪後餘清飯牛茗味歸來幽莊等若干卷松下偶抄三卷先是大有之友費九成爲信州司理秩滿赴京會大有上書亦與歸隱

趙炎字光叔第進士爲義烏簿金華令歷鎮江推官入爲刑部架閣擢員外郎炎與平章王爚爲故交責其從賈似道失大臣體爚因與陳宜中共劾似道似道坐貶炎爚亦罷稱感槩之士焉

元 張爚四十八都范村人少孤有遠志以家世宋臣絕意仕進稱莘疇居士作休休吟以見志與其友

未長卿崔存朱鼎元等賡詩爲樂有紀蹟録日書
所行以自鏡至老不輟裔孫憑厲行慕祖珍其録
求華亭徐階平湖陸光祖山陰張元忭爲之序
許汝霖字時用臯之曾孫第進士初授諸暨判官
累官國史編修已而退居越張士誠據淮浙羅致
士大夫霖先遯走求之弗得遂歸隱洪武初徵至
京師未幾乞歸宋景濂爲詩文以贈文具風物考
下其詩鐏酒都門外扁舟水驛飛青雲諸老盡白
髮故人稀風雨魚羮飯烟霞鶴氅衣因君動高興

我亦夢柴扉汝縣穎敏博雅嘗秉修邑志所著有
東岡集禮庭遺稿若干卷

皇明劉性傳字士原元季兵起散家財聚兵捍鄉邑
號義兵萬戶
高皇帝駐金華率衆歸附陳匡國安民之策數千言
稱旨擢中書門下侍郎固辭改陝西鞏昌知府地
近北虜民物凋弊性傳撫輯軍民恩威並著邊境
以寧此邑舊志所無亦鮮傳聞今據郡志增入以俟後覈

屠任了溪人家貧力學善屬詩文兼精篆隸洪武

間任蕭縣訓導遷河南武陵知縣有獻瓜菜者曰此苞苴之漸也拒不受任九載毫無茍取清操凜然遷刑部山西司主事卒於官舁櫬歸葬惟篋書束帛而已

李恒字志常洪武間歲貢至京師更名常嘗從王文忠公褘使滇南褘殉節死常與儕輩數人還奏上以爲能授福建延平府同知將之任中道病目眇其左引年歸日以琴書自娛不聞外事自號慎獨居士

周用彰字邦達西隅人元提舉承祖之孫性和厚忼慨有大度好善樂施率子澤榮澤昂輩施藥以療貧病作糜以食獄囚夏則施茶冬則造橋建渡買人田產價外陪與爲萬石長他多乾沒用彰獨損已惠人兄遣戍與共籍給資絶不爲後慮以貲產與姪共父子皆有善行年七十餘卒邑丞鄞高臨其喪題一生仁義千載吉昌於堂左壁後子孫若山等多登科第而其玄孫河嗣有隱德一鄰婦以事欲自縊河百計全活婦感泣潛暮夜來謝河

正色遣之不爲亂撿人遺金挈而還之其他可書多類是云

王文高字斯浩十四都人蚤孤事母石孝甚臬司辟爲從事以母老辭後郡守以人才舉亦辭不就剏家塾置田供祭延師賑䘏貧乏不能葬者爲給棺櫬修砌廢道斷梁善行種種一日沐浴整衣冠命累棺斂等具復召家人畢集遠相慰勞者亦畢至既接以禮乃瞑目逝俗咸異焉四子思魯訥鈍具有父風而鈍尤賢別有傳鈍子膛知府

王復皐字原古永樂間貢入冑監與修永樂大典越七年書成授工部營繕司主事委治窰冶以能名改虞衡司居官廉介御役寛厚卒於德州官舍

婁希賢三十四都人宣德間以歲貢授福建福寧令邑軍民雜處冨軍横取民息希賢申禁不敢肆田患旱澇爲築堤障之袤約二十餘里瀕海爲陡門以時蓄洩民咸頼之未幾卒于官

黄孟端字正夫三十一都穀來人正統間貢授福建延平同知居官儉約服食一如韋布[illegible]

爲亂蔓延延平時關守孟端専任郡事矢志固守與城存亡爲詩有保固危城全我節捐軀自是一毫輕之句竟以憂勞成疾頃之賊平孟端卒民哀之

求漁字宗尚弟澧字宗衡兄弟在幼時父戍貴州瀕行指所藏書囑其母曰以是教吾兩子比長母出所遺書告以瀕行語兄弟相對感泣皆志窮經史旁及稗官小說靡不涉獵卒以文學齊名人稱大求小求先生漁善評隲詩格嘗編次越山鍾秀行

於世澧著有蘭陵稿具事母孝兄弟相友愛里閈兩推其行後漁老而喪明澧正統間以事株連遣戍數年釋歸卒于途又兩悲其遇云

張冑字仲冀少聰敏年十三能爲雪賦既長從天台顧景蕃遊肆力於古文詞嘗聘修興圖志給事中楊信民薦其經學該博言論正大才堪任使不報自是絕意仕進徜徉溪山間自號西溪子所著有西溪集年八十餘有司時禮於其閭以子世軒貴封奉政大夫

王鈍字希皦文高之子力學修正動循古道事親供養甚篤與兄弟終身不析居貢授南安訓導丁外艱服闋赴京會　英廟北狩感憤不樂仕且念母老乞終養歸考訂婚祭等式以導族族染其化彬彬典於禮懿德茂行迄今檢鏡猶歸所者有千齋集以子暄貴贈南京禮部郎中　按暄之賢嘖嘖在人口其善狀且多余欲嚴其詳爲之考訊者屢屢乃其孫若曾則既衰微無能記述而他亦卒無所考以故論次不能盡其百一悲夫

王樞字克愼十六都東林人景泰中貢授寧國推

官剖决明敏獄無冤滯南陵有富民賂結顯要誣奪人山樞鞫實斷歸其主迕顯要不爲意丁氏婦鄭少寡叔挑之鄭欲聞于官叔懼誘毋訟鄭不孝守將刑之樞察毋詞緩訊得其情爭於守曰公不惜一婦人獨不惜寧國郡三年不雨乎守悟鄭獲免期年以疾卒橐無餘錢民爭醵錢爲賻其子某謂不可以喪故汙吾父其鄉之太守黄開而嗟異各捐俸以助乃獲歸葬

謝溓字允清四十九都白坭墩人順天軍衛籍舉

泰甲戌進士除刑部主事遷郎中以廉明稱成化間真保定等郡民饑瀕奉命往視爲勸貸斥帑設法賑濟招撫流遷還定全活以億萬計事竣上加賞勞明年遷河南參議總督七郡糧税革弊除奸軍民仰之未幾以勞卒歸葬本鄉

張世軒字晃之胃之子景泰中以鄉舉除廣州同知時兩廣峒蠻爲亂率兵勦除居民安堵或謂世軒厚賂中貴功可獵遷副使世軒謝不爲都御史韓雍將上其績丁父憂歸服闋補臨安府操履冰蘗

益堅於惠贈父如其官封母妻宜人尋遷兩淮鹽運司同知致仕所著有巽齋稿考墓誌行狀俱名世軒而舊誌止稱軒不知孰是

張爍字蘊之冑之從姪天性孝友父跛不能履背負終身弟病癡爲養贍至老嘗從羅竑學經史讀書過目不忘屬詩文才思逸發舉筆立就尤長詞賦著擬離騷二十餘篇駃軒集二十卷太守重其文行折節遇之祀鄉賢

周泰字叔亨用彰之孫成化間應貢入太學念母

在養年恐祿弗逮疏乞終養遷授廣東布政司都事歸旦暮承惟母膝非公事不入縣庭篤學好修展親睦黨人稱孝廉先生邑訓陳烜顏其居曰孝義郡守戴琥就加禮焉所著有菊莊集

錢悌字舜夫長樂鄉人性耿介博覽經史善屬文爲詩更沈鬱醞藉知縣許岳英聘修邑誌所著有古齋集叔汝貫弟經樵俱善吟咏而樵尤有古行鄉邦推重

杜傑字世英五十五都人順天鄉舉初令夏邑政

文登還湖廣辰州通判直隸隆慶知州致仕居官三十餘載操履純絜如一日還家閉門却埽蕭然四壁晏如也年八十餘卒卒之數十年容美兵奉調來浙所至擾掠過傑門仰覩所扁曰是嘗撫我父祖我杜爺我杜爺相戒莫犯更餽遺以去其德服亮頑且不忘於沒世如此

丁哲字以賢二十三都人第進士授刑部主事遷郎中時中貴李廣貪寵不法縱其殺人事下刑曹諸郎相顧錯愕推委不敢訊哲從傍大咲諸郎曰

公寧有意請以畀公哲首肯立逮某至掠治之廣使使持尺書爲地哲對使嫚罵裂其書不視掠治不已曰殺人當死我急不能須臾斃之杖下廣大怒以事中哲罷歸哲門吏徐圭不知何許人痛憤哲冤家貧鬻一女爲資具疏走闕下擊登聞鼓欲自剄給事龐泮救釋泮復爲論列疏聞召哲至京敬皇帝御皇極門親訊鞫之得實廣論罪哲所殺雖當坐無傳爰書不具獄貶濮州知州圭以資當補濮州同知奏王屬不敢亢禮改他州哲遷蘇州

府同知致仕進階哲善詩年九十餘卒論曰世傳丁哲居守乾沒以酷烈為聲業不欲著傳乃其為郎志節較然爭天下大體斯稱其位是烏可使泯泯或曰汚名子成之哲不至是然否不可知彼徐圭即古杵臼荆軻之徒不過是世毋謂古今人不相及人又言圭位至僉事所至磊磊有聲然卒無由訊核其詳嗟乎亦偉矣哉

周山字靜之泰之子成化間舉人孝養祖母扶侍不離學訓林元立死無子有母八十山扶櫬勝其

毋歸闔更爲築墓乃返初知德州丁父憂改保德州設社學勸農桑刻冠婚喪祭圖式民知有禮建義倉義塚救災恤患上下和合六年卒于官民哭之如喪厥考共祠祀之保德州志山所手創祀鄉賢

夏霽字時震西隅集賢坊人弘治己酉舉人性和易有才善屬詩能書筆法踈勁緝嵊誌搜訪山川人物纖悉靡遺任湖廣羅田知縣政優守潔甫十月卒于官嘉靖間郡守張明道隆慶間邑簿汪一

鳳俱爲立石墓前以志感焉

胡淮字宗豫東隅人正德初遊邑庠與友人鄭彰同試貢淮得中式彰以貧老告淮憐而讓之後二年始貢任光州訓導教職克舉爲民張萬良白冤不受其謝遷武昌諭以老乞歸結廬明心嶺北飲酒吟詩有歸田録

陳叔遷弟叔權俱起家吏員叔遷正德間授廣東海陽縣丞守廉不取民一錢或嘲其愚諷之曰子更何莫而自苦乃爾計若官不過多得錢耳叔遷

咲不眷頊之拂衣歸叔權爲直隸懷寧典史清白不愧其兄時宸濠之亂委給軍餉毫無染指人勸其爲子孫計叔權曰令子孫佚樂而我先汙辱弗能也堅厲如初致仕歸家徒壁立兩人躬耕終其身略無悔色周汝登曰世方以資格限士右明經貢舉而左胥徒觀兩陳則士何可以資格限哉以彼其清而破格物色之假一以風百則人人勸矣柰何居官澟霆而當路不知返里貧窮而有司不問非無爲如兩陳不自阻喪者幾希矣余故傳兩

陳著其名不朽以示所風焉

杜民表字望之傑之子正德丁丑進士爲鉛山令心慈而守介視民如子宸濠之變决策守禦民賴以不驚尋拜御史大禮議起忤　旨廷杖罷職勝父南還家業蕭然不爲意一意奉父承懽晨夜省視眠食洽語移時乃退裩襠褻服躬爲檢滌蓋忠孝兩無愧云臺省屢薦不報鉛山人祠祀之勤銘云道上有青天之譽獄中無白日之冤

周謨字居正用彰之後嘉靖間貢授直隸靜海學

訓導事父母至孝性端方步準履繩言笑必謹自幼不染紛華皭然世味之外讀書手不釋卷潛心體究務極精微義利之介斬然一介不妄取與爲靜訓以親弗逮養設主晨昏進膳遇忌則泫然流涕待諸生嚴而有恩爲講授經史亹亹若塾師舊丁祭後啓聖力辨其非鄉飲及婚喪等制多所釐正興起務以禮移易其俗諸生服其文學行誼翕然尊信若山斗而情又如父子藹如也以不能苟同時好致仕歸諸生揮淚爲別子汝登南京工部

王事贈如汝登官

周晟字伯融宋汝士之後貢授山東齊河令天資潁敏超群博極書史爲詩文有奇思時方厭講學晟獨從王文成公遊教授生徒性嚴難犯士大夫接其手采談吐率傾心焉令齊河祛弊雪獄綽有能聲未期月丁外艱歸遂不復仕晚年一意導養不預外事子紹祖孫光復所受經史皆其口授云

胡樂字濟英淮之從姪貢授連江訓導陞海豐教諭性樂易可親受業王文成公門聞文成卒披麻

北向而號若喪若然後致仕歸一切置若棄有子將貢卒以事廢人疑其當不豫樂曰尚平婚嫁久畢意未嘗不在三島五湖尚復問兒女子事耶怡然不爲意人服其度晚談黄白之事甚力即試不一驗而志趣飄飄物外矣年八十卒

裘仕濂字子憲二十九都人大有文譽第進士冠本房初授常州推官操持廉潔讞獄詳慎多所平反頃之拜御史益持風裁刷卷河南校勘積案以勞瘁卒仕濂樸愿儉質舉止端重斤斤以禮自繩

雖貴無媵妾疾徘優不一注目拜御史還里即族黨訟事避不以囑有司人謂爲倜儻老成士云有子嘉棨幼不好戲弄垂髫遂謂賢聖可學長益務束修至行屏一切聲色嗜慾進退容止以禮敦孝讓族黨信服年二十餘爲邑諸生夭死

喻聚字日章西偶人素性謹恪跬步不敢踰閑爲諸生有聲方居憂大守洪珠固請見以衰服往珠詰知禮伯兄袞教之嚴而聚亦敬事如父信義孚于儕輩自牧過貶損即後進謙謙以禮下之爲鄉

舉十年絶足公門庚戌第進士使山東論諸宗藩厚遺一無所受使道歸里例有饋取諸民聚曰吾倅一第歸無以德吾鄉而更以累吾鄉父老子弟吾無用是却不受諸所饋餽皆有伐檀之風尋授工部營繕司主事數月卒于官厚積不究論者惜之

周震字居安讀之從弟生而誠朴弱冠與於鄉受良知學愈自振飭初任宿松令平徭役招集流亡過賢人貞婦之廬而禮焉改教承天擢通判衡州

耒陽大洲賊爲亂寰以討擒勦搗其穴集郡縉紳
爲石鼓講學會人稱武功文教二年謝政歸群邑
士數十輩于慈湖書院講論體驗益力而養益粹
生平孝友奉母手進甘脆日暮承顏省定無一日
輟以田宅畀諸弟比其子暨宗和黨閭恂長者篤
友誼嘗授縣吏部會其友病且卒遂紀選護其喪
歸初佃寶性廢寺爲宅居三十年并自所置具復
爲寺人更難之

喻思化字伯獻娶之從子也應天鄉試爲鄉舉士

十餘年不以一事干有司授湖廣興寧知縣絜廉
剛果與民興利去害興民殖靛爲業前令具私取
靛稅充巳橐歲可千餘金延習不爲異思化請諸
上官以其稅充兵食丁糧往者令他出率受民廩
餽思化謂有常俸在令除免其他利孔蠹賫一切
剗洗殆盡大都約巳惠民民大寬省而清風肅肅
振湖湘矣吏修舉庠序身課其業從臾數千餘衆
爲亂招撫既平立社學訓誨漸磨其子弟漸成善
類興廨舍理橋梁百廢具舉然卒以焦勞盡瘁民

肥政洽而貌日癯三載卒于官上官及其民且哀痛焉

周夢秀字繼實震之子爲邑庠生生有至禀少即以道學名潛心篤行瞻視不苟已而讀竺典有悟屏絕世味紛華惡衣糲食宴如也性好施橐中不畜一錢而稍有入則以與叔與弟及親友之貧乏者以例當與選貢義不敢承以讓友持殺戒一草一蟻不傷事父孝父亦賢智其子復宅爲寺夢秀實成焉後中年持一切禁戒愈嚴而行益超卓然

其志則時在用世抱蒼社之憂日練習世故采諏人物習博士家言與海内作者稱顔行嘉興陸光祖謂爲三絶學絶行絶貧絶年四十六賫志以卒太守宛陵蕭良幹題其墓曰高士且勒銘云布衣蔬食甘爲貧窶之原思取友尊師庶幾躬行之子賤時謂知言鄉人請祀于學宫

孝義

（齊）公孫僧遠居父喪至孝事母及伯父甚謹年饑僧遠省飧減食以養母伯弟亡貧無以葬身自販貼

與隣里供飲送之費躬負土手種松栢兄姊未婚
嫁乃自賣爲之成禮名聞郡縣高帝即位遣部使
表門閭蠲租稅
韓靈敏早孤與兄靈珍並有孝性母尋又亡家貧
無以營凶兄弟共種瓜半畝朝採瓜子暮已復生
以此遂辦葬事靈珍亡無子妻卓氏守節不嫁慮
家人奪其志未嘗告歸靈敏事之如母
剡縣小兒年八歲與母俱得赤斑病母死家人以
小兒猶惡不令其知小兒疑之問云母嘗數問我

病昨夜覺聲羸今不復聞何謂也因自援下床匍
匐至母尸側頓絶而死鄉鄰告之縣令宗善才求
表墓事竟不行時建武二年
陳王知玄丁父喪哀毀卒宣帝改所居清苦里爲孝
家里按府志作公孫知玄丁母喪又他志云知玄姓汪太原人僑家剡縣不知孰是嵊有孝嘉鄉疑即其里
鄭僧保居父母喪廬墓側十載芝草生於墓甘露
降于松栢
國朝竺瓚孝嘉鄉人性孝友祖父同居已四世一門

二伯餘指尸大役煩瓚身總其事從兄璟以刑罪被繫瓚念世父匱一子吾父子三吾又有子二宜以身代走白于官謂犯律在我非兄也力争信之乃釋璟繫瓚死獄中年三十二瓚通書史才猷吏足用世史官宋玄僖爲之傳

張秉玉富順鄉人性至孝弟拳以非罪坐刑傳北之長安秉玉念拳少父母愛傷父母心隨之北爲弟白寃先是拳不勝考掠自引伏秉玉坐誣罔并繫獄遘疾遺書付弟自咎具疏無狀罪當死卒于

獄

周傑字廷智東隅人父愚受誣論死傑甫三歲能隨母悲啼愚繫獄二十年傑年二十三遂北走闕下上疏請以身代居京師數年疏累上不報景泰歲庚午覆奏慨切　上悲其意詔釋愚罪卒家孝養二十餘年後傑居父母喪具哀毀孝固其性成哉

趙嵩東隅人父病癲不能履母且盲嵩兩扶侍之二十年一日也以孝聞

錢綬字仕彰長樂人蚤孤方數歲母鄭口授之孝經論語即成誦長奉母孝母沒見栝棬讀所授書未嘗不流涕也人謂能永慕云綬嗜學耻言利爲詩冲澹古雅著有顧庵稿

邢魯三十八都太平人父蚤喪母錢氏守節家貧魯孝養篤母年八十餘臥牀蓐數年晨昏奉[illegible]視藥無怠色年四十未有室知縣許岳英捐俸爲求王氏女妻之

喻禄孫者西隅人也奉嫡母孝母死結廬墓側[illegible]

夕哭奠夜虎入廬𧙗孫號泣呼母虎去明夜虎復來咆哮動地𧙗孫復號泣廬有羊虎竟不啗去邑人張冑異之爲之傳而繼有三十八都邢浩球父歿出廬於墓者三年後母没而浩球年六十踰矣復出廬如喪父時若兄弟以其爲衰白也者而強之歸不聽居廬歷寒暑鳩來巢其廬而繼又有四十一都錢性善廬父墓白鹿繞其廬馴狎不驚求尚梁二十九都人錢瀛剡源鄉人成化間俱以母病割股療母母愈晉溪姚祖臯者父一章爲庠生患羸

疾祖阜事之孝家貧無以爲肉糜醫藥乃割股食之父差愈卒以貧故養不給越七日子父相繼死教諭王天和捐俸以葬而扁其里論曰語有之廬墓割股非孝爲其過而不中於禮然謂觀過知仁彼數子者其愛迫切於此堅金石矣儻所語仁人非耶夫孝已盡均不以故貶忠孝名是亦不可令泯泯作廬墓割股合傳已上孝行

宋姚景崇字唐英號自愛老人開慶中建義塾一區延師設教英俊多遊其門

國朝豊宗善東隅人篤實好義子達遷洛陽達之孫
儉中河南鄉試
尹孟倫東隅人與弟孟遠同居積而能散永樂壬
寅饑奉　詔勸分捐穀數百石明年饑復捐如初
正統間四十八都支永昇二十九都裘江十六裘
庄亦以歲饑奉勸出穀數百石
張堅東隅人疎財仗義能爲鄉民觧紛貸不能償
者多置不取時以貲修除道路橋梁之崩毀者以
子政貴贈審理正

周克恭用彰之孫天順歲丁丑大侵出穀二百餘石食餓人百餘戶假貸者貧不能償則焚其券因呼爲周爛銀克恭曾孫禺爲邑庠生勁直不撓嗜義若渴父遺產率以讓兄若弟有孤姪子畜之卒教之成嘗爲人白冤得釋其人進金爲壽禺睜目視之曰毋以是汙我斥去其介如此貧且老益堅人稱曰儒林高節

夏叔愜天順初客越城飲於肆他客被酒忘其橐去愜獲橐視之約五十金追其人弗及明日俟其

處失金者叫號而至遂挈以畀之觀者嘆異其父之
恢夣一老人與之孩果得子雷領鄉薦而嘉靖間
有張用慶者愿慤淳慈亦嘗還客遺金以一布衣
而全活垂死者三人子希秩舉於鄉年九十卒
李永裕篤實好善天順間嘗捐貲修道路建橋施
茶年九十邑令李春敬禮之
吳偉字伯奇七都人以貲甲里中急義樂施振人
之窮橋崇溪屋謝渡途人慕悅嘗往視未見有升
木竊東者搖手戒毋驚竊東者墜死矣人益以此

曆長厚自年三十至九十積曆日竟一甲子按日紀時事作繩頭小字六十年如一日焉

周汝登曰鄉賢元以前凡二十四人國朝三十八人而孝義總之二十八人遠代按舊牒近所進退抑揚不敏竊取其義即人知罪莫必然以論評求閭里而以心事質鬼神毋苛毋濫如是焉爾矣他吾何知焉鄉賢有以名附著者以類從或以其後乃爾實無關差等覽者當自見焉

列女

晉公孫夫人姓公孫氏剡人以節操聞謚母孫氏爲作序贊序曰資三靈之淳懿誕華宗之澄粹奇朗照於齠齔四教成於刻笄慈恩温恭行有秋霜之潔祗心制節性洞青春之和敦悅憲章動遵規禮居室則道齊師氏有行則德配女儀禮服有盈籩豆無闕贊曰猗歟夫人天資特挺行高水潔操與霜整性揚蘭芳德振玉潁猗彼瓊林奇翰有集展彼碩媛令德來緝動與禮遊靜以義立

宋王貞婦夫家臨海人沒名氏至元十三年元師入

台家彼被執挈行至剡上清風嶺齧指出血寫詩崖石上即自投崖下死詳具祠廟考及李孝光傳中

元商淵妻張氏名貞蘇伯衡爲之傳傳曰張節婦貞者嵊鳴絃里人同縣商淵妻也父業儒號白雲先生有四女貞其第三姊若妹皆已嫁貞擇配年二十有一未嫁時訛言詔選女子民間大駭婚配不復問門第品類其父亟欲以貞嫁凡夫子貞曰即倉卒不可配非擲不從商淵聞之以爲賢乃請婚

丈語貞曰淵固儒家子柰貧何貞曰豈常聞有士
人者論貧富哉得儒家子可矣父是其言納淵爲
贅壻二年生子芹甫彌月姑病且篤貞乃歸省姑
姑見貞與芹喜甚不知病之愈也留事姑孝謹得
姑心二年姑卒貞凡拜生兩男一女皆口授孝經
小學女箴又教其禮節拜跪進退飮讌閑雅異他
兒見者無弗指目之後相繼殤死貞以自咎不戚
戚傷其夫戊戌冬方平章軍據縣貞勸淵先事去
之家獨全明年冬越國公張太尉兩軍交至淵與

貞走匿新昌南明山淵間出爲遊兵所虜貞聞以爲已被害日夜泣曰夫喪矣吾何用生爲不食五日淵得脫歸貞驚喜曰不自意復得侍乃食且語淵曰子丈夫也遇遊兵幾不脫如妾者寧尚可脫乎今兵且未已有如一旦遇難不投萬仞崖則沉萬丈川耳時縣之白泥墩有一婦掠于軍行至東陽賦詩五章遂自縊淵爲貞誦其詩而道其事貞曰子豈以我不能爲若婦耶復嘆曰子今未必我信終令子信我又明年夏越國公復統兵掠縣地

時貞共淵匿會稽山中會人從縣來問軍今安在曰引兵還矣乃以四月返里方弛檐具食而軍大至貞遂赴門塘中自溺死後三日芹乃收葬之論曰天下名大夫士朝與人約利害僅如秋毫而夕倍約者肩相比也張貞特弱婦耳孰謂其以死自誓在一歲前而一歲之後竟克復自誓哉夫豈徒婦人愧之嘗聞會稽王褀之妻蔡避兵道上懼不脫於虎口跳道傍沸釜死而今又得貞於嵊越何其多烈婦人也蓋貞之父與蔡之父皆儒者也二

婦從容死節，固自由生長儒家之受教有素耶？果哉，人不可無教也。宋濂哀詞并序 嵊民商淵妻張氏貞賢而有志操，事姑，姑愛之；事夫，夫宜之。處約而不懟，好禮而能教，命女者指以爲表，諭婦者取以爲則。年始四十五，元末兵亂自溺。初，貞未死時，間亂，每以不屈自勵，至是果死。人於是美其能死也。婦者托於夫以生，當乎治之世，身享乎上壽，而令終乎閨室，以爲美則宜。夫既不幸而值於變亂，至於徬徨四顧，處身無所，抑哀奮志而沉於溝瀆，豈其所願，而美之哉？是可悲也。然人之所慕者壽，所樂者適意，使皆獲其願，止乎百年之內耳，過此則無稱矣。所願者貴富，所甘者侈泰，使位配乎封君，貲殖乎千金，苟無善焉，將孰知而稱之？貞也死而以節名，事昭乎閭里，而行白乎文章，過其死之所，炳然如見其生，讀其傳而考其蹟，儼乎若未嘗死，雖謂幸且美亦宜也，於悲何有哉？雖然，舍生而取義，惟烈丈夫能之，猶窮一世

不可累見兄婦人乎婦人爲質且弱矣而其激義
就死不顧纖介如此使其爲丈夫食君祿有勢力
其所處宜何如哉彼不遇而於此見之斯其可悲
也今徒以辭而哀之其辭曰華之初秀兮天雨雪
霜肅肅出門兮遘彼平勝治時孔多兮喪亂始生
人孰其美兮子值其殃命之俾然兮義爲可與終
有一死兮死貴不亡舍義希生兮諒非所減殞身
深溟兮所存者長令夫悲悽兮弱子傍徨姻親胥
吊兮行道周章懿歟徽質兮人冀與友盍其永逝
兮天道茫茫匪人所賴兮留壽平康猶且燬獲兮
如歟一觴適意須臾兮未久即亡彼此重輕兮不
待較量修名足恃兮與日爭光子之所安兮人寧
汝傷我傷昔時兮大義不彰覥面目甚都兮冠佩衣
裳受君之命兮有土有疆猶龜畏縮兮鼠拱以降
非婦而婦兮以柔化剛子質孔弱兮厲志何強使
爲丈夫兮人孰敢當歆歟感奮兮赴火蹈湯使君
如夫兮屹爲巨防彼之不聞兮此多
烈芳吾將雖光兮哀子斯章

白泥墩烈婦失其名氏元末兵亂被掠于軍婦誓
不受汙行至東陽賦詩五章自縊死

胡氏名妙端適祝其至正庚子春為苗獠虜至金
華縣將妻之義不受辱乘間嚙指血題詩壁上忍
貲盜去懷滌宇憂搜山千騎入深幽旌旗影亂天同
慘金鼓聲淫鬼亦愁父母劬勞何日報夫妻恩愛
此時休九泉有路還歸去那箇雲邊是越州即赴
水死時三月二十四日也獠帥服其節為立廟祀
之邑人咸曰烈女廟事聞與王貞婦類議者謂當

配饗清風云

陳務妻剡人少與二子寡居好飲茶茗以宅中有古塚每飲先輒祠之二子患之曰塚何知徒以勞苦欲掘去之母苦禁而止及夜母夢一人曰吾止此塚三百餘年汝二子恒欲見毀賴相保護又饗吾佳茗雖潛壤朽骨豈忘翳桑之報及曉於庭內獲錢十萬似久埋者惟貫新母告二子二子慙從是禱酹愈至母壽至九十餘終

國朝張門雙節者彥聰妻范氏彥名妻錢氏蓋娣姒

云范名佛壽范記女年二十一適彥聰比五年舉一子甫周彥聰病卒而弟彥名娶錢仲寧女名德善生子在襁褓彥名亦病卒而錢時年二十九妯娌矢志靡他家貧紡績以養舅姑而更下撫諸子舅姑年皆八十餘相繼亡棺殮具以禮值兵興喪不能舉二婦日夜號慟隣人憐之相與輿櫬葬於遊謝鄉山先塋側二婦攜諸孤廬墓傍祭祀不違聞者驚異名葬地曰張墅吳元年還居西隅舊址有司以聞洪武二十一年表曰雙節之門范年八

十六洪武壬戌卒錢年八十二洪武壬申　子令葬

遊謝鄉　國子博士錢宰贊曰剡山峭拔剡水清冽二節婦貞白之操鍾焉人謂范之操若崩崕斷峽皓月獨懸初不期繼志之有錢也錢之操若貞松勁竹孤鸞高騫殆與范比肩矣春闈並縲悲燈共織撫諸孤俾各有成逮今白髮高堂同享壽康固天有以報施之也雖然閭巷間婦女執義守信如二婦者代有之矣名湮泯如無聞悲夫○餘姚許泰詩東房曉日縹新絲西房夜雨鳴寒機一門姉姪俱貞節百年辛苦相扶持錢也願不愧夫子范也誓天其守死和睦同居有始終長育諸孤無彼此諸孤既長知讀書比堂奉養何親疎白髮千筵有時改丹心一片鐵不如皇天從來報有德聖代于今表其宅有筆如椽太史公五色文章勒金石○蘇伯衡詩烈女無二志茲事世罕聞風俗日以降朝慕求婚姻驚見剡張氏雙節萃一門青春俱喪夫之矢死弗諼養老字厥孤偕嘗艱與

辛同居復同志白髮無緇磷凛然秉大義愧死美
新人發揚托史筆旌表推　國恩娶君寧有爲風
厲豈無因我調節
婦辭彝倫廢其悖

謝源妻袁氏年十有九歸謝事舅姑理閨以内政
以孝勤著聞歸十年源卒守節不二賢聲益著閭
里上其名　詔旌異之生三子仲子濂第進士官
至參議

應源妻錢氏名宜字妙真剡源錢信一女宜爲女
時性專靜信一爲擇配以應源敏達稱其女字之
納爲贅婿居無何源以疾卒于家宜聞訃頓絶復

甦者屢偕母往視斂哀毀欲瘞數日母促之返宜曰此兒家也將焉返邪朝夕哭奠已而奉柩歸窆之命造兩穴以示無異志葬既畢母促之甚不得已偕返宜時年十九母憐其少無子勸之他嫁不可奪且令隣媼諷焉又不可奪母強未已乃引繩自縊或覺而救之始聽歸夫家終其志宜既歸事繼姑董周謹而董亦賢相依以守董嘗得沉疾旦夕焚香祝天願以身代事之二十四年如一日以叔氏子則民爲後畜養之底于成弘治己酉宜年八十

餘而有司以節孝聞詔表其閭張燦撰貞婦詞序云昔應源之生儀表秀發穎悟不凡正統間從予遊顧其所爲詩歌出入意表予甚異之而不意其早世方其病亟之日以後事囑同母弟深没十二年深得子甫晬以繼源嗣命名則民則民年一十六亦從予游以母氏節行屢歷來告余爲之詞曰吁嗟兮貞婦金石其堅兮氷蘗其苦磬槁砧兮云殂掩穸閨兮泣鳴嗚歌栢舟兮情激烈母不許兮矢心以絕髧兩髦兮我心可忘彼王雎之有別兮豈吾匹之無常婦失所天兮婦依有姑婦姑同室兮抱姪爲雛姑卧病兮如已疾食不下咽兮寢不貼席皇天愸遺兮姑後康聯形附影兮紐衣緝裳資紡績兮飲食雛日大兮成羽翼祀有托兮兆替蒸嘗身隨殞兮夫穴可藏抗修名平共姜

許節婦者東隅盧允中妻允中洪武中以人材徵

西寧衛知事陣亡節婦年二十六乃自誓夫以忠殉國吾宜以節殉夫即謝膏沐衣粗茹若撫子奉姑終其身允中弟允端妻黃氏亦蚤寡同志徇節皆年八十餘卒

王廷玉妻石氏新昌石彥遠之女也于歸四年廷玉父本心以事繫獄夫廷玉詣闕請代得從偕至京師病卒子文禹生五月石氏撫孤矢志以守事姑龔及王姑黃謹甚得姑心以鄉孝名

羅烈婦黃氏夫家四十一都從其夫名大袞維舅

在睦老夫弟欲室之婦覺密綴其衣不寐者累月里婦密爲語諷之婦不應衆樂其節拒也乃設宴集客呼婦語已縊死房中里士錢汝貫作詞哀之

羅家婦命何若從夫未三年中道成鰥阻姑亡舅年高寂寞誰與伍殫將門戶自支持晝辟菅麻夜紉補小郎當盛年其力健如虎昨夜走推門直前敢相侮羅家婦吁皇天呼后土欲避欺凌竟何所誓將身死入黄泉使皇風混更虜羅家婦命何若我作哀詞陳爾肺腑觀風使者天上來會見清名

播千古張燦亦爲之記按燦記作李氏以舅爲姑未知孰是
姚節婦者孫文通女也歸十三都姚仍仍卒孫特
年二十七子且幼茹苦自存姑患瘋疾事之孝成
化九年知縣許岳英舉以　聞　詔旌其閭
過婦二貞邢門三節者皆娣姒也二貞爲過庭用
妻奚氏庭舉妻王氏三節爲邢鑑妻陳氏鎮妻史
氏釵妻吳氏並成化間笄年蚤寡競操一門二十
九都裘廷器娶王復阜孫女蚤夭王氏秉節不二
先是其姑張氏亦早寡稱姑婦貞節踰過妻王氏

錢子文妻吳氏沈𡡉妻徐氏東隅求文慶妻張氏
浦橋史原壽妻陳氏先後並以節聞自許節婦而下皆出錢志而夏志削不錄夫他節弗論即羅烈婦者烈烈死矣而王文高著列傳其母必賢姚節婦者已被旌典不知夏何以不書夏他寬而獨嚴於此未詳其意余爲表著之

尹靜真者東隅趙尚恭女也適本隅尹琦琦早夭靜真年二十三斷髮自誓躬紡績甘苦淡以養其舅姑而訓其子志操終始無間言孫許詣　闕陳其節反覆數四得　賜旌表時有鄰憐誓死其姜若難氏陳情李容賢句稱之靜真年八十九卒

胡節婦者武昌諭淮之女三十八都邢克威之妻幼通書史年十九夫亡矢志自守兄弟憐其年盛無子諷之卜所終節婦大恨且泣曰兄弟不知尚復誰望惟有一死明吾心耳遂自縊死

東隅鄭金妻宋氏四十八都張勷妻王氏生員張侈妻邢氏俱正德間弱年守節即未經奏表而守令物色其閭

嵊縣誌卷之十二

雜傳

寓賢　僊釋　方伎

寓賢

晉許詢字玄度高陽人父旼爲會稽內史因家焉詢有才藻善屬文隱居不仕徵爲朝議郎不就築室永興之南山蕭然自致乃號其岫曰蕭然山咸和間捨永興山陰二宅爲寺日與支遁輩講維摩賓主之辨相尋無窮後入剡居金庭山詢子四裔孫

有家金庭者名潛唐中葉爲著作郎曾孫丑唐末爲秘書郎五代間自金庭徙東林今金庭有濟渡村許家廟乃其遺跡

阮裕字思曠陳留尉氏人僑居剡縣累辟不就即家拜臨海太守少時去職後除東陽太守尋徵侍中皆不就還剡有肥遁之志在東山蕭然無事常內足於懷或問裕曰子辭徵聘而宰二郡何耶裕曰雖屢辭王命非敢爲高也吾少無宦情兼拙於人間既不能躬耕自活必有所資故曲躬二郡豈

以聘能聊自資耳在剡曾有好車借無不給有人葬母意欲借而不敢言後裕聞之嘆曰吾有車而使人不敢借何以車爲命焚之年六十三卒葬剡山子寧寧之子萬齡世居剡並列顯位萬齡別有傳按史稱裕三子傭寧普傭早卒而阮氏譜以爲長子歸仕至州主簿未知孰是

王徽之字子猷羲之子卓犖不羈爲桓溫參軍嘗居山陰夜雪初霽月色清朗四望皓然獨酌酒咏左思招隱詩忽憶戴逵逵時在剡便夜乘小舟訪之經宿方至造門不前而返人問其故徽之曰本

乘輿而來興盡而返何必見安道耶今嵊有艇湖
即徽之回艇處有子猷橋
謝敷字慶緒會稽人登清寡欲入剡太平山十餘
年以母老還南山若耶中嘗於剡中造風林寺崇
信釋氏以長齋爲業初月犯少微少微一名處士
星占者以隱士當之戴安道有美才時人惜之俄
而敷死會稽士人嘲曰吳中高士求死不得死
孫綽字興公家會稽博學善屬文游放山水十有
餘年作遂初賦又嘗著天台賦友人范榮期謂試

擲地當作金石聲温王郗庾諸公之薨必綽文然後刊石遊剡諸山嘆其佳絶蔡系字子叔濟陽人有文理仕至撫軍長史居剡最久而他有王洽導諸子中最知名爲中書令劉恢沛國人有文武才爲車騎司馬殷融吏部尚書孫曠之爲剡令王修晉陽人明秀有美稱爲中軍司馬何充廬江人思韻淹通酷好名山王坦之述之子與郗超俱有重名謝朗爽之從子文義艷發名亞於玄仕至東陽太守袁宏陳郡人有逸才王濛太原人神氣清韶

放邁不群謝萬安之弟才氣高峻蚤知名爲散騎常侍並皆遊剡見白居易沃州記以在剡俱無事跡較著姑按舊志紀其名而行實不備紀焉

【宋】謝靈運玄之孫少好學博覽群書與顏延年並以文章爲江左第一襲封康樂公世共宗之咸稱謝康樂也累遷秘書丞宋受命降爵爲侯少帝即位出爲永嘉太守在郡一月稱疾去職父祖並葬始寧縣并有故宅及墅遂修營舊業傍山帶江盡幽居之美作山居賦并自注以言其事文帝徵爲秘

書丞塡之賜假東歸與從弟惠連結刎頸交共肆山澤遊靈運因祖父之資生業甚厚奴僮既衆義故門生數百鑿山浚湖功役無已尋山陟嶺必造幽峻巖嶂數十重莫不備盡登躡着木屐上山則去其前齒下山去其後齒嘗入剡有詩曰旦發清溪陰暮投剡中宿登嵊山觀四畔放犼九落處即立祠宇今有謝眺巖僊君廟嵊浦有釣魚臺車騎山康樂遊謝二鄉皆其遺跡靈運卒以恃才放逸多所陵忽爲有司所糾徙廣州或復告其有異志

詔棄市年四十九

孔淳之字彦深魯人少有高尚居剡性好山水每有所遊必窮幽峻或旬日忘歸嘗遇桑門披衿領契自以爲得意之交與戴顒王弘之敬弘等共爲人外之游會稽太守謝方明苦要之不能致使謂曰苟不入吾郡何爲入吾郭淳之笑曰潛游者不識其水巢栖者不辨其林飛沉所至何問其主終不肯往茅室蓬户庭草蕪徑惟床上有數帙書元嘉初徵爲散騎侍郎乃逃於上虞界中家人莫知

所在

【齊】顧歡字景怡鹽官人隱剡山六歲時父使驅雀田中歡因作黃雀賦不復顧雀食稻過半貧無所受業竊聽鄉人讀書悉記不遺後以經學開館受徒當數百人性好服食山居每旦一出山鳥集其掌取食山陰白石村多邪病爲講老子皆愈又有病者問其家有孝經否令取仲尼居一章置枕邊而愈齊高帝輔政徵陽州主簿幾祚乃至稱山谷臣進政綱一卷優詔東歸賜麈尾素琴年六十四卒於

剡山中著有文義三十卷

褚伯玉字元璩錢塘人少有隱操寡嗜慾年十八将婚婦入前門伯玉從後門出來剡居瀑布山三十餘年隔絕交往齊高帝手詔吳會二郡敦遣辭以疾上不欲違其志敕於白石山立太平館舍之孔稚圭從其受道爲於館立碑卒年八十六常居一樓卒葬樓所

孔稚圭字德璋山陰人風韻清踈居宅盛營山水門庭内草萊不剪中有蛙鳴笑謂客曰我以此當

兩部鼓吹與當時名士陸慧曉謝瀹張融何點沈
淵爲君子之交肆志山水不樂世務嘗作北山移
文以譏周顒徵侍中不行入剡從褚伯玉授道

唐　李紳字公垂中書令李敬玄孫布衣時東游天台
過剡故人崔公以殿中謫官治剡崔公座中有龍
宮寺僧修真起謂紳曰公異日必當鎮此當爲修
吾寺敢請時紳以爲狂易之言不應相視久之而
別元和三年紳以前進士客游越中僧時臥疾使
門人相告曩言幸不見忘紳往視疾而已不對後

紳累遷宣武節度歷左散騎越州刺史果符僧言而僧及門人悉已殂謝寺更頹毀惟荒墟餘供而已因以俸錢爲修其寺累月而畢作記刻碑其間今石刻猶存

賀知章字季真永興人性曠夷姑子陸象先曰季真清譚風流一日不見則鄙吝生矣肅宗爲太子知章遷賓客尋拜秘書監晚節誕放自稱四明狂客秘書外監天寶初夢遊帝居請爲道士還鄉里詔許之以宅爲千秋觀帝賦詩皇太子百官餞

詔以鏡湖剡川一曲賜之時李白亦稱避地剡中
吳筠字貞節華陰人隱居嵩山玄宗召見與語悅
之敕待詔翰林問神仙治鍊法曰此野人事非人主
宜留意未幾懇辭還嵩山後以天寶亂僑居於剡
秦系字公緒會稽人自號東海釣鰲客有詩名天
寶間避地剡川作麗句亭郡守攺其居曰秦君里
北郡留守薛兼訓奏爲右衛率府倉曹參軍不就
建中初結廬於泉州南安九日山穴石爲研注老
子貞元七年東渡秣陵泉州人思之號其山曰高

士峯有詩一卷

方干字雄飛新定人工詩賦始舉進士有司奏干缺唇不可預科名遂遯跡鑑湖任情漁釣以詩自放嘗入剡有路入剡中和縣令陳永秩滿歸越及登樓等詩咸通中太守王龜知其元直薦爲諫官召不就將歿謂其子曰誌吾墓者誰與吾之詩人自知之誌其日月姓名而已及卒門人私謚曰玄英先生唐末宰臣奏名儒不遇者十五人追賜進士出身干與焉

朱放字長通襄州人隱於越之剡溪徵辟皆不就
有詩一卷
齊抗字遐舉定州義豐人拜中書門下平章事昔
遊越鄉閲翫山水者垂三十載初棲於剡嶺後遷
於玉笥自解辞此山未二紀而登台鉉
宋盧天驥字駿元政和六年以朝散郎來爲浙江提
刑七年入剡有登迎薰堂及遊上下鹿苑等詩爲
詩風格竣竦直逼盛唐
王銍字性之汝陰人紹興初泛舟入剡遂家焉入

剡時梅雪夾岸幽香不斷稱非人間世也友人蕉宣仲聞之作子猷訪戴圖以寄銍作長句謝焉銍善屬詩文不樂仕進讀書五行俱下人有持所作投贄者且觀且置不復展視人疑其倨多毀之而實工拙皆了了不忘藏書滿架在剡多所題詠既卒秦相子熺屬郡將索所藏書許官其子銍子仲信泣拒之曰願守此書以死不願官也郡將以禍福脅之竟不能奪

李易■人由給事中觧職卜築剡貢門山家焉

爲詩沈鬱精詣剡中即事吟題甚多

王十朋字龜齡樂清人紹興間游上庠與剡汝士同舍十八年汝士第進士延十朋寓家塾實師其弟子十朋亦愛剡山水日登眺以詩文自娛作剡溪春色嵊山等賦又十年許十朋舉倫魁而汝士弟汝能同年舉進士後周氏登科相望人稱出十朋之門十朋初仕紹興簽判累官太子詹事以龍圖閣學士致仕卒謚忠文有梅溪集行世朱熹嘗稱之曰光明正大磊磊落落君子人也

僑文虎字炳如鄞人禮部侍郎閎之從子紹興中進士累官中書舍人國子祭酒翰林學士文虎聞見博洽多識典故嘗與修國史始寓越娶剡仁德鄉周氏慶元中入剡建玉峯堂秀堂藏書寮雪廬於金波山明心寺之東麓卒葬其處歲孔開歲饑盜發文虎墓弘治五年知縣夏完徙其華表墓石甃砌文廟兩廡階簷論者非之

高似孫文虎之子累官中大夫提舉建康府崇禧觀贈通議大夫似孫博雅好古有父風嘉定七年邑令史安之訪似孫作剡錄十卷文物典故有稽

迄今藉焉子曆字茂象累官通判温婺等州積階
朝奉郎卒葬文虎墓右曆子棨蘭谿知縣
邢達字宏甫上世河南鉅鹿人徙山陰達舉進士
累官樞密院直學士與姦黨不合歸隱入剡遊太
白山樂其山水就太平鄉家焉慈湖楊簡誌其墓
呂椇字規叔榮公四世孫初與姪祖謙同登楊時
門漸染陶鑄氣象迥別晚年遷嵊之貴門里子祖
璟以淮南安撫使致仕歸與祖謙同會朱熹講學
於婺之東陽

錢楨字德茂武肅王九世孫由台州遷剡長樂鄉賑貧卹窮開義塾以訓後學閭里有爭不相下者楨一言決之人稱小太丘云

周天祥字麟之上世汝南人徙於杭博學有志操咸淳末薦授臨海教諭宋運改義不食元粟求解職不得元至元末乃遂歸隱過剡謂山水佳麗遂占籍焉

〔元〕楊維禎字廉夫諸暨人泰定進士授天台尹[illegible]至正中避兵來剡過清風嶺題王貞婦詩 國初

傳薦考集禮書以老告歸號鐵篴道人亦稱鐵崖先生

國朝錢德洪字洪甫餘姚人第進士擢郎中受學王文成公會其宗旨入剡以所學講授人士裘仕濂輩皆遊其門而其宗人思邦等亦多信服宗主之

王畿字汝中上世由剡徙山陰故畿時時往來剡中嘉靖初舉進士授郎中文成公高第也所見解超玄入微不落階級隆萬間王天和周震等聚徒爲慈湖書院講學會而畿南向坐師席談說開示

能令人人憬然有省表榜鼓舞刻厲而胡夢龍輩若干士皆在造育中云幾父經進士子應吉己卯舉人遡其上世稱剡人近且附籍焉

僊釋 神附

漢劉晨阮肇剡人永平十五年入天台山採藥望山頭有一樹桃取食之見流水中有胡麻飯屑二人相謂曰去人不遠因過水行一里又度一山出大溪見二女顏容妙絕便喚劉阮姓名問郎來何晚也館服精華東西帷幔寶絡左右盡青衣下胡麻

飯山羊脯設旨酒歌調作樂日暮止宿住半年天氣和適常如二三月鳥鳴悲慘求歸甚切女喚諸僊女歌吹送還鄉鄉中恠異驗得七代子孫傳聞祖翁入山不知何在太康八年失二人所在劉有

桃源鄉在縣三里舊經曰劉阮入天台遇僊此其居也有阮廟即阮肇故宅（唐曹唐及本朝山陰劉師邵詩曹律詩劉絕句各五首）○劉阮遊天台詩樹入天台石路新細雲和雨動無塵烟霞不省生前事水木空疑夢後身往往鷄鳴巖下月時時犬吠洞中春不知此地歸何處須就桃源問主人○路入烟霞杳不分桃花千樹鹿成群耳邊彷彿聞鷄犬應有人家隔綠雲○劉阮洞中遇僊子詩天和樹色靄蒼蒼霞重嵐

深路渺茫雲竇滿山無鳥雀水聲喧澗有笙簧碧紗洞裡乾坤別紅杏枝前日月長願得花間有人出不令僊犬吠劉郎○霧閣雲窗有路通月華凉浸玉屛空翠眉冊臉分明見不比高唐憶夢中○僊女送劉阮出洞詩殷勤相送出天台僊境那能郤再來雲液既歸須強飯玉書無事莫頻開花當洞口應長在水到人間定不回惆悵溪頭從此別碧山明月照蒼苔○莫道姻緣是等閒溪頭此別幾時還相隨只有今宵夢遮莫千山與萬山○巷女洞中有懷劉阮詩不將清夢理寬裳塵夢那知鶴夢長洞裡有天春寂寂人間無路月茫茫玉沙瑶草連天碧流水桃花滿澗香曉露風燈易零落此生無處訪劉郎○曾與劉郎宿有盟落花流水本無情相思兩處腸俱斷十二玉樓空月明○劉阮再到天台不復見僊女詩再到天台訪玉真青苔白石已成塵笙歌寂寞閑深洞雲鶴蕭條絕舊鄰草樹總非前度色烟霞不是往年春桃花流水依然在不見當時勸酒人○只見桃花滿洞開碧石

山何處有樓臺翻疑前度
經行處不是身來是夢來

三國趙廣信陽城人魏末渡江入剡小白山受李法成服氣法又受師左君守玄中之道内見五臟徹視法如此七八十年周旋郡國或賣藥出入人間人莫知也作九華丹或曰丹成白日登天剡山中有趙廣信丹井

晉葛玄字孝先句容人從左元放受九丹金液僊經服餌求長生能絶穀不饑嘗遊會稽入剡後尸解得仙號曰僊翁翁從孫洪字稚川以儒學知名尤

好神僊導養之法僊翁鍊丹授術洪悉得其法咸和初選爲散騎常侍固辭不就後止羅浮山鍊丹著書號抱朴子卒年八十一顏色如生體柔軟舉尸入棺輕如空衣世以爲尸解今剡西太白山有僊翁井皇覺寺有釣臺石秤上有釣車痕稱僊翁遺跡洪亦至焉

僧白道猷羅漢僧自西天竺來居沃洲開山建寺令沃洲屬新昌以舊志所載姑附著焉

竺潛字法深隱剡山學藝淵博名聲早著弘道法

師也哀帝兩遣使致之既至簡文尤師禮之劉惔嘲之曰道人亦遊朱門乎潛曰君自見朱門貧道以爲蓬戸耳還山支遁求買沃洲小嶺潛曰欲來當給不聞巢由買山隱也

支遁字道林入剡中報恩等寺遺跡在焉謝安守吳興以書抵遁曰山縣閑靜甚不減剡幸副積想王羲之在會稽聞遁名見之乃定交遁還剡路由稽山羲之詣遁延住靈嘉寺入沃洲小嶺建精舍晩移石城山棲光寺至山陰講維摩後經餘姚塢

卒葬塢中有文集八卷

支曇蘭高僧也太元中遊剡縣後憩赤城

宋 竺法崇有律學精法華經居剡葛峴山茅茨澗飲孔淳之訪之信宿不去神思傾豁

齊 曇斐剡人棄家事慧基善莊老儒墨之書考究經典疑義還居法華臺寺衡陽孝王元簡師事之張融周顒從其遊

僧護剡人住石城山隱岳寺寺北有青壁千餘丈護每至其下輙聞管絃聲或發光怪即發誓就壁

鑄十丈佛像建武中用工經年纔成面像俄卧疾臨終誓曰再生當就吾志

【梁】僧祐剡人護所造石像祐成之舊說以爲護其前身云

孫韶剡人入山師潛四明參受真法陶隱居手爲題握中秘訣門人罕能見惟傳韶與桓闓二人

【唐】靈澈字澄源會稽湯氏子風儀甚雅談笑多味雖受經論心好篇章語甚平易如不出常境而諸生思慮終不可至從嚴維學詩抵吳興與皎然游後

自廬山入剡

宋僧仲皎字如晦居剡明心寺參竟禪學尤好篇章交文儒嘗於寺西星子峯前築白塔結廬其下號閑閑菴宋宣和間與汝陰王銍以詩詞相酬答嘗作梅花詩仲皎和之復作梅花賦仲皎作之尤清絕所至題咏名重當時

陳賢行伯廿五清化鄉浦橋人生乾道四年甫成童輙著靈異假寐出神遍遊江海拯護沉溺或爲人所驚覺嘆曰壞一舟矣人每設祭潮神賢與焉

犒則陞所享牲肉或袖出紙錢以示靈異錢塘行在所恃堤岸以捍江潮嘉定庚辰潮怒囓堤出候潮門抵新門潰突不可遏漂廬舍泊城郭日益甚

朝廷命有司起徒卒僇力畚鍤隨築隨毀相顧無措召賢問計賢呼江神喻以利病手一竹植沙塗

上誓之曰毋令潮越吾竹明日潮至望竹伊邇輒折伏東去無何西岸擁沙成阜畚鍤就緒而長堤屹然永峙矣紹定三年殁既沒而神功禦患江河間所在益響荅端平元年以水戰助王師殲金人

於蔡州封靈濟侯淳祐十二年以厭殺浙東西大
水浸淫加封善應景定元年借潮淅江舫貴人舉
翌加協惠　國朝天順二年水决張湫朝命大臣
築堤捍水所費鉅萬邦就神以夢示守土吏告名
氏允之默相堤乃成張湫迄今祠祀不絶正德廿
一年邑令林誠通入覲蚤行迷道一老人示之東
行脫于難已而老人忽不見後返邑謁廟瞻像乃
知向老人爲侯云嘉靖二十三年　詔春秋祀之

宋端平二年五月初一日勅諭曰盖聞幽冥之分
雖殊而福報之理則一朕以渺躬嗣承大統不意

金虜懷奸，冒干神器，爰命誅臣猛士，奮厥智勇，殄
殲酋孽。幸賴錢塘潮神陳賢相助陰兵，默加護佑，
大顯神通，於蔡州颶風黑雨，金人瞇目，斬首萬級，
餘種歸降。翌日視之，旗中皆紙布兵馬，盡土木也。
將卒疏奏，是用褒封，下詔有司立廟崇祀，加號陳
賢爲靈濟侯，改署太尉，堂爲靈濟祠，與國同休，萬
年不朽。○淳祐十二年壬子八月十四日勑曰：巨
浸所稽，視無端倪，洶湧瀕洞，窮東極西，於是而能
迴狀狂瀾，迄無吞噬，非神之功，豈人之力。式俾侯
爵，聊慰輿情，特封善應侯。奉勑于右，牒到奉行。○
寶祐元年癸丑正月十三日勑曰：朕聞堯舜之時
洪水汎濫，大禹治之，民害息矣。朕以涼德嗣茲鴻
烈，不意九郡水泛，萬姓淪沒，饑饉相仍，存民困苦，
痛自罪責，莫知所規。昨准徐卿所奏，兩浙洪水爲
患尤深，幸錢塘潮神靈濟侯大顯神通，逆風退浪，
不壞民居，不傷民命，祠宇臨江，水波不入，嚴衛近
郡，亦賴保全。是用重褒封號，旌異靈貺，宜改靈濟
侯爲善應侯，所以闡其祛洪水之患，紹大禹之功。

載諸祀典
耿耿不磨

姜洪天台縣人父毋蚤喪甫三歲隨其姑至剡清化鄉桂山之沈氏姑育之長年五十入山見遺桃拾而食之半味苦擲去頃之形神覺異還覓所擲半桃不可得明年乾道丙戌歲大旱洪輙能召雨六月六日卒尸半腐半如生數百年不朽鄉人以土培其半祠祀之稱姜相公禱雨輙應其所施雨率大如注連日夜不休諺云姜公放雨葫蘆傾底

國朝僧成權二十五都人持戒森嚴坐臥繩床數十

年日誦蓮花經一日牀前湧蓮花一樹花大如盆
覩者駭異盖誠信所致云
道人無名氏亦不知何來戴華陽巾披鶴氅衣自
言精方藥病針藥所不能及者能刳割湔洗若華
旉然人不肯信過長樂鄉有錢遵道者病噎不治
乃自念吾試刳割不驗死不刳割死均死請以就
道人醫道人用麻沸散抹其胸割之長七八寸許
取痰涎數碗遵道暈死無所知頃之甦以膏摩割
處四五日差壹亦愈復能飲食道人不受謝去咸

以爲神僊云人言遵道素謹實父有芝有隱行乃所遇不常有以哉

僧佛進五十四都人朴鈍若愚實不愚日念彌陀無頃刻輟如是者數十年人未之奇一日坐禅堂別諸大衆示以滅度期人咲以爲狂頃之持一鉢出所嘗乞食處別之得米數升歸届期衆視之無疾危坐如常謂進前言真誑謬不信進曰俟觀音大士至便從此逝衆益大咲日亭午人有以木刻觀音像來揩者以前所乞米設齋拜像畢遂攝衣

坐衆環視之見目漸合稍稍氣不息迫視之逝矣

葬定心菴後

方伎

嵊方伎鮮出而名于時而可稱者間不乏成化間四十八都呂秉常善治傷寒所至獲異效四十九都史旦畫禽鳥甚精所爲蘆花群鴈率愛重之三十八都瞽者邢元愷課卜多奇中長樂錢世莊繪驢筆濃澹而有天趣

嵊縣志　卷之二十五　羣傳　十九

嵊縣誌卷之十三

補遺

志以十二卷竟矣而更補遺何文藝故實或掛漏於耳目心思所未周補闕分類不盡者補錄焉然隨遺隨補不復分門别類而年所亦不甚次蓋示奇於正繼分以圖經之天十二月而合閏以成歲錯綜參伍俟覽者自得焉

晉南北朝唐剡令新郡志增十七人晉謝奕後增謝袁山遵李充後增戴逵路萬齡宋周顒後增涂斯

嵊縣誌　卷之十三　補遺　一

袁龔連陸綏齊張稷後增劉昭周迪綵王懷之後
增賈叔熊羊美陳徐陵後增徐克孝烏璵成式唐
張子胄後增王球鄭譙之洪亂此皆嘉泰郡志剡
錄許夏志及史書所無未詳何據書以俟後覈若
蕭山令王雅高曆上虞令徐祚之徐羨之等新郡
志皆繫之剡人按雅等實東海郯人以郯爲剡而
東海與會稽郡且別誤故弗錄
宋令過昱業已著傳然考剡錄令籍止表過姓在于
寶臣後佚其名亦無事實獨超化院下載剡

賢詩序有云皇祐辛卯春饑縣令過公彥專勸誘豪族得米二萬斛以救等語夫此所稱過公即是則剡録何爲闕其名至錢志始稱過昱字彥專以劉燚所稱者爲字不知錢何所考至夏志則稱過公彥攬劉燚文以專字屬下句讀之益誤矣江西南城縣宋進士亦有過昱字彥名以孝聞不言爲剡令其時則同記以俟博雅者

邵伯正先世汴人宋南渡居高郵洪武初徙嵊由鄉舉爲南京户部員外郎善經賦出納惟允以廉能

稱尋有令江浙人不得官戶部遂謝事歸杜門好書善敦族明宗纂叙圖系剡俗爲之歸厚此副使公惟中之祖宜入寓賢傳舊志録俱失書故補録於此以俟後人乃郡志亦入寓賢傳中

宋令楊公簡皆云不果至剡隆慶間邑生宋君應光至曹娥廟讀廟中石碑有宋錢守徵弔娥詩序中云以楊公令剡過訪道經娥廟之句則楊固實至剡矣不知舊何以不書余以宋君請後數年特詣曹娥廟問所謂石碑者則廟經洪水舊碑多無存

者竟不得目擊其序惜哉乃宋君亦不妄語者姑以傳疑

許詢詩觸見有竹扇詩良工眇芳林妙思觸物騁篾疑秋蟬翼團取望舒景

張嵊詩亦不多睹有短簫詩促柱絃始繁短簫吹初亮舞袖拂長帶鍾音出篁亮已落簷尾間復繞梁壁上時屬清夏陰恩蟬亦非皇

戴安道文希見今得六篇三復贊嘗欲深則天機淺名利集則純白離如此故識鑒逾昏驕溢彌汰心與慎乖則理與陰會然後役智以御險履險以兆害故陰陽忌其內人力攻其外陰陽結則金石為之消人事至則雄智不足賴若然者雖舉擢華堂焉得而康之列鼎重味焉得而嘗之

閒遊贊序神人在上轄其天理知溟海之禽不以籠樊服養擽散之

質不以斧斤政用故能樹之於廣莫栖之於江湖栽之以大猷覆之以玄風使夫淳朴之心靜一之性咸得就山澤樂閑曠箕嶺之下始有閑遊之人馬降及黄綺逮於埜尚莫不有以保其太和肆其大真者也且夫巖嶺高則雲霞之氣鮮林藪深則蕭瑟之音清其可以藻玄瑩素全其皓然者舍是馬故雖援世之英翼教之傑效舞雩以發詠聞棄桴而穄隅況乎道乖方内體絶風塵理揖長謝歡鳳逸巡遨八荒於玄流澄雲崖而順神者哉然如山林之客排徒逃人患避爭門諒所以翼順資和豫除機心容養淳淑而自適者爾凡物莫不以適爲得以足爲至彼閑遊者姿性而不適姿待而不足故滄映巖流之際偃息琴書之側寄心松竹取樂魚鳥則澹泊之願於是畢矣然奇趣難均玄勢罕遇終古皆抵棲於一巖獨玩於一流苟有情而未忘有感而無對則綴斤寢絃之嘆因以幽結於林中驟感於遐心爲日久矣我故遂求方外之美略舉條例之具爲維贊八首暢其所託始欣聞遊

超逸贊

感嘉契之難會，以曠一往之詠，以抒幽人[illegible]，天[illegible]無際，萬器未用，爾從門若，茫茫草木，綿邈玄世，之上種木歎，契其外，旁通莫感，莫帶德順，巢為棲憲，夷惠緬矣，疑心超哉，絳雲頓揖，百王仰怡，泰素妙其天真，外其器務，辨觀群品，馳神蕩慮，誰能高映，悠然一傳。

尚長贊

尚叟沖順，庸行昏世，和龍混物，玄識罔肴，瞻彼崇高，峨為塵躅，亦有同好，禁莊宿契，超超增翥，眇眇俗赴，跡絕青崖，影藏雲際。

酒贊

醇醪之興，與理不乖，古人既陶，至樂乃開，有客乘之，隗若山頹。

山贊

蔚矣名山，亭亭崇秀，並基二儀，光[illegible]嵯峨，積岨嵾嵳，靈岫輕霞，御擲神泉，旁歎曰仁，奚樂希靜此焉。

松竹贊

猗歟松竹，獨蔚山皋，蕭蕭修竿，森森長條。

姚宏　姚寬皆註《戰國策》，宏所註存，而寬註無見者，其序則附宏書中。宏序末云：「紹興丙寅中秋，剡川姚宏伯聲父題寬序末云上章執徐仲冬朔日會稽姚寬書讀序大都相似而歲月不同矣故知兄弟皆用意是書元吳師道嘗重其書以宏所註簡質謹重深得古人論撰之意又云宏字令聲令題伯聲甫待制輝之子爲刪定官忤秦檜死大理獄弟寬令威憲令則皆顯于時其人尤當傳也寬所註者不知視宏又何如也夫宏節義問學如是而不得與寬憲同祀鄉賢何謂此所宜補入於祠者

嶀娘宅 縣韶亭在嶀山蕭衍微時經嶀山於嶀家娘

子爲婚後別嶀孃入齊南面發詔徵之山上有宣
詔亭王公嶀山賦曰梁王別室歸建業以登天又
曰皇書亭畔又看塵滞之蹤宜入風物考景蹟條下
鄉賢祠舊志止載祀王公羲之謝公玄戴公逵戴公
顒張公嵊姚公舜明姚公寛許公槩張公愨而夏
志增姚公勔姚公憲近又增朱公什明不知何年
議增而又不備議何疎也合　本朝十五人
宋人以訪戴爲勝事多作圖畫王詵有雪溪乘興圖
東坡題其圖溪山風月兩佳哉賓主談鋒夜轉雷

猶言不見戴安道爲闇適從何處來欒城次韻亟
往道歸真曠哉聾人不識有驚雷空言不必見安
道已誤扁舟犯雪來錢遜叔有訪戴圖李商老有
觀訪戴圖詩閑庭秋草積瀟砌蒼苔深忽向氷綃
上聊窺訪戴心雪月俱皎皎風林互森森縱觀停
艫處猶聞擊汰音終年剡溪曲何嘗返山陰徒言
興已盡真妄誰能尋浮生圖畫爾慷慨爲長吟

剡藤紙古今吟題者多顧逋翁剡紙歌雲門路上山陰雪中有玉人持玉節宛委山裏禹餘糧石中黃子黃金屑剡溪剡紙生剡藤噴水搗爲蕉葉稜欲寫金人金口偈寄與山陰山

裹像手把山中紫羅筆思量點畫龍蛇出正是
頭儼翼時不免向君求此物下晉公紙詩妙擬斜
溪人多名錦水春歐陽公詩剡藤瑩滑如玻璃能
攀送程公闢詩溪藤頻得句雪舫夜留賓陸龜蒙
詩宣毫利若風剡紙光如月梅聖俞詩一名剡硾
巴牋龍鬣不禁久剡楮薄漫還可憐
薛能詩越臺箋厚伴剡硾得佳名注曰近相傳以
擣熟紙名硾雞林志曰高麗紙治之緊滑不凝筆
光白可愛號白硾紙一名玉葉紙皇甫松非煙傳曰臨淮武
公業位河南功曹參軍愛
妾曰非煙比隣子趙象窺見慕之象取薛濤詩以
剡溪玉版紙書之達意於非煙煙復以金鳳紙題詩以
酬又有竹紙嘉泰志云剡藤紙得名最舊其次苔
之牋然今獨竹紙名天下他方效之莫
能彷彿遂擅藤紙矣竹紙上品有三曰姚黃曰學
士曰邵公王荊公好用小竹紙士大夫書簡往來
多用焉王書者獨喜之滑一也發墨色二也宜筆
鋒三也卷舒雖久墨終不渝四也性不蠹五也東

坡自海外歸買剡紙二千幅米元章著書史云予
嘗硾越州竹光透如金版前輩貴竹紙於此可見
米元章竹紙詩越筠萬杵如金版安用溪藤與池
繭高壓巴郡烏絲欄平欺澤國清華練老無他物
適心目天使殘年同筆硯圖書滿室翰墨香劉向
何時眼中見薛紹彭和韻書便勞骨如神版古來
精紙惟聞舊杵成剡竹光零亂角所臨區書素練
細分濃淡可評墨副以蠲嵒難之境世間此語誰
復知千里同風未相見曾幾竹紙三絶句會稽竹
箭東南美來伴陶泓在管城可惜不逢韓吏部相
從但說褚先生會稽竹箭東南美化作姚黄紙萬
層舊日土毛無用處剡中老却一溪藤會稽竹箭
東南美研席之間見此君爲問
溪[illegible][illegible][illegible]法發青書字有前聞

王
銍[illegible][illegible][illegible]之韻[illegible]群卉花稱早[illegible][illegible]天質之至美凌
[illegible][illegible][illegible]歲寒而獨開標致甚高欽孤芳而獨吐
陽和未動撓春色以先回原大化物之生英姿特
異方隆冬之杪候屬祁寒之最拆至瞻老蛐兮無色

竹叢篠兮失翠彼美仙姿敻存幽致春風萬里報傾國之佳人香艷一枝冨東君之妙意觀夫緗類絶俗含新吐奇妙於江山之典蕭然風露之姿氣韻雅甚精神遠而雪滿前枝想茶園之未賦春半寒谷鄙鄭律之潜吹其時掩苒半開娉婷一笑絢紅日以倒映耿青燈之夜照何郎秀句不足以詠其妍徐熙淡墨不足以傳其妙城隅唯粲逞體妍女之姝月下横斜作識鮫人之燎至若霜鳥寒霽江村之晚晴竹外煙裊松間雪清惱逸客以寬斷悅幽人之睇明語其能則潔而無瘁窮其用則大而雖名儻遇兵塵可止三軍之渴如逢鼎拆味堪調一相之羨辟夫豪傑之士豈流俗所能移節義之夫雖阨窮而愈厲特當摧落之後氣極嚴凝之際兹梅也排風月而迥出傲霜雪而獨麗色靡竟於陽春志可期於晚歲所以興動錢塘之老妙語增新香貽隴首之人芳期遠契彼青露兮被三逕之菊彼光風兮泛九畹之蘭歌紅蕖於夏末破丹杏於春寒麗質鮮妍則比我已遠高情瀟洒而方兹實難塞

曲悲凉望作南樓之弄詩鬼飛動尚留東閣之觀於是倚檻凝神巡簷搔首眷落英之着袂折粉香而在手吾方破悶析酲

釋仲皎梅花賦

繫彼梅萼於此焉信花中之未有參乎雪花香度風而旖旎影臨水以欹斜瑩若裁冰帶玉谿之蕭洒清如薰麝碎仙姿之光華且夫晴雲乍歛於東郊麗日纔昇於南囿萼失艷鉛葩獨秀含宿霧以凄迷先晨霜而孤瘦束開纖蒂自宜清悄之天吹破檀心誰怯黃昏之候莫不山屏冉冉水鏡盈盈襜藟似連璧皮何在交瓊嗟額上之半裝未了何肖問之一剪先橫竹葉杯中野店謾賚於幽味梨花夢裏曉雲難駐於高情其如寒漠天遥郵亭夜冷望窮壟首之春信踏碎階前之月影會妻斷於裏草平冰忍矜誇於夭桃艷杏米竟招處懷清此於楚人雲馭傳時聽長嘶於庾嶺朝陽借媛暮雨饒芳靚向郎之傳粉乖韓氏之偷香乳鶯未識乎妍姿遥延深谷寒蝶稍開其勝韻飛過低墻宜乎翠綃卷而薄煙收玉珠零而殘露晛試攀

鶴膝之斜飛綴舉蜂腰之快剪孤山寺側玩曲畫以無殊却月觀前學凌波而不淺由是寂寞歌詠闡圓繞行悟空花之絕豔若落地之繁英銀瓣低而軒窓寒悄畫角動而簾幕風清談笑攙功誰使漢軍而止渴雍容惟最賞思商擬以和羹媚哉焉照何多供吟非暫嫌楊呂之筆傳愛徐熙之墨皆襟懷獨慕其孤超風味更憐其幽淡西湖處士兮朽詩骨以難尋東坡先生兮骰才源而莫探又安得問寒方於無何有之鄉廓參橫而河澹蘆天不驥

廷薰堂紅梅詩河陽濂虎栽桃李風過落花吹不起潘郎遠韻故不凡為米折腰聊爾爾劍溪詩尹亦何人作堂餉客名迎薰維無桃李繼瀟人紅梅一窠香入雲自憐多病綉衣客百年未半鬢先白長鞭短帽飽霜露旧園將蕪身未索何日背琴攜瘦笻鳴絃堂上迎薰風梅香已斷華初茂瀟枝著子雙頰紅寄聲艇子可留意為我沿溪撐短蓬王

十朋千葉黃梅詩菊以黃為正梅惟白最佳徒勞千葉染不是雪中花又剗鉛白荼蘼詩曰撚香倍

逺雨浥韻尤清又剡錦芍藥詩已過花王候纔聞近侍香來遊禁酒地免作退之狂又在剡海棠詩欲與春爭媚嫣然一笑芳雨中如有恨疑是爲無香

宋盧天驥剡中詩有云但數十家看鶴戸與兩三隻釣魚船乃近鮮畜鶴者

周處風土記曰始寧剡界山多柞木吴越之間名柞爲櫪

嵊之西太平鄉産奇瓜紺翠如筒梁庾信詩美酒含蘭氣甘瓜開蜜筒

髙文虎於雪舘西坡手種菊一二百本最奇者紫菊丹菊文虎種菊詩菊載神農經不見詩三百周官叙鞠衣一言僅可摘黄華紀吕令落英餐楚

客伯始飲得壽桐君書探賾移根俟萌動需特當甲折我茨紫桑里敢希偃道宅不種兒女花朱朱眞白白閟譜品雖多求栽地恐窄偃苗助其長抱甕溉以羣朗詠黃爲正流播風騷格寒香紫茁蘭晚節銅柯栢相繼早梅芳一笑巡簷索又有四季桂雪桂皆館所植

許公汝霖著作希傳有題呂孟倫松雲丘壑詩太白山前君隱者清曉開軒炷香炮當軒長松碧連雲一丘一壑正蕭洒燕坐時籤岐伯書茯苓熟煮供晨厨我哀人世倘瘵如請子盡發囊中儲三亟不作三豎驅吾廬泂美寧潜居

一統志奉化亦有溪名剡四明楊德祖之說豈謂彼耶然而山無稱剡者不知彼何以同名余邑不知以溪山得名不知溪山以邑得名若嵊山則先邑

而名矣郯古在東海郡今屬兖州府而余西鄉有村名郯墺又不知何自矣溪山題詠前不能具載者收之

高似孫水志剡以溪有聲清川北注下與爭流者其源有四一自天台山北流會于新昌入于溪一自婺之武義西南流經東陽復東流與北流之水會于南門入于溪其一道鄞之奉化由沙溪西南轉北至杜潭入于溪一自台之寧海歷三坑西繞爲三十六渡與杜潭會出浦口入于溪舒元輿吊溪藤文謂剡溪上緜四五百里則未考也會稽郡志曰會稽境特多名山水潭壑鏡澈清流寫注惟剡溪有之王子敬云從山陰道上行山川自相映發使人應接不暇若秋冬之際尤難爲懷子敬所云豈惟山陰特剡溪又過耳是溪也朱放謂之剡江詩曰月上沃洲山上人歸剡縣江邊李端謂之戴家溪詩曰戴家溪北住雪後去相尋方

下謂之戴溇詩曰戴溇衝瀨片帆通高枕微吟到
剡中陸龜蒙謂之剡汀詩曰歸鴻吳島盡殘雪剡
汀消林繫謂之嵊水詩曰溪連嵊水與何盡路接
仙源人自迷齊唐謂之戴逵灘詩曰春樹深藏嶀
浦笛夜猿孤響戴逵灘自上虞江七十里至溪口
溪口爲嶀浦蒼崖壁立下束清流深者爲淵潭淺
者爲灘磧有山磐踞下臨清溪是爲長官祠祠下
爲嶀潭水多巨魚漁人蘆子所藏集溪得雨易漲
步晴易涸而爲淵潭者輒聚沙成磧爲丘衍者又
復爲大淵渟不止高岸可谷深谷可陵亦幾於蓬
萊清淺幾見桑田矣其曰了溪者推禹功也又有
東渡西渡南渡其以水利者曰黄塘漢塘新塘廣
利塘其以湖稱曰愛湖曰東湖西湖東湖瀰漫兩
傍蔭以長松殊有爽氣○夏雷云剡溪之景春漲
桃花溶溶漾漾多白魚鯽鯉之游躍岸芷汀蘭之
馥郁鵁鶄鸂鶒眠沙戲水不驚不猜猶入武陵桃
源也暑雨不日千巖飛瀑驟漲瀰漫不流若驟翩
堤走石奚啻乎瞿塘灩澦也霜落水緊夏無纖滓

白沙鋪玉澄波拖練舟帆捲駛日光滉漾水天一色不減平斷磯赤壁也嚴冬雪霽峯巒玉瑩萬象寥闃禽鳥無聲漁歌絶唱梅影横斜倒浸寒碧恍若羅浮世界也秀異之稱蓋以此○周汝登遊剡溪記丙戌冬十二月望後十日周子與弟夢科姪玄齡步出郊門臨流而視曰茲剡溪也名山夾立李白杜甫所稱清妙秀異者非茲地耶昔有慕是不得一至至是留連不能舍者惟余與汝實生長是不窮其勝烏覩所稱剡人哉時有虛舟泊岸下風自南來遂買舟攜酒乘風而北頃之至艇湖登王猷橋望戴安道故宅忼慷興懷夫剡溪經幾千百年戴王以一夜之興迄今生色戴王而前烏知無戴王者而或藉不存亦以無考戴王而後烏知無戴王者而或遭遇不偶亦以無聞則戴王之名其幸有際乎然戴王有千載之名而在當時亦不自知必名於千載若羊叔子不免登峴山而悲傷千載而後人乃戴王之知而戴王不知人之知名於朽骨無有將焉用之惟此罇中物生不可空耳

遂相與大笑引觴滿酌醉臥舟頭而下至竹山舟泊山趾仰視山高數十丈一宇巋然其上是名竹峯菴余思其先別駕嘗讀書菴中躡峯久之起覽菴宇陋而地勝後有石確縱丈許橫五丈許平直如琢左怪石聳峙若虎豹猙獰人引其首盼之凜然皆爲宇蔽余欲去其蔽而力有所不能也低回乃去明日酒酣過嚴陵又至釣臺登臨僊閣君爲謝康樂靈運之人知名游名區謝以康樂故余取酒酹君嘉其孝而乞其不終也仙蕊而下兩岸山壁立相向愈近若無路叢林木天成如畫江流曲折窮而復開飛雲出所如破壁穿山而去水或澎湃或寂寥清冽飛瀑與谷鳥相呼留聲與斧響互答舟容與而行不必躬九奏而神怡步滄洲而形釋者已又明日至即周寺山勢逆上如吞江復吐而下數里爲清風嶺嶺巉峭乃宋王貞婦投崖處因誦元李孝光詩此心若愧王貞婦莫向清風嶺上行之句即頑懦之夫洗然易慮矣溪南有嶼中入其嶼其根岦崔間其世不

知所自特其嶼以姓名謂之千餘年不啻山中千年之族不少爾火一刀可以逃不信然哉清風而下歷棗樹湾拉嶼浦臨江一山東西南三面跨水北棲平野微類焦山而此巧小山下石磈磊如砌深潭一碧石較黿宅焉上有顯應廟讀宋樓鑰記文甚辨傳可喜嶼山在北隆崛雲間上有舜帝菴積雪迷道不可步遥拜禮焉間謝車騎銅亭失其處走嶼山東北數里入龍宮寺有唐李紳碑記實千年物里稱嵊亭按志齊張嵊過嵊亭生故名嵊亭亦不知其址是夜舟泊嶼橋下星明斗漢水涉一色三人坐沙石間劇飲豪吟山谷爲應宿鳥驚飛徹旦乃已旦開舟甫及三界東山在望同子顧語兩子曰是故所稱始寧地也異日者吾嘗別業於兹乎兩子曰則何兹地之取也曰吾既樂其地而且以惕乎其名夫始寧之名若以謂我余昔宦遊而嬰危疾思故鄉若逢峩之限以弱水既歸爾婆娑一室視戶外若隔山河今乃得以笑傲登臨兹地者身始寧也余自少至長亦嘗百過兹地然無

非興者係於事則累於心以故山吾履而不知其高水吾之而不知其深林林磈磈者觸乎目而如不見淙淙嚶嚶者接乎耳而如不聞今乃得以玩茲奇勝而山水若吾有者蛻名利之途而一切世事置若棄心始寧也夫始則慮終寧乃防變故居斯地以顧斯名使日兢兢焉惟身心是保而求無山水之負不可乎言未已舟人告以風自北來舟艱於下乃乘風返棹凡故所歷處逆而視之若更爲一景奇麗不可復識周子顧謂其弟子爲圖圖其逆而上者余爲記記其順而下者俱系以詩時兩得焉於是各就舟中爲之甫就而舟抵城下時漏下三鼓入城街衢燈火熏灼往來奔走如狂蓋是夕爲除夕云茲游也凡五日夜歷數十里飲酒五斗而玄談斷飲不與得詩共一十餘首從行之僕一人○李白秋山寄衛尉張卿及王徵君詩何以折相贈白花青桂枝月華若夜雪見此令人思雖然剡溪興不異山陰時明發懷二子空吟招隱詩○戴叔倫詩風軟桃花穩行依綠水堤孤樽秋露滑

短棹曉煙迷夜靜月初上江空天更低飄飄信流
去誤過子猷溪○僧皎然詩雲泉誰不賞獨見爾
情高投宿輕龍宮臨流笑鷺濤折荷爲片席灑水
靜方袍剡路逢僧侶多應問我曹○宋潘閬詩曉
泛剡溪水悦眺剡溪山徘徊住行棹待月思再還
漁唱深潭上鳥啼高樹間應當金石友念我無智
閑○吳處厚自諸暨抵剡詩戎猶雙槳去莫不辨
東西夕照偏依樹秋光半落溪風高一鴈小雲濤
四天低莽蕩孤舟卸水村楊柳堤　又秋渚函空碧
秋山刷眼青排頭煙樹老撲而水風醒上瀨復下
瀨長亭仍短亭夜船明月好客夢湍流螢又出得
雲門路風悽日夕黰船撐鑑湖月路指沃州雲上
色周遭見溪流屈曲分一觴還一詠誰是右將軍
○盧天驥詩故園生事只衡茅不管方兄久絕交
糲食枯椽吾易足鷦鷯只占一枝巢○明趙寬詩
三首行役曾何補江山似有緣雨餘天姥發月下
剡溪船遊興塵勞外歸期日至前乘流更風便飛
鳥欲爭先又半月流清淺千巖鎖翠微子猷如對

此乘興定忘歸又山色削來得雨新船頭爭獻玉
蟒响人間圖畫應無數誰信丹青自有真○鄭善
夫詩曹娥江接剡溪流亂石幽花只漫愁剡曲尚
疑安道宅山陰誰上子猷舟○何景明剡溪歌溪
之水兮幽幽誰與子兮同舟舟行暮入山陰道月
濛濛兮雪皚皚千載重尋戴逵宅溪堂無人夜歸
早乘興而來興盡
休君不見王子猷

皇甫冲送袁郎中破賊後經剡中山水武庫分帷幄儒衣事鼓鞞
兵連越徼外氛盡海門西節比全跡勒功當雪會
稽旌旗迴剡嶺士馬躍耶溪受律梅初發班師草
未齊行看瑯侯
印豈得訪丹梯

李德裕嘗言洛龍門敬善寺有紅桂樹獨秀伊川嘗
於江南諸山訪之莫致陳侍御知予所好因訪剡

溪樵客偶得數株移植郊園衆芳色沮乃知敬善所有是蜀道芮草徙得佳名因賦是詩兼贈陳侍御昔聞紅桂枝獨秀龍門側越叟遺數株周人未嘗識平生愛桂樹攀翫無由得君子知我心因之爲羽翼豈煩嘉客譽且就清陰息來自天姥岑長疑翠嵐色芬芳世所絶偃蹇枝漸直瓊葉潤不雕珠英粲如織猶疑翡翠宿想待鵷鸞食寧止暫淹留終當更封植

嘉泰郡志云剡出縐紗尤精其絶品以爲暑中燕服如絓冰雪然雖剡之居人亦不能常得矣

漢王莽時改剡曰盡忠後光武復舊而錢鏐時改剡爲贍不知得幾年宣和間改剡爲嵊謂從劉述古

之請一云宣撫使童貫所請未詳孰是

王荆公寄丁元珍詩　溪水渾渾來自北千山抱水清相射山深水急無艇子欲從故人安可得故人昔日此水上樽酒扁舟尉行役津亭把酒坐一笑我喜滿額君動色論新講舊惜不足落日低徊已催客離心自醉不復飲秋果初寒空滿席今年却坐相逢處惆悵相逢别時迹可憐溪水自南流安得溪舟問消息

王銍題白塔閑閑菴詩　賀家湖東剡溪曲白塔出林山斷續雪中興盡酒船空境高地勝何緣俗誰結禪居在上方山房曲折隨山麓箇中非動亦非靜自是白雲簷下宿

李易西溪詩　王龍擘山開南騖肆奔猛風蕩雪濛濛月流光烱烱壯氣動貴門前驅入鼓井萬籟息中消一區臨絕境奔雷有遺音岀磬得深省白雲何所聞就宿孤峯頂

張覲野田雀野田雀禾黍熟飛鳴唧唧還相逐朝從田間啄暮向田間宿農民種禾長苦辛遭爾食之能不瞋野田雀寧忍飢莫食粟恐有虞羅禍機伏覲燦之從兄亦能詩

嵊之廟東白巖西響王南天嶽北嵉浦稱四柱神

張性寓惠安寺詩溽暑蒸人勢莫禁偶來山寺滌煩襟長松遶塔連三樹秀竹當簷恰半林斷續香煙凝佛座氤氳清氣透禪心老僧更喜能留客煑茗論情到夜深

萬曆丙子城中火燬公館望台門樓及民居百餘丁亥七月巽風一日夜時禾熟將刈摧落無遺粒揆木走石儒學櫺星石門折其左柱故老年九十餘者以爲亡論未睹若風即耳聞無有也米價日湧

明年斗米銀一錢八分斗大麥六分斗小麥九分民食豆腐滓糠粃擣地求蕨是年蕨不可得求葛根食之剥榔樹皮所在榔樹爲之骨立有草根略類蒜名三十六桶水漉三十六桶乃可食故名其他草樹搜取殆盡民多自焚自縊死有丐於途終日不獲合米於是餓莩塞道夏疫民死益多先是二三年大有年斗米銀三分大小麥視若沙礫識者已豫見其有今日云

四十九都嘉靖初石山崩裂一里深闊丈許今地名

拆坑後庚子明倫堂前松樹茸露滴成珠甲寅六月十三日集賢坊飛雪成片萬曆間王氏家夫生五足某氏男二陽

舊傳象駱山下多人家各全邑內烏船會宗於此今山下稍有家舍而所謂烏船者絕無北門外沿山趾宋時溪流遶此桃柳夾岸商船輳泊多酒樓歌館綿延數里今溪流遂徙遺蹤不可復問矣隆慶末鑿新河深二丈許見磚砌街衢乃知陵谷變遷不可究詰也嵊舊無小船有之自今兩年間始水

涸時用之甚便類裡河船

十六年六月東門成市三六九日爲期頃之化龍門

亦以二五八日爲市無日不市庶幾稱庶矣

董晉達北鄉人力舉千觔挾物能飛徒手可格百人

不管元末覩時事蓄異志聚有力者數十輩爲與

橫行近邑然亦扶弱施惠郡縣捕不能得後年漸

邁自投郡守不敢誰何乞歸寺修浮屠業老死

成化間剡源鄉有子病且死父母哭之慟少甦語曰

吾且爲西隅李巖長子毋慟言畢復瞑已而李得

子與死之刻不爽萬曆間丁氏有子素持齋年二十九病劇謂其父曰吾爲張某子當囑弗以葷敗吾齋業少選死張氏子生乳時母茹葷兒即不乳稍長見肉輒嘔齋素如常

近鄉有某者舉兩女溺死母惡之斷女指覆瘞其屍明年母娠子覆生無指竟產死

富者貴施而近益不易覩東隅尹良臣以棺槥草殯百千施人太平鄉邢舜衮有羈客過之貧不能還者爲贈送資斧是皆蹝然足音聞于空谷宜書以

風

王謙十四都華堂人善事母樂義好施立義田延文行之儒主師席以教族人陳公嶺路通四郡嶺北名上塢無憩息所行旅苦之謙捐田三十畝建菴宇以接往來至今便之山陰王公畿爲傳其行正德間人

清風嶺王貞婦祠別有集故詩文不備今更稍録共六著者

無名氏詩嚙指崖上書投身崖下死伊誰卹妾心千古長江水元楊維禎詩天荒地老妾隨兵天地無情妾有情指血嚙開霞嶠赤苔痕化作雪江清能從湘瑟聲中死全勝胡笳拍裏生三

月子規啼盡血春風無淚寫哀銘張翥詩清風嶺頭石色赤嶺下嶧江千丈黑數行血字尚斕斑雨蕩霜磨消不得當時一死真勇烈身入波濤冤入石至今苔蘚不敢生上與日月爭光晶千秋古石化爲碧海風吹斷山雲腥可憐薄命良家子千金之軀棄如土奸臣誤國合萬死天獨胡爲妾遭虜古來喪亂何處無誰肯將身事他主兵塵澒洞迷天台骨肉散盡隨飛埃楓林影黑寒燐墮精靈日暮空歸來堂堂大節有如此正當廟食標崔嵬君看嶧江之畔石上血直與相江竹上淚痕俱不滅明張羽詩赤城曉擁青絲騎玉鏡愁鸞落紅淚氷竄逾逐水仙歸緱樓一夜靈犀碎六曲闌干不碇春羅帶盤風輕颺塵越波不動越山碧青天影落桃花雲相思月照祠前水離離芳樹流紅子無情桃李亂中開只有芙蓉抱霜死王琥詩妖氛暗奪霞城赤一片風花滾香鬼翠幄空留杜宇春釵鳳雙分鸞鏡隻啼痕漫點枯竹斑哀音不托琵琶絃天姥西來上楓嶺氷腸嘔出相思聯春蕊入口纖纖

□紋賸金精立斷斷山跡山斷尾□石文江□
□隆翠蔚綱陵青映鳴一泓冷浸珊瑚枝江□
水仙吊孤鶴青天影裏聞雙骨素質有身爭於水
沉心不川青冷水波底難有精衛冤基頭去作篇
篇花斷石土壘官道傍沉其不復愁天荒魂聚春
蘭與秋菊黃金像古苔花蒼林幽夜靜行人歌豐
角杯燈半明城往事無根莳故墟兩岸青山半畔
月。徐愛撰神異記正德甲戌四月予使過折邑
友人王宗賢伯兒宗科下杭語及剡靈異其鄉者
靈今年二月闢官覆舟殺者事靡靡特爲記之
宗科家以鄉衆議建新泉與予証數十人同栽
刻衆胡坪發門地名於舟下曰清風嶺側道人呼
知勇者輒誦吟今余大昌所詣烈婦詩同載者咸謂
曰此此地吟此詩一老人咏嘆良久言畢詩者
孫尚存予雖吟行傷一里長許從件又曰使此生
便能神志早得信之役岸隊風舟動草欲然
舟近之徒相報從事則弊隊許三人皆已死羅是
而不諸人皆無恙異哉予問余大昌何人宗科同

台人國初爲主事後病頷脫而死故老能談之予曰烈婦之死爲神而靈無疑然神無私必不以喜怒禍福人豈三人者數宜死而會其適然耶山川鬼神假烈婦之冤而得假此以[illegible]之[illegible]未[illegible]知然人欲以私意假嚮人則不可不[illegible]無新常與善人神固無私而私者自宜[illegible]中成

夏四月

吉記

東岡許公汝霖議剡録擇不精辭不詳余觀剡録往之時要至其文采考核亦成一家言且想見其風致可尚也東岡志索之不可得東岡公見稱景東先生最博雅君子乃其製作不少槩見矣許徒至英志山錢君榜手[illegible]筆而又有佛[illegible]何也人言[illegible]

錢君是時已耄故所紀無次豈或然耶夏志文不
脫學究而考載甚詳不能無浮議者或病濫耳然
於文獻不可謂無功嗟乎韓昌黎辭爲史官則志
事烏可草草江淹亦嘗言之矣不敏今日盖偲偲
焉懼然亦稍作裨諶耳討論潤色尚有俟於後之
君子

嵊縣誌卷之十三終

嵊縣舊誌序

剡錄序

宋史安之撰

剡在漢爲縣，在唐爲嵊州，未幾復爲縣。本朝宣和間，以剡爲兩火一刀不利於邑，故更今名。邑舊有鄉四十，後分十有三別爲新昌縣，今所存纔二十七鄉耳。夫州縣之名雖數變更，然山川之靈蓋自若也。使剡古而有志，則歷代因革廢興之典百世可知也。余懼夫後之視今亦猶今之視昔，故爲剡錄十卷。錄皆高氏所作，凡山川城池版圖官治人傑地靈佛廬僊館

詩經畫史草木禽魚無所不載度此板可支百年後之人毋以叫刓而輒廢斯書也嘉定八年孟秋縣令鄞人史安之書

作剡録序　宋高似孫撰

山陰蘭亭禊剡雪舟一時清風萬古氷雪王謝抱經濟具二戴深經學柰何純曰高逸也嗚呼山川顯晦人也人隱顯天也天下多奇山川而一禊一雪致有爽氣可謂人矣江左人物如此然二戴剡王謝亦剡孫阮輩又剡非天乎漢逮晉永和六百餘年右軍諸

人乃識剡永和至皇宋嘉定幾十年史君尹剡訪似孫録剡事剡始有史桑欽水經酈道元詁道元魏人先儒辨其北事詳南事略似孫鄞人也如其精覈俟剡人嘉定七年十二月望日高似孫識

脩嵊誌序

元許汝霖撰

自夏禹會諸侯于越而會稽爲名鎮自會稽爲郡而剡爲名縣降及唐宋始更剡爲嵊上下三數千年山川之流峙民物之倫類以至氣化盛衰人事得失隨事遷變而不常者非圖牒紀載後欲窺其一二可得

乎哉宋嘉泰初紹興守沈公作寶與通判施君宿本圖經作會稽志刻之梗概附見其中嘉定間剡令史安之俾鄞人高似孫氏復本會稽志作剡録而剡志爲有史詎今又百五十餘年而其沿革廢置蓋有不得仍其舊者況高氏之書擇焉不精語焉不詳紀山川則附以幽怪之說論人物則偏於清放之流版圖所以觀政理而僅舉其畧詩話所以資清談乃屢書不厭他如草木禽魚之詁道館僧廬之疏率皆附以浮詞而過其實將何以垂則後世啓覽者之心使知

古今得失之歸乎予於世變之際慨念舊録雖多蕪潰今梓就燬則一邑數千年之故無徵也因取其遺編躬加搜訪而損益之作十八卷從時制更名嵊志繕寫以藏尚俟知言之君子重爲裒正以壽諸梓與邑人共之庶來者有攷而得以續其傳焉

嵊志序　　國朝許岳英撰

古者列國各有史官掌記時事晉之乘楚之檮杌魯之春秋其義一也不寧惟是至於鄉黨閭巷皆有史今天下郡邑之志亦其小史之遺意也予領嵊学之

二年始得嵊志稿本顧其舛訛殘缺傳寫失真心竊
患焉闔邑有錢俤者好古博學遂禮聘之假館授書
治政之暇相與修緝博采新集權厝有所遺適一
尹古青齊公倫協恭籌度而掌教閩中陳公烜司訓
金陵王公洪禞安達公銘實正訛而破疑也不踰月
書成展而閱之嵊之土地風俗民物貢賦典章制度
與夫名宦之政蹟人才之出處節義之可以勵俗述
作之可以垂後自古迄今皆於是乎載俾事無湮沒
千載之下有所稽考其所係豈不爲益重者乎衆謂

且録諸梓以傳永久於是各捐已俸而樂爲之僉謂予宜序嗚呼嵊之志曠久釆集多有畧闕然而無有乎爾則亦無有乎爾蓋深有望於後之君子者焉時成化甲午秋八月也

嵊誌序

天台夏鍭撰（南京大理寺評事）

徐矦爲嵊三年於今矣民樂其仁士趨其義於是刻新志十卷起地理止藝文視人之所簡忽者而獨加之意可謂遠於人矣鍭往來　京師去台山登天姥扣石城而西嵊爲道所必由每泛舟剡曲目觸環山

未嘗不黯然而思以二戴王謝之風流願一即其嘯
咏之遺處恣想而托親焉逐昔人之履綦以為樂顧
視左右乃無所考問而止矣鬱鬱何如也今觀是編
廓然若啓蒙覆何其快意哉以鋟所遇言之志亦不
可以不作也夫志有以見得失別賢否達善惡於後
世於是取之宜有大者焉區區考沿革識山名搜摘
昔人之遺處以侈耳目快心意殆未足以盡志之蘊
也然則志果不可以不作也周官小史掌邦國之志
外史掌四方之志皆道以詔王後世始以一郡一縣

爲之志而志爲一郡一縣之書不復領於王官於野亦可以覩世變於是書矣侯名恂字信夫吴之嘉定人是役也屬筆於德州知州周君静之鄉進士夏君時震本學長教余君成之二教林君廷錫周君元恭鄉士來官其五人分撥而合編焉各盡其能而時震實總蒞之志成矣使聽鈌吏王謐以志與幣來請爲序弘治辛酉秋七月望日

嵊誌後序

嵊在漢爲剡縣在唐爲州爲縣志亡無稽矣宋嘉定

問令史安之始作剡録元編修許汝霖脩録爲志
國朝洪武永樂正統景泰間　朝廷遣使文移天下
脩志進　文淵閣時則爲凡例所拘期限所迫嵊志
之所紀載者未免得此失彼簡略不詳篇之存者又
皆傳寫訛錯人不能遍觀盡識成化甲午令許君英
重修秉筆者匪其人收録失當類編紊次又爲人所
猒槪予與夏生雷爲庠生時輒欲筆削柰攻舉子業
弗遑恒嘆息焉迄今二十餘載未有能與之者幸今
徐侯尹嵊甫三載政事之餘猶惓惓於修志適余以

家翰歸請與邑博余君成司訓林君世瑞周君俶鄉進士夏生雷爲之余以情事未伸但領人物志餘則分屬於諸君焉於是詢諸故老蒐諸遺帙各纂修之一本許編次所著者增入國朝制度缺者補之繁者刪之訛者正之略者因之以致詳舊者推之而爲新無非欲明教化之得失而少裨乎治道也豈直辨名物紀事變資檢閱而已哉成編凡十卷謂可鋟梓以傳後請余序諸後夫志之作也其來遠矣成周職方氏掌天下圖小史掌邦國志外史掌四方志秦有

圖書自漢有輿地圖後世郡邑各紀其所有或有志無圖或以圖合志未嘗領於王官故有以非史議所急置而不問褊邦下邑無文獻可徵此紫陽朱夫子守南康下車首詢郡志論者謂其知所務今徐侯每以修志爲急其心即朱夫子之心歟此志一出則嵊之一邑事如指諸掌可以垂之久推之遠傳之廣亦可使生於嵊仕於嵊游於嵊者皆得以有所考信而觀感興起焉徐侯可謂有功於嵊縣有補乎世教深達乎治体而知所務矣若或疎畧之所當補遺忘之所